人材覚醒経済

REFORM OF JAPANESE EMPLOYMENT SYSTEM
FOR REVITALIZING WORKERS AND ECONOMY

TSURU KOTARO
鶴 光太郎

日本経済新聞出版社

人材覚醒経済

鶴 光太郎

目次

第1章　問題の根源――無限定正社員システム

第2章　人材が覚醒する雇用システム

第3章 女性の活躍を阻む2つの壁

第4章　聖域なき労働時間改革
――健康確保と働き方の柔軟化の両立

第5章 格差固定打破——多様な雇用形態と均衡処遇の実現

第6章 「入口」と「出口」の整備——よりよいマッチングを実現する

終章 2050年働き方未来図——新たな機械化・人工知能の衝撃を超えて

装丁・水戸部 功

序章　人材覚醒――アベノミクス第3ステージからの出発

1　短期的成果重視に終始したアベノミクス第1、第2ステージ

日本経済の抱える真の課題とは何であろうか。まず、2012年12月に発足した第2次安倍政権の核心を担うアベノミクスの評価から始めたい。

便宜上、アベノミクス「旧」3本の矢（大胆な金融政策、機動的な財政政策、民間投資を喚起する成長戦略）が強調されてきた2013～15年夏までを「アベノミクス第1ステージ」と呼ぼう。

次に、「戦後最大の名目GDP600兆円」、「希望出生率1・8」、「介護離職ゼロ」という大きな目標を掲げ、「新」3本の矢（「希望を生み出す強い経済」「夢をつむぐ子育て支援」「安心につながる社会保障」）を強調し、一億総活躍国民会議を立ち上げ、「ニッポン一億総活躍プラン」をまとめるまでの間の2015年秋～16年夏を「アベノミクス第2ステージ」とする。

最後に、7月の参議院選挙を終え、政権が本格的に始動する2016年秋からを「アベノミクス第3ステージ」としたい。

アベノミクス第1ステージの光と影

まず、アベノミクスの第1ステージで達成できたことは何であろうか。第一に、スタートダッシュにおいて異次元の量的金融緩和政策が人々の期待、マインドを大きく変えたことだ。これは実体経済への影響というよりも、結果的には資産価格（株価、為替レート）への影響を狙った政策と評価できる。

株価上昇を実現し、経済主体のマインド変化に大きな影響を与えるとともに、円安を実現し、大企業を中心に企業収益には好影響を与えた。

つまり、第1の矢の金融政策、第二の矢の財政政策を合わせてみるとそれなりの効果が発揮されたといってよいであろう。

一方、第一ステージで明らかになった問題点とは何であろうか。まず、第三の矢である成長戦略の効果が必ずしも明確でないことだ。第二は、むしろ、円安の副作用が明らかになったことだ。

輸入物価上昇を通じて実質所得が伸び悩んだことが消費不振の一因になったことは、否めない。円安は確かに企業収益を増加させたが、企業が現地通貨建て輸出価格をあまり低下させなかったことにより円安が輸出数量に波及しなかったため、雇用者数の増大、労働時間増加を通じた雇用者への恩恵は少なかったといえる。

このように、円安の効果に限ってみれば、企業と消費者・雇用者で明暗が分かれたのが第1ステージの特徴だ。

第三は、企業収益は史上最高を記録し、政府からの要請があったにもかかわらず、賃金上昇、設備投資の動きが鈍いことである。政府から経済界への賃上げ要請もある程度の効果はあったかもしれないし、有効求人倍率等の指標を見る限り労働市場は逼迫《ひっぱく》しているようにみえるが、非正規雇用の増加が大きく、賃金は全体として拡大しにくい環境である。

アベノミクスの成果としては、労働市場のパフォーマンスが良いことが強調されがちである。しかし、これは労働面から予想以上に供給制約が大きいことを意味しているのではないか。

それほど、景気が良い印象がなく、成長率も高くなくても、潜在成長力が低いため日本経済が「天井」にぶち当たっていることを示していると考えた方が良い。また、設備投資増についても国内では難しく、加えて、中国経済の減速等、世界経済の不確実性が増大する中で企業が積極的になれない環境にある。

政治が色濃く反映されたアベノミクス第2ステージ

「アベノミクス第2ステージ」は、2016年7月の参議院選挙をにらみ、衆議院選挙も合わせた同日選の可能性を探りながらの極めて政治色の濃い展開となった。

従来のアベノミクスに息切れがみられる中で、見せ場を大きく転換させる必要があったのだろうが、「新」3本の矢、「一億総活躍社会」といったキャッチフレーズは唐突感も否めなかった。なぜなら、こうしたコンセプトが既に林立する有識者会議で議論された痕跡がないからだ。新鮮さを売りにするなら、いきなり首相会見で披露することは効果的であろうが、その意図や意味合いについては逆に共有されにくいという問題があった。

また、安倍総理が2015年9月に「新」3本の矢として具体的に言及した「国内総生産（GDP）600兆円」「出生率1・8」「介護離職ゼロ」は、首相側近の間でさえ、「矢」というよりも「的」ではないかとの議論があったようだ。実際、初回の一億総活躍国民会議（2015年10月29日）の資料では、新3本の矢を「希望を生み出す強い経済」「夢をつむぐ子育て支援」「安心につながる社会保障」と定義し直している。

さらに、唐突感を煽ったのは、2016年1月に行われた国会での安倍総理の施政方針演説だった。政権の目玉施策である「一億総活躍への挑戦」で多様な働き方改革を突如、真っ先に取り上げるとともに、「ニッポン一億総活躍プラン」に「同一労働同一賃金」の実現に踏み込むことを総理が明言したのだ。それまでの一億総活躍国民会議では、子育てや介護への予算措置が議論の中心で、働き方改革、特に、「同一労働同一賃金」は検討テーマにすら挙げられていなかったため、この発言は驚きをもって迎えられた。

筆者も2015年11月の時点で「『一億総活躍社会』を目指して新3本の矢を束ねる横軸が必要ではないか。それは「ひと」にまつわる改革である。つまり教育を含む広い意味での人材改革と働き方改革だ。生産性の行方を決定づけるイノベーション（技術革新）を生み出し、男女を問わず、子育て、介護をしながら安心して生き生きと働き、活躍できる社会を構築するには人材・働き方改革が不可欠だ。『一億総活躍社会』に向けた取り組みのど真ん中に人材・働き方改革が入ってこなければ、アベノミクス第2ステージは単に子育て・介護対策にバラマキをもくろむ選挙対策と批判されても仕方ないだろう」と一億総活躍国民会議のアプローチを批判していたくらいである[1]。「同一労働同一賃金」の検討は、２０１５年夏ごろから政府部内で既に内々に検討が始まっていたようで、総理施政方針演説で初めて表明するというサプライズ効果が意識されたようだ。

歴代政権や野党すらもが正面から扱うことをためらってきた政策にコミットしたこと自体、安倍政権の並々ならぬ決意が感じられる。その一方で、野党に近い政策を掲げることは、政治経済学の視点からは中位投票者の取り込み、「抱きつき」（クリンチ）戦略を意味するわけで、選挙対策という視点からは合理的かつ説得的に説明することができる。

震撼した消費税増税再延期

さらに、政治色の濃さの極め付きは、なんといっても安倍総理が２０１６年６月に表明した消費税増税再延期（２０１７年４月→２０１９年10月）の判断である。

かつて故青木昌彦氏とＲＩＥＴＩ（経済産業研究所）で財政改革のプロジェクトを運営し、提言をまとめるとともに、与謝野馨氏が経済財政担当大臣であった時には、その補佐役の一人として経済財政諮問会議に関わり、また、15年には消費税増税延期を受けて共同代表者の一人としてＮＩＲＡ総研から一連の提言を出すといったように長年、財政健全化、消費税増税の問題にも関わってきた身としては、この決定に心底、震撼した[2]。

消費税増税再延期のお墨付きを得るために16年5月の主要国首脳会議（伊勢志摩サミット）までも使い、突然、商品価格の下落率や新興国の経済指標の不調がリーマン・ショック級だと説くデータが並んだペーパーを各首脳に配ることで、世界経済のリスクをことさら強調したこともさることながら、自ら主導した子育て・介護政策の裏付けとなる恒久財源を反故にし、「安心できる社会保障」を「安心できない社会保障」にしてまで、目先の経済や支持率の維持に腐心するのか。また、それに対し与党からも真っ向勝負の徹底した反論がないことも、現在の政治状況を的確に物語っているといえる。

こうした流れの中で、スタートダッシュに勢いがみえたアベノミクスも持続性の点でまさに岐路に立っている状況だ（本書執筆の2016年夏の時点）。頼みの綱だった株価も、日経平均はアベノミクスで2倍以上になったが、ピーク（2015年8月）から4分の1程度減少した。為替レートも、イギリスのEU離脱決定など世界経済の不安定要因を反映してかなり円高が進行した。消費者物価も生鮮食品を除いたベースでもほぼ横ばいの状況だ。こうした中で、政府の意図と民間の対応がかならずしもかみ合っていない、ちぐはぐな印象をどうしても受けてしまう。なぜであろうか。

長期的視点のない政府、長期的視点で動く家計・企業

問題点の本質は、一つに集約できると考えられる。長期的視点で動く家計・企業と長期的視点を持ち合わせない安倍政権のミスマッチである。なぜ、政府は長期的な視点がないのであろうか。

アベノミクスは政権として経済重視の姿勢を貫いている証拠といわれているが、振り返ると、むしろ、安全保障政策や長期政権実現のために経済政策を利用していると思わざるを得ない場面が多かっ

た。

念願の安保法制の実現のためには、政権としては経済分野で加点を矢継ぎ早に重ねることで政治的資本をできるだけ高く積み上げる必要があった。そのためには、株価や支持率の動向に常に目配りしつつ、経済分野ではっきり目に見える成果を追い求めるしか道はなかったといえる。

したがって、政策に関しては期待に働きかけ、成果をすぐ求めるという短期的志向が強かったといえる。

このような経済政策の役割を考えると、逆に経済分野では、短期では成果が出にくく、国民にも不人気な政策を正面切って立案・実行するという視点は、ないとはいわないまでも弱いことは事実だ。過去の政権では、政治的不安定さを理由に、霞が関の各府省も時間がかかる長期的なコミットメント（約束）を要求される政策には及び腰だった。しかし現状では、長期的視点で改革を断行していくだけの政治的安定性が確保されているにもかかわらず、政権の維持・長期化を図るために政策がむしろ短視眼的にならざるを得ないというジレンマに陥っているようにもみえる。

一方、企業、家計の行動をみると、「アベノミクスで一時的に景気が良くなったとしてもそれは持続可能ではないことを見通しているのではないか」「日本経済の将来を考えると決して楽観的になれないし、国内外の不確実性は大きい」「潜在成長率の上昇も難しい」という長期的な悲観が蔓延《まんえん》しているようにみえる。また、消費税引き上げの2度にわたる延期も、将来の増税や社会保障制度の持続性への不安からやはり将来不安をむしろ増幅させているかもしれない。

設備投資増も賃金のベースアップも民間の長期的なコミットメントが必要であることを考えれば、

今の経済状況だけではなく将来の予想や不確実性が大きく影響することは容易に想像できる。短期的に収益・所得が改善しても、将来への成長期待の高まり・不確実性低下による恒常的な収益・所得が改善されなければ、投資、消費につながらないのは当然だ。

このような状況は、アベノミクス以前から続いているわけであり、企業も労働組合もこうした環境下で、従来から賃上げよりも正社員の雇用を守ることを重視してきたことを忘れてはならない。

このため、長期的な視点で行動している企業としては合理的な行動をとっていたとしても、短視眼的な政府からはその意向に沿っていないという評価をされてしまう。安倍政権での政策がパターナリズム、介入的な色彩をどうしても帯びてしまうのは、こうした背景もありそうだ。しかし、それでは本質的な解決にはならないことは、明らかであろう。

1つの政権では完結しない潜在成長力強化

それでは何が必要なのか。企業や家計が将来に向けて成長期待を持てるような環境作りではないであろうか。そのためには潜在成長力の強化が必要であるし、それは成長戦略の本来の目的であるはずだ。

しかし、それは、人間の基礎体力をつけるためには地道なトレーニングを積み重ねる必要があるのと同様、民間部門がいかに効果的で息の長い取り組みができるかにかかっている。政府が音頭をとれば一朝一夕で実現できるものではない。それはとりも直さず、効果がでてくるまで時間がかかることを意味する。一つの政権では完結しないのだ。ドイツのシュレーダー首相時代の雇用制度改革(3)を例に出すまでもなく、改革の果実を得るのは次の政権かもしれない。

したがって、成長戦略に取り組む政府は、政権維持のためだけの短視眼的対応の繰り返しから脱却する必要がある。

2 働き手の量的確保と質的向上にまったなし

——人口オーナス社会に向き合う

長期的な視点から日本経済の針路を考える際に重要な環境要因は、人口減少社会・情報通信革命・新たな機械化への対応である。既に始まっている人口減少とそれにともなう労働力不足への不安が高まりつつある。人口減少によって労働市場がどう変わるかを予測するのは難しい。現時点ではっきりしているのは、人口減少のなかで、急速に高齢化が進むということだ。

筆者も研究主幹として報告書の作成にかかわった経団連21世紀政策研究所の報告書「グローバルJAPAN——2050年シミュレーションと総合戦略」から2050年の世界・日本経済を展望してみよう。

2030～50年の成長会計から明らかなことは、少子化・超高齢化社会の中で、毎年の実質経済成長率の労働の寄与度はマイナス1％弱にも及ぶことだ。他の要因で1％程度の寄与があったとしても実質経済成長率はほぼ0％に止まることを意味している。

したがって、資本ストックの伸び、イノベーションによる全要素生産性の伸びで労働の寄与のマイナスをいかに和らげるかがポイントになる。しかし、高度成長時代のような物理的な資本ストック増強の時代は既に終焉し、成熟した経済においては大きな寄与は期待できない。

また、近年は新たに起業する際にもオフィスや機械などは自前ではなく、外部からアウトソースする場合も多く、シェアリング・エコノミーの進展などの経済の質的大転換も相まって、大きな物的資本の役割は低下してきているといえる。

日本経済の命運を握る「ヒト」

このように考えると、イノベーションを源泉とする全要素生産性をいかに高めるかが「かぎ」となる。つまり、イノベーションを起こすアイデアを含め、すべて「ヒト」が日本経済の命運を握っているといっても過言ではない。

１９８０年代においては全要素生産性の成長への寄与度は2％ほどであったが、90年代以降は０・５％程度である。[4] ２０５０年に向けて潜在成長率をプラスにするためには、全要素生産性の寄与度は１％近くは必要であるが、それ自体決して容易なことではないことが、こうした成長会計の予測で明らかとなっている。労働の量・質を高め、潜在成長力を高めていく長期的、粘り強い取り組みが、官民ともに求められている。

一方で、過去四半世紀の長い目でみて、人材・雇用・労働への取り組みが後回しになっていたのではないか。人材・雇用・労働の問題は気づかぬうちに、じわじわと進行する。90年代初頭のバブル崩壊後、金融危機や不良債権といった、いわば目に見える問題にかかりきりで、その間、人材・雇用・労働において、少しずつ進行していたさまざまな問題は見過ごされてきたといえよう。

「人材覚醒経済」に向けた取り組み

本書ではこうした問題意識の下で、日本が復活するための最終改革として「人材覚醒経済」に向けた取り組みを論じることにしたい。「覚醒」とは、はっと気がついて我に戻る、本来あるべき姿に回帰することが本来の意味である。

人材覚醒経済には、以下のように3つの視点がある。

第一は、我々が人材の重要性について「覚醒」するという視点である。資源のない日本は人材こそ最も重要な資源であり一番の強みであるにもかかわらず、それに対する取り組みが遅れた。こうした点を再認識、反省し、前向きな取り組みを行うきっかけとすることである。

第二は、個々の人材が「覚醒」するという視点である。それぞれの働き手が本来持つ能力や持ち味を十分発揮して、生き生きと働ける、つまり、人材活性化の環境整備を行うことが人材の覚醒につながる。

第三は、そうした人材活性化により日本経済全体を「覚醒」させるという視点である。ミクロ的にみれば個々の働き手が仕事・生活両面で満足度・豊かさを高める一方、マクロでみれば日本経済が再活性化され、創造的な発展、新たな成長を遂げることで人材覚醒経済が実現されると考えられる。

それでは、人材覚醒経済を実現するために必要な改革＝人材・雇用制度改革とはなんであろうか。

次の第3節で考えてみたい。

3　人材覚醒経済実現のための人材・雇用制度改革
——第3ステージからの出発

人材覚醒経済実現のためには、人材を覚醒し、覚醒された人材が経済全体を覚醒していくことが必要である。つまり、ミクロ的には個々の人材を活性化させつつも、マクロ的には経済成長に寄与する人材・雇用制度改革が求められているのである。

人材の覚醒を促す「多様な働き方改革」

まず、個々の人材の覚醒を促す改革をずばり一言でいえば、「多様な働き方改革」であるとするのが、本書の立場である。なぜ、多様な働き方改革が人材の覚醒を促すのかについては、雇用システムの観点から第1、2章で詳しく説明するが、概略は以下の通りである。

多様な働き方改革とは、文字通り多様な働き方を実現するための改革である。そのためには、ライフサイクル・ライフスタイルに合わせて働き方を選択できるということが前提となる。しかし、忘れてはならないのは、「自分が選んだ働き方に満足し、生きがいを感じることができなければ、そのような選択は意味がない」ということである。つまり、多様な働き方実現をサポートする環境基盤が整っていなければならないのである。

第一は、職場における健康・安全の確保である。健康を害するような長時間労働を抑制することが特に重要である。第二は、公平・公正な処遇の実現（能力開発機会も含む）である。雇用形態の違いのみで不合理な処遇を受けることを防がねばならない。第三は、雇用の入口（就職）、出口（退職）の整備による円滑な労働移動・再配分である。選択した職場が自分が望む働き方の選択ができなければ転職する必要があるし、初職、転職にかかわらず、自分が希望するような働き方を選択できるような職場を選ぶ必要があるからだ。

人材・雇用・労働から経済成長を高める3つのルート

一方、人材・雇用・労働の観点から経済成長を高めるためには、以下の3つのルートが考えられる。

> **①雇用の量的拡大**　人口減少社会への突入で長期的に労働力人口の低下が見込まれる中、少子化対策とともに女性・高齢者・外国人等の労働参加の促進が大きなカギを握っている
>
> **②雇用の質的改善**　教育・人材力強化による一人ひとりの就労者の生産性向上が必須。これは非正規雇用増大による労働市場の二極化への対応の点からも重要である
>
> **③労働移動・再配分**　生産性の低い部門から高い部門への労働移動を促進したり、働き手と企業のマッチングを高めるような労働の再配分を図ることにより経済全体の生産性上昇につながるこ

こうした経済成長を高め、経済全体を覚醒させる改革は、やはり多様な働き方改革で実現可能である。第一のルートの雇用の量的拡大には、健康・安全、公平・公正な処遇を前提としたライフサイクルに合わせた働き方を選べることで、高齢者や女性の労働参加促進が期待できる。また、労働移動・労働再配分は、雇用の入口、出口の整備と密接な関係を持つ。

したがって、多様な働き方改革と教育・人材力強化を合わせて人材が覚醒すれば、多様なルートで経済全体が覚醒することにもつながることが期待される。さらに、それぞれのルートは相反する関係ではないことにも留意すべきだ。

アベノミクス第3ステージでは、これまでのように政策の「看板」をやたらに掛け替えるのではなく、長期的な課題を見据え、多様な働き方改革と教育・人材力改革にじっくり取り組み、人材・経済の覚醒を目指すことが切に求められている。

4 人材覚醒経済実現へのロードマップ

多様な働き方改革を実現していく際に注意すべきなのは、雇用システムは様々なサブシステムが制度補完性に基づいて有機的に連結・構成されていることである。改革に当たっては、雇用システム全体の整合性を考えることが重要である。本書では、そうした観点から以下のような構成となっている。

人材覚醒経済実現へのロードマップ

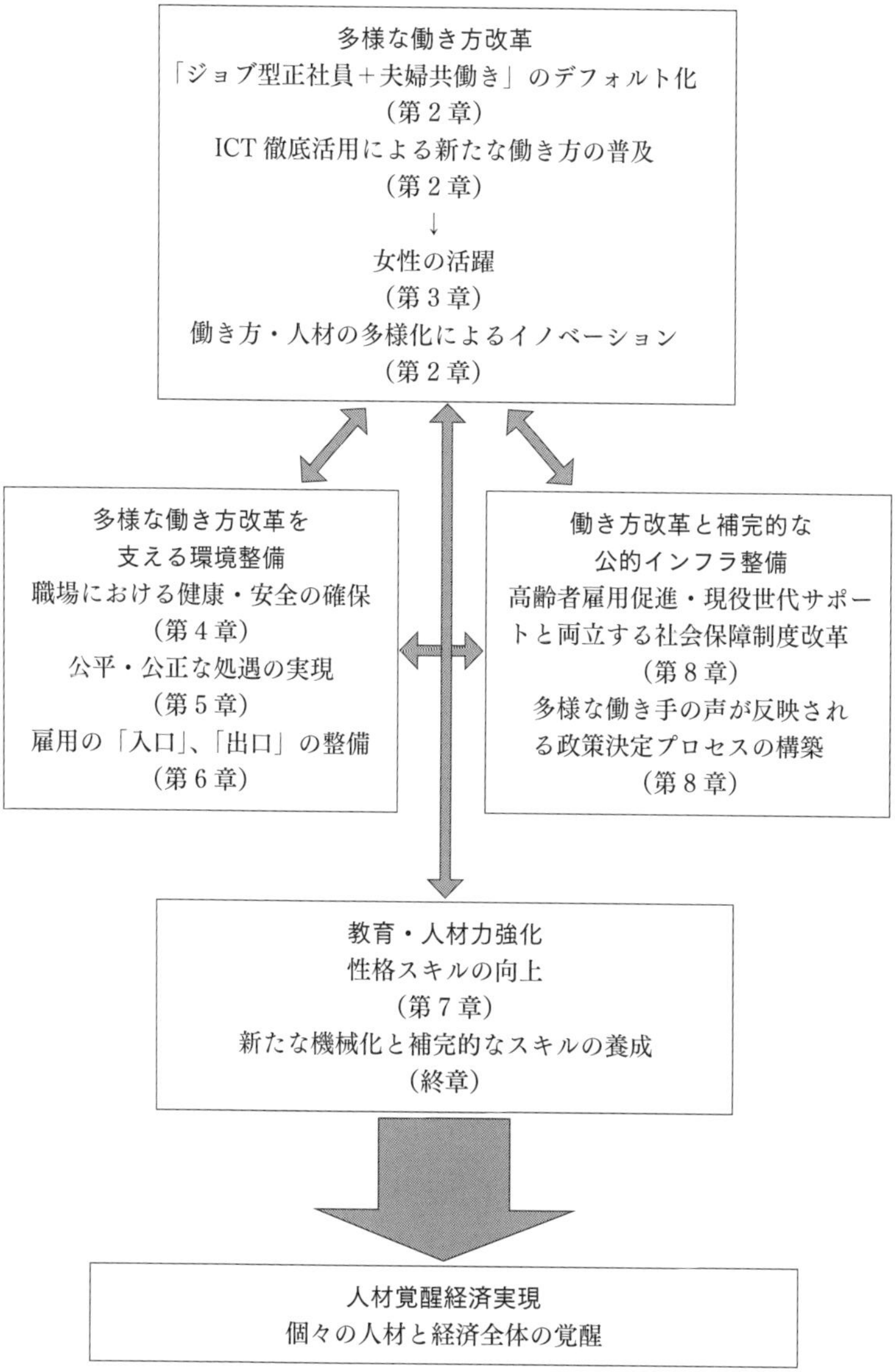
多様な働き方改革
「ジョブ型正社員＋夫婦共働き」のデフォルト化
（第２章）
ICT 徹底活用による新たな働き方の普及
（第２章）
↓
女性の活躍
（第３章）
働き方・人材の多様化によるイノベーション
（第２章）
多様な働き方改革を
支える環境整備
職場における健康・安全の確保
（第４章）
公平・公正な処遇の実現
（第５章）
雇用の「入口」、「出口」の整備
（第６章）
働き方改革と補完的な
公的インフラ整備
高齢者雇用促進・現役世代サポートと両立する社会保障制度改革
（第８章）
多様な働き手の声が反映される政策決定プロセスの構築
（第８章）
教育・人材力強化
性格スキルの向上
（第７章）
新たな機械化と補完的なスキルの養成
（終章）
人材覚醒経済実現
個々の人材と経済全体の覚醒

まず、最初の2つの章で、日本の雇用システム全体の再検討を行う。第1章では、日本の雇用システムについて「無限定正社員システム」をキーワードに論じる。その上で、第2章で雇用システムの改革の方向性を、多様な働き方改革の視点から論じ、限定された働き方が可能なジョブ型正社員の普及やICT（情報通信技術）の活用などの視点を強調する。

第2章が多様な働き方改革の総論であるとするなら、第3章以降は多様な働き方改革の各論部分に当たる。まず、ライフサイクル・ライフスタイルに合わせた働き方の選択については、第2章とともに、第3～5章が扱っている。第3章では、無限定正社員システムを見直すことが女性の活躍をサポートするためにいかに重要かを説く。また、多様な働き方を担保する環境整備としては、職場における健康・安全の確保については第4章、公平・公正な処遇の実現については第5章、雇用の入口、出口の整備による円滑な労働移動・再配分については第6章で論じる。

多様な働き方改革と並んで重要な教育・人材力強化については、第7章で非認知能力＝性格スキルの観点から、また、終章で人工知能の台頭など新たな機械化に備えるという観点から検討する。

第8章では、政府の役割という観点から、こうした様々な改革を推進していくための多様な働き方改革と補完的になるような社会保障制度改革や政策決定プロセスについて論じる。前ページの図は、これまで述べた人材覚醒経済実現へのロードマップの全体像を描いたものである。

序章の最後に、本書を貫く分析アプローチを述べてみたい。筆者はこれまで本書のテーマである雇用・労働以外にも、金融システム、コーポレート・ガバナンス、財政システムなど多様な分野を研究対象にしてきた。

そこで貫かれている考え方の一つは、故青木昌彦氏が創始した比較制度分析である。もちろん、青木氏の比較制度分析ではなく私流の比較制度分析であることは承知しているつもりだ。

第1章の終わりで改めて触れるが、制度をゲームの均衡、共有化された予想として捉えることで、制度の多様性、安定性、変化の可能性を一貫した論理で考えることが可能となる。また、民と官の役割分担、補完性も明確となる。

経済学のみならず幅広い学問分野の成果を取り入れてきた青木氏の比較制度分析には、多くの刺激を受けてきた。これまで経済学のみならず法学、経営学など異なる学問分野との協働下で、多面的、学際的な立場から理論・実証的な研究を行ってきたつもりであるが、本書においても、そうした比較制度分析のスピリッツを感じていただければ幸いである。

第1章　問題の根源——無限定正社員システム

1　無限定という働き方——日本的雇用システムの盲点

第1章では、これまでの日本的雇用システムを再検討・整理することから始めたい。そこでの大きなポイントは、正社員において、「職務、勤務地、労働時間（残業の有無）が事前に明確に定められていない」という無限定性という視点である。[1]戦後の日本的雇用システムの経済学的解釈が概ね確立された1980～90年代初めには必ずしも十分認識されていなかった視点であり、まさに日本的雇用システムの盲点であったといっても過言ではない。

日本的雇用システムの3つの定型化された事実

戦後、大企業を中心に確立されてきた従来型の日本的雇用システムの特徴は、第一に長期雇用。つまり、長期雇用の傾向が他の先進国に比べて強いことだ。第二は、後払い賃金。年齢・賃金プロファイルの傾きが他の先進国に比べて急であり、後払い賃金の傾向が強いことである。第三は、遅い昇進。大企業における昇進・選抜は他の先進国に比べて遅い（「遅い選抜・昇進」）。最初の15年程度は昇進・賃金であまり格差がなく、その後、選別が行われてきたこと、また、昇進は内部昇進の場合が多いといった特徴である（2）。

この3つの定型化された事実は、お互いに相互補完的な関係にある。例えば、後払い賃金も遅い昇進もあくまで長期雇用を前提とした仕組みである。また、こうした特徴に派生する特徴として、企業内の頻繁な異動や配置転換、部門間の密接かつ水平的コーディネーションが指摘されてきた。一方で、過労死に及ぶような長時間労働も、日本の雇用システムの生み出したデメリットとして認識されてきた。

長期雇用の特徴が強ければ雇用システムとしての柔軟性を失いやすいが、80年代までは、非正規雇用は、主婦パート、学生アルバイトが大部分であり、雇用システムの柔軟性を担保しながらも、両者は補完的関係にあったといえる。産業別にみても、かつては、建設や卸小売りが景気のバッファーとしての役目を果たし、景気に影響されやすい製造業における雇用変動を吸収する役目を果たしていた。

人事システムをみても、日本は欧米諸国のような配属先の上司が大きな権限を握る分権型と異なり、人事部が権限を握る中央集権型といわれ、その中で、長期雇用を前提に、新卒一括採用、定期的・同時的な異動、定年制という仕組みが築き上げられてきたと解釈されてきた。

日本の正社員の無限定性とは何か

しかし、上記の議論の中で日本の正社員に特徴的な無限定性という観点がすっぽりと抜け落ち、盲点になっていた。無限定性を議論する前に、まず、通常の正社員の定義をみてみよう。

①契約期間は期間の定めのない無期雇用、②フルタイム勤務、③直接雇用（雇い主が指揮命令権を持つ）といった3つの特徴を有する社員を「正社員」と考えるのが標準的である。こうした特徴は、海外でのレギュラー・ワーカーと呼ばれる正社員とも共通している。

一方、日本の場合、勤務地、職務、労働時間が限定されていないという無限定性が、欧米諸国などと比べても顕著である。通常のいわゆる正社員は、将来の勤務地や職務の変更、残業を受け入れる義務があり、労働者側からは将来の転勤や職務の変更、さらに残業命令は断れない。つまり、使用者側は人事上の幅広い裁量権を持つ。

将来、職種、勤務地の変更、残業などの命令があれば基本的に受け入れなければならないという「暗黙の契約」が上乗せされているとも解釈できる。例えば、限定的な働き方を行っている正社員よりも賃金が高くなることは、こうした「暗黙的な契約の上乗せ」によるものと考えると合理的に解釈できる。

こうした無限定性を持つ正社員を「無限定正社員」と呼ぶとすると、どのような職務につくかよりも、入社した企業の一員となることが大きな意味を持つ。日本の場合、「就職」ではなく、「就社」であるとよく言われるが、これは、こうした無限定正社員の特徴を反映したものと言える。このため、無限定正社員は、メンバーシップ型社員、就社型社員と呼ばれることもある。

採用・異動で職務が明確に示される欧米の正社員

欧米諸国では、アメリカ、ヨーロッパにかかわらず、ジョブ・ディスクリプション（履行すべき職務の内容、範囲を記した職務明細）が明確であり、職務限定型つまり、ジョブ型の正社員が一般的であり、それに付随して勤務地限定、時間外労働なしが前提となっているとみられる。

一方、欧米諸国でも上級ホワイトカラー、幹部候補生ほど、無限定正社員に近い働き方をしているようだ。欧米でもエリート層になると仕事の範囲も広くなり、残業もいとわず働くことが多い。他方、一般的な働き手は仕事の内容が明確に決まっていて、定時になれば帰宅するし、家族との関係があるので、もともと転勤は想定されていない。

例えば、筆者も仏パリのＯＥＣＤ（経済協力開発機構）という国際機関でスタッフ・エコノミストとして働いていた時も、仕事の明確な内容が記された紙を渡された。人事も空いたポストがでてくれば企業内外で公募が行われ、職務を遂行するための能力、要件などは明確に決まっており、定期異動は少なく、基本的に自分が手を挙げない限り異動はないのが普通であった。

アメリカ、オランダ、ドイツ、フランスの４カ国調査に基づき、中央大学の佐藤博樹氏は、これらの欧米諸国の雇用制度が、実際に、どの程度、ジョブ型であるかより詳細に検討を行い、以下のような特徴を見いだしている(3)。

①経験者の中途採用が主で、新卒採用を行っている企業でも新卒採用者の比率は低い。欠員が生じた際に、職務内容を提示して当該職務の経験者を中途採用することが一般的。

②採用や社内公募の際に職務内容や勤務地などの明示が必要となるため職務記述書が存在する。
③採用後における昇進や異動は、企業の人事権によって一方的に行われるものではなく、社内公募が一般的。従業員が公募にエントリーしない限り異動はない。会社側から異動を従業員に提示する場合であっても、その異動が実現するためには、従業員の同意が前提。また、勤務地の変更も昇進や異動の結果であるため従業員の同意が必要。
④ホワイトカラーの場合は、職務をスキルレベルなどに応じてランク付けし、それを幾つかの職務等級にまとめてランク化し、その職務等級に応じて賃率が決まる賃金制度が一般的。

つまり、職務内容を明記した採用、社内公募が主となる採用後の異動、従業員の同意が前提の異動・転勤、職務にリンクした賃金制度、といった特徴が指摘できる。一方、採用や社内異動に際して職務内容は明示されているものの、実際に担当する具体的な業務は、上司の指示によって柔軟に変更可能であるなど、必ずしも限定的でないことを佐藤氏は強調している。

これはどのように解釈すれば良いであろうか。採用や異動で職務内容が明記されていることは、やはり日本との比較からすれば欧米諸国ではジョブ型が基本であることは明らかだ。しかし、世界的にも企業を取り巻く環境変化のスピードが速くなっていることもあり、欧米企業において従来よりも職務範囲の柔軟化への要請は強まっているようにみえる。

一方、日本の場合も無限定型といってもある程度異動の範囲も限られることは珍しくなく、無限定型の欠点を克服するためにジョブ型を志向する動きも現れているわけで、お互い「隣の芝生が青くみえる」という状況の中でジョブ型、無限定型の両端から接近してきていると考えると理解しやすいであろう。

しかしながら、欧米諸国との本質的な違いは、特に、採用・異動といった人事にあるという指摘は重要だ。

無限定正社員というレンズからみた日本の雇用システム

無限定正社員という観点から日本の雇用システムの特徴をみると、以下のような解釈が可能である。これまで長期雇用の派生や帰結と捉えられた仕組みも、無限定正社員というレンズを通してみることで、よりその特徴が鮮明となるといえる。

①メンバーシップ制

まず、企業などの組織の一員になることが働き方の特徴を決めるとするメンバーシップ制という特徴と正社員の無限定性とは、同列に語られることが多いがやや分けて考えた方がよい[4]。

メンバーシップ制は長期雇用の枠組みで理解が可能であり、盲点ではなかった。企業と従業員の長期・継続的な関係をより強化する仕組みとしてメンバーシップ制という特徴は、従来から認識されていた。一方、メンバーシップ型の特徴が顕著になれば、メンバーの入れ替わりは限定されるため、長期・継続的な関係のデメリットである閉鎖性もより顕著になるといえる。

②企業別労働組合

企業別労働組合もメンバーシップ制、職務横断的な労働市場がないことの帰結として理解できる。

無限定正社員システムとの関係からすれば、人事の裁量権の強さに対抗するための存在として理解することも可能だ。一方、労働組合の力が弱くなれば、人事の裁量権の強さの問題点が顕在化しやすく、ブラック企業はそのような典型といえる。

③後払い賃金

欧米型のジョブ型正社員であれば、職務で賃金が決定される職務給であるため、極端な後払い型の賃金システムは難しい。一方、これまで日本で一般的であった職能給（＝年齢・勤続年数で能力は高まり続けることを前提）は、無限定正社員システムだからこそ採用できたといえよう。

④遅い昇進

遅い昇進も、大企業では新卒一括採用の総合職であれば誰でも社長を目指せる幻想を前提にしていたといえる。こうした幻想も無限定正社員だからこそ与えることができたといえる。欧米でも早く昇進する幹部候補生（ファストトラック）は、無限定の色彩が強い。

⑤頻繁な配置転換、水平的なコーディネーション

頻繁な配置転換、水平的なコーディネーションも、無限定正社員を前提とした人事システムであるからこそ可能であったといえる。

⑥解雇ルール

第6章で詳細に議論するが、職務や勤務地が限定されていないということが、整理解雇四要件の一つである解雇回避努力義務につながり、解雇がしにくいのではないかというパーセプションを生む背景ともなった。

⑦家族システム

無限定な働き方ができるという意味で正社員は男性中心であり、女性が家事に専念するという家族単位の犠牲・協力が前提にあった。また、男性が一家の大黒柱として家族を養い続けなければならないという意味で、賃金制度も生活給、後払い賃金が支持されてきたといえる。このように片働き・専業主婦という家族システムは、無限定正社員システムと強い制度的補完性を有し、まさに、それぞれが表と裏といえる。

以上のように、日本の正社員は、①無期雇用、②無限定社員、③解雇ルール（解雇権濫用法理）、④家族システムが密接かつ強力な補完関係を形成してきたといえよう。こうした無限定正社員という仕組みが日本の雇用システムの中で根付いてきたとすれば、そこには労使双方にとってメリットがあったからに違いない。

企業側からみた無限定正社員システムのメリット

まず、企業側のメリットを探ると、解雇をしなくても、配置転換や労働時間による雇用調整が可能という意味で内部労働市場であっても柔軟性を確保できたことが、まず挙げられる。

また、長期雇用とあいまって、その企業でのみ役に立つような企業特殊な投資が促進されたことも見逃せない。職務が明確であれば、企業横断的な労働市場が形成されて、企業一般的な投資へのインセンティブが強くなることが予想されるが、無限定正社員と組織にどっぷり浸かるというメンバーシップ制が合わされば、企業特殊な投資への重要性は理解されやすいと考えられる。

さらに、配置転換等を通じて企業の部門間のコーディネーションが良好であることも重要である。日本の大企業の場合、各部門間の情報がこうした水平的コーディネーションによって共有されたことが、自動車や電機産業などの「すり合わせ」型ものづくりやプロセス・改善型イノベーションに寄与したと考えられる。

労働者側からみた無限定正社員システムのメリット

一方、労働者からみれば、無限定な働き方に即した雇用保障、待遇（「暗黙の契約」を反映したプレミアム、具体的には年功賃金、退職金等）を獲得できたことは、大きなメリットであったといえる。特に、40歳を過ぎても伸び続ける賃金は、中高年の生活保障の役割を果たしてきた。

また、配置転換などにより仕事の幅を広げられること、未熟練の若者を新卒一括採用で雇用可能なこと、などが、正社員のインセンティブやスキル形成に好影響を与え、長期雇用システムの下で日本の企業・産業の競争力の源泉になってきたことは否定できない。

2　雇用問題の源流にある無限定正社員システム

かつてはメリットの大きかった正社員の無限定性も時代の変化の中で様々な問題を生むことになった。本節では、1990年代以降の雇用システムにどういう変化があり、どのような問題がでてきたのかを整理した上で、それがいかに無限定正社員システムと関連してきたのかを検討してみたい。

90年代以降の企業を取り巻く環境変化とその対応

90年代にバブルが崩壊して以降、成長率は鈍化するとともに、不確実性が増大した。また、企業の従業員の年齢構成をみても、かつての豊富な若年労働力を背景にしたピラミッド型から、団塊世代の高齢化に伴い中高年層のウエイトが大きくなった。さらに、女性の高学歴化と社会への進出もより顕著になっていった。

こうした環境変化で求められたことは何か。例えば、後払い賃金は、安定的な高成長と企業内における豊富な若年労働力を前提にした世代間の再分配という側面があった。しかし、生産性よりも賃金が高いような中高年層が増えてしまえば、まず、コスト削減が必要となってくる。中でも、低成長で不確実性が大きければ、企業にとって将来の賃金増などの長期的なコミットメントを行うことが難しくなり、固定費用を削減し、雇用調整の柔軟性を確保することが求められたといえる。

それでは、企業は具体的にどう対応したのか。まず、後払い賃金の傾向は少しずつではあるが見直しが行われた。年齢や勤続年数と賃金の関係をみた賃金プロファイルの傾きは徐々に緩やかになってきた。また、90年代後半から2000年代前半は、大企業を中心に成果主義導入がブームとなった。一方、過剰感が強いにもかかわらず中高年の雇用は維持された。

つまり、長期雇用、遅い昇進維持というこれまでの特徴に大きな変化はみられなかった一方、企業にとって必要な調整、コスト削減を新卒採用抑制と非正規雇用の活用で達成しようとした。

日本の雇用システムに何が起こったのか

その結果、何が起こったのであろうか。

第一は、正社員についても将来の所得増の期待が喪失してしまったことである。それでなくても高い賃金水準を考慮し、デフレ経済も相まって賃上げを要求したり、期待することが難しくなったといえる。むしろ、賃上げよりも中高年の雇用を守る方が、労使ともに重要と認識されるようになった。

第二は、非正規雇用、つまり、有期雇用の大幅な増加である。その中で、正規と非正規の処遇の格差と壁が顕在化し、労働市場の二極化、分断化が日本でもかなり顕著になった。

また、２００８～09年の世界経済危機のような大きな負のマクロショックがあった場合には、正社員の雇用を守る一方、派遣切りなどの有期雇用に偏った雇用調整が行われ問題化した。

第三は、非正規雇用増加の裏で、正規雇用は新規採用抑止により絶対数で減少に転じ、少数化、精鋭化が図られたことだ。そのため、就職氷河期の中で正社員になれない若者が続出すると同時に正社員になれたとしても責任や成果へのプレッシャーが以前よりも高まり、それが長時間労働の継続、メンタルヘルスの悪化につながったことだ。

第四は、女性の高学歴化、社会進出増大に伴い、就業する女性の仕事と生活（子育て等）の両立問題が深刻化したことだ。

無限定正社員システムが生み出した雇用・労働問題

つまり、日本的な雇用システムが90年代以降の大きな環境変化に適応できず、さまざまな問題を生んできたといえる。こうした雇用・労働問題は、実は正社員の無限定性と密接に結び付いている。以下では、一つひとつ検討してみよう。

まず、第一は、正社員の新規採用・賃金抑制と雇用が不安定な有期雇用の大幅増である。無限定正社員の場合、無限定性という暗黙の契約が上乗せされている分、雇用保障や待遇が手厚くなっていることが、90年代以降、経済成長が鈍化する中で企業が正社員の賃金増や採用により慎重になり、有期雇用を増やしたことに影響したであろう。

第二は、ワーク・ライフ・バランスが掛け声ばかりで進まないことだ。

そもそも、無限定正社員は不本意な転勤や長時間労働を受け入れなければならないことを考えると、ワーク・ライフ・バランスの達成は相当難しいことがわかる。

また、正社員の「無限定」という特質が「無制限」にすり替わってしまえば、ワーク・ライフ・バランスが達成できないどころか、ハラスメント、過労死、ブラック企業といった状況にもつながりかねないことである。

企業の広い人事裁量権は、手厚い処遇や雇用保護との見合いであり、抑止力の観点から機能してきた企業別労働組合の地盤沈下を考慮すると、深刻な問題となっている。

第三は、女性の労働参加、活躍を阻害していたことである。

一家の大黒柱である夫が転勤、残業なんでもありの無限定正社員であれば、妻は必然的に専業主婦として家庭を守ることが求められてきた。また、子育てや介護を考えると、女性が無限定正社員のままキャリアを継続させることが依然として難しい状況だ。これが、30~40代の女性の労働参加率を下げる（いわゆるM字カーブ）一因となっている。

第四は、無限定正社員の場合、どんな仕事でもこなさないといけないため必然的に「何でも屋」になり、特定の能力や技能を身に付けにくいという問題があることだ。

1つの企業や組織に一生勤めることが前提であればかまわないかもしれないが、「何でも屋」になってしまえば、自分の専門性を打ち出せず、将来的なキャリアのイメージをなかなか持てない。そのために転職が難しくなり、経済メカニズムに応じた労働異動・再配分が抑制され、成長にマイナスの影響を与えてきた可能性も否定できない。

外部労働市場も発達しないため、個人の職務能力を評価するシステムをつくろうとしてもできなくなっているのが現状だ。

このように、日本の働き方の問題を抜本的に解決するためには、どうしても正社員の無限定性にメスを入れなければならないことがわかるであろう。

3　我々の心に潜む雇用システムの「岩盤」の打破

それでは、どうすれば無限定正社員システムを見直すことができるのであろうか。実は、それは思った以上に困難が伴う改革である。なぜなら、日本の雇用システム、無限定正社員システムは、法律で規定されているわけではなく、まさに、慣行であるからだ。

もし、単純に法律で定められているだけであれば、法律を変えればよいかもしれない。しかし、これまで労使が長年良かれと思って積み重ねてきた仕組みを一朝一夕に変えることは、ことのほか難しい。その理由はなんであろうか。

雇用システムを比較制度分析する

ここでは、雇用システムを1つの制度と捉え、経済学における制度分析の一つのアプローチである比較制度分析の立場から考えてみよう。(5) なお、比較制度分析の簡単なイントロダクションについては、本章末に解説を用意したので参照されたい。

比較制度分析では、制度を繰り返し行われる「ゲームの均衡」と定義している。つまり、制度を形作っているプレイヤーがそれぞれ最適な戦略・行動を行った結果生まれた安定的な戦略・行動の組み合わせを、制度の定義と考えるのである。

こうしたゲームは日々繰り返し行われることで同じ結果が実現し、また、プレイヤーもあらかじめそれを予想し、また、実現するというプロセスが繰り返される。

制度の「予想」→「実現」→「予想」→「実現」といったダイナミックなプロセスを仮定すると、制度が安定的に実現されているのは、制度に関わるプレイヤーが「共有化された予想」を持っているからともいえる。つまり、制度や仕組みの根幹は人々の「予想」であり、「心」の中にあり、法律や具体的なアレンジメントはむしろそれを強化、サポートする役割と解釈できるのだ。

例えば、終身雇用制度を考えてみよう。これは労働者同士、使用者同士、更には、労働者と使用者との間のゲーム（一種のコーディネーション・ゲーム）の中で最適な戦略の結果として長期雇用が選好され、いわゆる「終身雇用制度」が定着してきたと考えられる。

しかし、「終身雇用制度」を守るべきという規定が法律で決められているわけではない。明文化されていない「終身雇用制度」は、労使の「共有化された予想」として存在しているのである。

一方、長期雇用が定着していけば、それを補完する法制度なども形成される。「終身雇用制度」の下での退職金優遇税制もその一例だ。

このように、ゲームの均衡、共有化された予想のように、民が自発的に形成する私的秩序（「ソフトな制度」）と官が法律・規制などで強制する公的秩序（「ハードな制度」）が入れ子型になり、相互がインタラクション、連携して、現実の制度が形成されていると考えることができる。

人々の「共有化された予想」をどうやって変えるか

先に述べた比較制度分析の言葉では、正社員の無限定性はこれまで労使がコンセンサスの下、自生的・自発的に形成されてきた「ソフトな制度」であり、税法上優遇されている退職金制度、その他関連する法制度などの「ハードな制度」はそれをなぞり、サポートするように発達してきたといえる。

したがって、無限定正社員を中心とする雇用システムの改革を進めるには、制度の根幹にある、人々の「共有化された予想」が変わることが必要不可欠である。

「共有化された予想」は安定的な均衡であるので、当然容易には変わらないと考えるべきだ。一方、「ゲームの均衡」であれば、逆にゲームの前提等の条件が変われば当然変わりうる。制度そのものの安定性は、制度が未来永劫変わらないということを意味しているわけではない。

しかし、制度が「共有化された予想」として成立している場合、ゲームの前提条件などが変化して別の制度の均衡に移るべきなのにこれまで続けてきた制度が最適との認識を人々が持ち続け、制度が変化しないような場合も考えられる。

したがって、環境が大きく変わったことを認識し、より良い制度へ向かうように国民の意識を変えていくことも重要である。我々の意識が変わるという意味でも、「人材覚醒」は重要なキーワードである。

また、比較制度分析の教えるところでは、様々な制度、仕組みが補完的に作用するという制度補完性が存在するので、雇用システムを形成している様々なサブシステムがどのように連関しているかを丹念にほぐしていきながら、雇用システムの変革を進めていく必要がある。

自らの「岩盤」打破を目指して

90年代以降の大きな環境変化の下で、無限定正社員を中心とした戦後の日本的な雇用システムは、さまざまな矛盾、機能不全を抱えることになった。このため、時代に合わなくなった制度をあらためなければ、新たな発展・成長に向けたステージへ進めないのではないか。その認識は我々の中で強くなりつつあるのは、事実だ。

その一方で、我々の中に「変えたくない」と思う力＝「慣性力」が強く働いているのも事実である。労使ともに過去の成功体験や価値観がしみ込んでいて簡単には変えたくないとする考えが現在でも根強い。だからこそ、雇用・労働問題については、小手先の対応が繰り返された挙げ句、中途半端な状態になっているのが現状であり、これが抜本的な雇用システム改革への対応の遅れにつながってきたのだ。

したがって、雇用制度改革の岩盤は、個々の労働規制というよりは、むしろ我々の心の中にあると考えるべきである。

そうであるのならば、無限定正社員にまつわる諸問題を解決するためには、我々の頭＝「岩盤」に「ドリル」を向けなければならないのだ。その意味でも、無限定正社員システムの見直しに向けて国民の意識を喚起していくということが重要だ。

筆者は2013年年初に規制改革会議の委員に任命されると同時に規制改革会議雇用ワーキンググループの座長を仰せつかったが、雇用ワーキンググループを運営していくに当たり、規制自体の問題ではないにもかかわらず無限定正社員の問題点を真っ先に取り上げたのもまさにこうした背景があったからであることを強調しておきたい(6)。

【解説】比較制度分析のフレームワーク

比較制度分析とは、資本主義経済の国の中でなぜ多様な制度が生まれるのかを理解することを目指し、スタンフォード大学名誉教授であった故・青木昌彦氏が創始した経済学の一分野である。

分析の基本的道具となるのがゲーム理論であり、加えて、情報とインセンティブの経済学、契約理論など最先端の応用ミクロ経済学を駆使することで現実問題を分析する研究分野といえる。

比較制度分析の立場からは、制度をゲーム理論でいうところの「ゲームの均衡」と考える。制度はもちろんさまざまな定義やイメージがあるが、「それに関わる人たちの秩序ある行動様式・仕組み」とおおまかに捉えると、それをゲームを行うプレーヤーの戦略的行動の結果としての安定的パターンと考えるのが、比較制度分析のアプローチである。

相手が戦略を変えなければ自分も戦略を変えないという意味でそうした安定的パターンは「ナッシュ均衡」であるし、第三者の強制ではなく、プレーヤーの合理的・最適な選択の結果という意味で「自己拘束的」という特徴を持つ。

「ナッシュ均衡」を制度と考えると、「ナッシュ均衡」が複数存在する場合にはどれが現実に制度として成立するかは必ずしも明確ではなく、ゲーム理論の立場からはやっかいな問題が発生する。

しかし、比較制度分析では「ナッシュ均衡」が複数存在することをむしろ積極的に評価している。それは、同じ対象でも世界の国々で多様な制度が存在することや、同じ国の中でも時代によって異なった制度が存在することを、説得的に説明できるからである。

例えば、エスカレータで急いでいない人はどちら側に立つかというのを、制度の例として考えてみよう。これは急がない人と急ぐ人の間のゲームとして考えることができる。このゲームでは急がない人が左型、急ぐ人が右側、また、急がない人が右側、急ぐ人が左側という2つのパターンが、ゲームの「ナッシュ均衡」になる。

前者は東京、後者が大阪や欧米のパターンである。また、大阪でこうしたパターンが根付いたのは、多くの外国人観光客を迎えることとなった1970年の万国博覧会開催が契機であるといわれている。

この例から明らかなように、制度は同じ枠組みでも国や地域によって異なったものが生まれうるし、それは決して「お上」(政府)によって強制されたものではないことがわかる。具体的にどのような制度が根付くかは、歴史的な経緯や偶然に依存するため、これを比較制度分析の言葉では「歴史的経路依存性」と呼ぶ。

制度を上記のように「ゲームの均衡」と捉える場合でも、現実にはそれは1回限りのプレイではなく、何回も繰り返しプレイされていると理解すべきである。また、いつもみんなゲームをプレイして最適な戦略を選んでその結果として制度が成立しているわけではなく、これまでもこの制度が成り立っているから明日も続くに違いないという考えをみんなが持っているから制度が存在し、継続していくという側面も持つ。

これを比較制度分析では「共有化された予想」と呼ぶ。つまり、制度は目に見える物理的なものというよりもむしろ我々の心の中にあるといえる。例えば、終身雇用制度はその良い例であろう。

また、1つにみえる制度も現実にはいくつかの制度が組み合わさって1つのシステムを形成し、個々の制度は全体としてバラバラにならないように制度と制度の間に強い補完性が働いている場合が多い。ある分野で特定の制度を選択すると、別の分野ではそれと補完的な制度がより選択されることになる。

これを比較制度分析の言葉では「制度的補完性」と呼ぶ。「システム全体はパズル絵のように一つひとつのピースを独立にかえることはできない」と青木氏が指摘したように、「制度補完性」が強く働く場合は、ある特定の制度だけを独立的に変えることは難しいことがわかる。逆に、制度補完性をうまく利用すれば、複数の制度を「芋づる式」に変えていくことも可能であるといえる。

第2章 人材が覚醒する雇用システム

1 人材が覚醒する雇用システムの再構築——多様な働き方改革で環境変化と課題に対応

本章では、人材が覚醒する雇用システムをいかに再構築するか、より具体的に考えてみたい。目指すべき新たな雇用システムは、第1章で指摘したさまざまな問題を解決しなければならない。

具体的には、①有期雇用の増大による雇用不安定と待遇格差に象徴される労働市場の二極化、②正社員の長時間労働問題、③女性の活躍、就業・家庭の両立問題、④人材資源が産業や企業横断的に適切に配分されていないという労働資源配分上の歪みの問題。以上の4点である。

過去から未来に続く大きな環境変化への対応

一方、こうした既存の問題への対応ばかりではなく、過去から未来に続く大きな環境変化への対応も要求される。

第一は、1990年代から続く、日本経済の低成長、不確実性の増大への対応である。固定費を含めたコスト削減、雇用調整の柔軟性が引き続き必要であるが、それをすべて非正規雇用に押し付けているようであれば、労働市場の二極化の解消は難しい。正社員の賃金システムの見直し、雇用調整の柔軟性確保が必要となってくる。

長期的にみれば、これまで指摘してきたように、人口減少社会への対応が急務である。このため、第二の対応として、女性の活躍・労働参加の推進を挙げたい。これは第3章で詳しく述べるが、無限定正社員、つまり、男性の働き方の見直し、長時間労働を抑制することがより本質的に重要である。

第三は、高齢者の更なる労働参加である。第6章で詳しくみるように、定年後、本人が希望すれば65歳までの継続雇用が義務化されたが、職務の内容変更、賃金の大幅低下が通常である。しかし、定年から継続雇用への移行プロセスが必ずしもスムーズであるとは限らない。むしろ、職務はさほど変わらないのに賃金のみ大幅低下する場合もあるようだ。

このため、従業員を65歳まで雇用し続けることにコミットするためには、正社員の賃金システムの見直し、つまり、かなり早い段階から賃金が伸びないシステムに変えていく必要がある。第6章でも詳しく述べるが、定年制の廃止なども視野に入れる必要があろう。

第四は、深刻な人手不足への対応である。非正規雇用の処遇改善、正社員への転換は、労働市場の二極化是正のために重要であるばかりでなく、企業にとってもプラスと理解すべきであろう。

人材・経済が覚醒する多様な働き方改革――ジョブ型正社員のデフォルト化とＩＣＴの徹底活用

以上のような様々な環境変化や個別問題へ対応しながら、人材が覚醒し、ひいては、経済も覚醒する雇用システム実現のカギを握るのは、序章でも簡単に頭出しした、多様な働き方改革である。まず、多様な働き方改革とは何か。これは、多様な人がライフサイクル、ライフスタイルに応じて多様な働き方を選択できる仕組みを作ることを意味する。本章では、多様な働き方を実現するための二本柱の改革として、①ジョブ型正社員をデフォルトにするための改革、②ＩＣＴ（情報通信技術）を徹底活用した働き方改革を挙げたい。

無限定正社員システムが様々な労働・雇用問題を生んできたことを考えれば、その見直しは必須であり、限定された働き方が可能な多様な正社員をデフォルトにした雇用システムの構築が求められる。また、ＩＣＴを最大限利用して働き方の可能性や選択肢を拡大していくことも重要である。

ＩＣＴがようやく働き方にも本格的に影響を与えるようになってきた。まず、情報がすべてデジタル化されることにより、オフィスワーカーにとっては時間、場所を選ばない働き方が実現可能となってきている。これは多様な働き方への大きな推進力となる。また、従業員の間のコーディネーション・情報共有が容易になるため、長時間労働の抑制につながることが期待できる。

さらに、ＩＣＴを活用して従業員の成果、努力の把握が容易になれば、彼らに対するコントロールやインセンティブ付けが容易になり、ひいては、生産性の向上を図ることが期待できる。

多様な働き方を実現するための環境整備

一方、多様な働き方改革は、単に働き手がそれぞれの希望に応じて多様な働き方を選択できることで終わりではない。選択した上でその働き方に満足し、生き生きと働けなければ意味がないだろう。したがって、多様な働き方の実現に向けて担保されなければならない環境基盤整備に目を向ける必要がある。それも多様な働き方改革の一部としてとらえるべきである。

第一は、職場の健康・安全の確保。生き生きと働けるために最低限満たされていなければならない環境条件は、健康・安全の確保である。中でも、長時間労働是正が最も重要なテーマである。この点については、第4章で詳しく検討するが、時間外労働に対する補償のあり方として金銭補償から休日補償への転換、時間外労働に対する実効的な上限規制の導入がポイントとなる。

第二は、公平・公正な処遇の実現。どのような働き方を選んだとしても、賃金、労働時間、その他の待遇において格下げにつながるなら、そのような働き方の多様化は望ましくない。処遇に対しての納得感、公正性が重要である。

この点は第5章で詳しく検討するが、非正規雇用に対して能力開発機会を含めた処遇改善をいかに実現するかがポイントである。

合理的な理由のない場合の不利益取り扱い禁止原則を非正規雇用に幅広く適用することと、非正規雇用に対しても勤続年数に応じた処遇を行う期間比例の原則の適用も検討されるべきであろう。また、働き手の事情に応じて、雇用形態間の相互転換がスムーズに行われるような仕組み作りも重要だ。

一方、非正規雇用の処遇改善を図るためには、従来型の無限定正社員の賃金システムの見直しも急務である。待遇については、正社員と非正社員が双方から歩み寄る対応が必要である。

第三は、雇用の「入口」「出口」の整備による円滑な労働移動の実現。このテーマに関しては、第6章で取り上げるが、自らが望むような多様な働き方が選択可能なのか、就職、転職を行うときは十分な情報が必要であり、働き手と企業との間のより良いマッチングが実現できるような支援や環境整備が重要である。

それぞれの働き手がより良いマッチングを求めて、就職や転職を活発化させて、労働移動、再分配が活性化されれば、それが生産性の向上を通じて、マクロ経済の成長を高めることにもつながる。解雇などにまつわる紛争処理についても、労使双方が納得する形で迅速化、効率化、選択肢の多様化が進めば、やはり、円滑な労働移動の実現に資するであろう。

2　ジョブ型正社員をデフォルトにする働き方改革

ジョブ型正社員とは

本節では、ジョブ型正社員をデフォルトにする働き方改革について論じてみたい。まず、ジョブ型正社員とはどのような正社員を指すのであろうか。本書では、無限定正社員とは異なり、職務、勤務地、労働時間いずれかが限定された正社員と定義する。労働時間の限定については、フルタイムよりも労働時間が短い短時間正社員とフルタイムであるが残業がない正社員の2つのタイプが存在する。

こうしたジョブ型正社員は、日本企業でどの程度普及しているのであろうか。２０１１年の厚労省

『多様な形態による正社員』に関する研究会報告書」によれば、大企業2000社近くのサンプルにおいて、5割程度の企業がジョブ型正社員を導入している。

これらの企業の対象となる正社員の中でジョブ型正社員の占める割合は3分の1程度である。その内、約9割が職種限定正社員、約4割が勤務地限定正社員、約1～2割が労働時間限定となっている。複数の限定性要素を兼ね備える場合も多い。

呼称に当たっては、ジョブ型正社員以外には「限定正社員」が使われることが多い。働き方がなんらか限定された正社員なのでその実態は理解しやすいが、「一段格下」というニュアンスがどうしてもつきまとう。厚労省は「多様な正社員」という呼称を使っているが、イメージしにくい部分がある。

各種調査をみてもいくつかのタイプの中では職務が限定された正社員の割合が高いので、本書ではジョブ型正社員という呼称を使う。職務、勤務地、労働時間に対して「なんでも受け入れる」のではなく「特定の働き方にこだわる」ということで、「こだわり型正社員」というイメージを読者には持っていただければと思う。

ジョブ型正社員の必要性・メリット

それではジョブ型正社員の必要性、メリットは何であろうか。第1章でみたように、無限定正社員システムが様々な雇用・労働問題と密接に関連していたことを考えると、ジョブ型正社員はこうした問題を解決する上で重要な役割を果たすことはいうまでもない。ここでは、ジョブ型正社員をタイプ別に考えてみよう。

まず、職務限定型正社員については、職務が限定されていることで、自分のキャリア、強みを意識し、価値を明確化できるという利点がある。専門性に特化したプロフェッショナルな働き方ということもできる。

こうした利点が、別の企業で職を見つけ、働く可能性（外部オプション）を拡大させ、現在の職場での交渉力を向上させることも期待できる。ジョブ・ディスクリプション（職務内容・範囲を記した職務明細）が明確になれば、自律的な働き方が可能になり、長時間労働抑制にもつながる効果も期待できる。

また、勤務地限定型や労働時間限定型正社員は、男女ともに子育て、介護と仕事を両立させる働き方、ライフスタイルに合わせた勤務を可能にすると考えられる。特に労働時間限定型は、ワーク・ライフ・バランス実現に最も効果的といえよう。

さらに、ジョブ型正社員は、正社員への転換を望むが職務等を限定したい働き方の受け皿として重要である。転換先としては無限定正社員に比べハードルは低く、無期雇用になることで雇用の安定確保が図られることは重要だ。改正労働契約法では、有期契約（2013年4月1日以後に開始）が通算で5年を超えれば労働者の申し込みにより無期労働契約に転換可能になったが、これはジョブ型正社員を制度的に新たに作り出す仕組みという意味では、積極的に評価できる。

ジョブ型正社員の処遇と満足度

筆者がリクルートワークス研究所久米功一氏らと進めたRIETI「平成26年度正社員・非正社員

の多様な働き方と意識に関する調査」は、無限定正社員、ジョブ型正社員、契約社員等それぞれ2000人規模のサンプルを用いて働き方やその満足度について比較を行った。その結果は、以下のようにまとめることができる(1)。

第一は、ジョブ型正社員は無限定正社員に比べ労働時間が短いことである。ジョブ型正社員は、週の平均労働時間が43・3時間であり、無限定正社員47・3時間に比べて、労働時間が短い。職務限定、勤務地限定などの働き方の限定の仕方にかかわらず、労働時間が短いのが特徴だ。残業なしの正社員は、同41・2時間とさらに短くなっている。

第二は、ジョブ型正社員は無限定正社員に比べ、賃金は若干低いものの、賃金に対する満足度は無限定正社員とあまり変わらないことである。例えば、ジョブ型正社員の賃金（年収）は無限定正社員の96％程度だが、賃金の満足度はジョブ型正社員では満足・やや満足の合計は44・1％、いわゆる正社員では同43・3％とほとんど変わらない。

第三は、仕事に関する満足度、ストレス、不満などをみると、ジョブ型正社員の方が無限定正社員よりも満足度が高く、ストレスが低く、その傾向は労働時間が限定された労働時間短縮、残業なしのタイプの正社員においてより顕著であることだ。

仕事から得られる総合的な満足度についてみてみると、ジョブ型正社員の満足度は無限定正社員よりも高い。満足・やや満足を合わせた割合でみると、ジョブ型正社員では53・4％に対し、無限定正社員では同42・7％となっている。とくに、労働時間短縮、残業なしの正社員において、同60％近くまで達している。また、契約社員等については同48・2％であり、ほぼ無限定正社員とジョブ型正社員の中間程度の水準となっている。

ストレスについては、ジョブ型正社員はやはり無限定正社員よりも低いが、契約社員等よりは高くなっている。ジョブ型社員では、「苦しいくらい感じる」と「かなり感じる」の合計は、ジョブ型正社員は30・0％であるが、無限定正社員では41・3％となっている。また、ジョブ型正社員の中では、労働時間限定、残業なしがストレスもとりわけ低くなっている。

仕事に対して不満に思っていることを複数回答で見てみると、ジョブ型正社員は「賃金が安い」（28・2％）、「有給休暇が取りにくい」（20・7％）が不満の要素として挙げられている。無限定正社員は、「有給休暇が取りにくい」（33・3％）、「残業が多い」（25・3％）が高いのに対し、契約社員等については「賃金が安い」（45・9％）が半数近くに達しており、「雇用が不安定」（22・0％）が続いている。いわゆる正社員から多様な正社員、契約社員等に移るにつれ、残業、有給休暇、賃金、雇用の安定へと不満事項が変わっていくことがわかる。

ジョブ型正社員の場合、先にみたように賃金に対する満足度は無限定正社員並みであるが、不満事項の一つであることには変わらない。また、「特に不満はない」の割合を見てみると、無限定正社員は23・5％であるのに対してジョブ型正社員は34・4％と高く、契約社員等の27・9％よりも高い。総じてジョブ型正社員であれば満足度は比較的に高く、不満は少ないといえる。

正社員の満足度を左右する労働時間

以上のように、無限定正社員の場合、労働時間に対する不満が満足度を下げている大きな要因である可能性が高く、労働時間限定型でなくてもジョブ型正社員の満足度が高いのはやはり労働時間に対する満足度が比較的高いことが影響していると考えられる。

実際、筆者はリクルートワークス研究所久米功一氏らと行った別の調査においても[2]、正社員（無限定、ジョブ型含む）の仕事満足度や生活満足度に対し、さまざまな属性や働き方の特徴をコントロールしても残業があることがいずれの満足度に対しても有意に負の影響があることを示した[3]。また、満足度の引下げの程度を所得補償額（時間当たり）として計算すると、平均時給の2～3割程度に相当することがわかった[4]。

特に、女性の正社員に限ると、生活満足度の引下げは平均時給の6割近くに達している。残業がなくなることの生活満足度上昇が特に女性において顕著であることは、ジョブ型正社員の女性への普及が政策課題としても重要であることを示しているといえよう[5]。ジョブ型正社員は、無限定正社員や有期雇用である契約社員よりもバランスのとれた働き方で満足度を高める可能性が大きいといえよう。

あいまいなジョブ型正社員の雇用管理

ジョブ型正社員のデフォルト化のためには、まずは、その普及を更に進めることが重要であるが、そのためには何が必要であろうか。企業においてジョブ型正社員を導入するために法制度上の制約があるわけではない。しかし、以下のような問題点も指摘できる。

第一は、ジョブ型正社員の場合、その特性に沿った雇用管理が書面で明示されていない、又は、明示されていても実際の運用において徹底されていないことが多いことだ。特に、就業規則、労働契約といった事前での扱いや雇用終了時といった事後の扱いにおいてである。

例えば、厚政労働省「『多様な形態による正社員』に関する研究会報告書」の企業アンケート調査を使った分析によれば、職務限定の雇用区分のうち、就業規則や労働契約で職務の範囲を限定しているのは52・4％と半分程度しかなく、残りは実態上、職務の範囲が決まっている状況だ。また、勤務地限定の雇用区分においては、就業規則や労働契約で勤務地を採用時の勤務地のみに限定したり、勤務地を転居の伴わない地域への異動に限定しているのは、30・9％と3分の1以下となっている。(6)

また、先にみたRIETI「平成26年度正社員・非正社員の多様な働き方と意識に関する調査」で勤務地限定、職務限定、労働時間短縮、残業なしの4つの限定的な働き方を比較すると、就業規則、労働契約、制度として明示的に限定されている場合が多いのが労働時間短縮（38・9％）、暗黙的、経験的に限定されていると認識されている割合の高いのは、勤務地限定（40・6％）、残業なし（30・1％）の限定的働き方であった。

職務限定の場合は、明示的、暗黙的な限定の仕方がほぼ拮抗していた。労働時間については、フルタイムよりも短くなる短時間勤務の場合はやはり明示的な取り決めがないと運用は難しいが、残業なし、勤務地変更なしは原則なしとしても将来の不確実な状況に対応する必要から明示的な取り決めは比較的難しいことを反映しているかもしれない。

また、事業所を閉鎖する場合の人事上の扱いも、無限定正社員とジョブ型正社員では明確な差があるわけではない。先の厚労省調査でも、人事上の扱いを定めていないとする割合は、無限定正社員、ジョブ型正社員、それぞれ、31・8％、33・5％と3分の1程度を占めるに過ぎない。先のRIET

Ｉ調査でも、同様の質問をしているが、事業所を閉鎖する場合、人事上の扱いを定めているのが、それぞれ、27・7％、35・3％と同様の傾向がみられる。

無限定正社員とジョブ型正社員の間の相互転換と均衡処遇の課題

第二は、無限定正社員とジョブ型正社員の間の相互転換と均衡処遇である。同一企業における無限定正社員からジョブ型正社員への転換については、本人がジョブ型正社員について十分理解していない状況下で、使用者主導でいわば「だまし討ち」のように転換させられるような懸念もないわけではない。労働条件決定の合意原則が前提であることは言うまでもないが、やはり、同一企業における転換は、本人の希望が転換プロセスの起点となるべきである。

また、一定期間における学び直しや育児・介護のために無限定正社員からジョブ型正社員に転換し、また、時期がくれば無限定正社員に転換するという希望を持つ働き手もいるであろう。

しかし、そうした双方向の転換制度が確立している企業は多くない。先にみたＲＩＥＴＩの調査で、無限定正社員からジョブ型正社員への転換制度は逆の転換制度よりも充実度は低いという結果になっている。

さらに、無限定正社員とジョブ型正社員の処遇格差も注意が必要だ。先の厚労省調査によれば、ジョブ型正社員の賃金水準については、無限定正社員の9割超ないし8割とする場合が多い。先のＲＩＥＴＩの調査においても、ジョブ型全体ではそれほど大きな違いはないが、内訳をみれば、労働時間短縮型は無限定正社員とほとんど変わらないが、勤務地限定社員は無限定正社員の94％程度とばらつきがみられる。

将来の職務、勤務地、労働時間の変化の可能性（無限定性）という「暗黙の契約」がオンされていると考えれば、賃金格差があること自体はむしろ自然だ。しかしながら、合理的な説明ができないような処遇格差があるような場合は、やはり問題といえよう。

ジョブ型正社員普及のための雇用ルール整備――規制改革会議の提言

ジョブ型正社員が広く普及・定着し、活躍できる環境整備のためには、上記でみてきたようにその雇用管理が適切に行われ、その価値を社会全体から広く認められなければならない。

このため、まずジョブ型正社員の形態・内容について労働契約や就業規則で明示的に定められることが必要である。さらに、従来の「無限定契約」と「ジョブ型（限定）契約」との相互転換を円滑化し、ライフスタイルやライフサイクルに合わせた多様な就労形態の選択が可能になること、また、両契約類型間の均衡処遇が図られることが重要である。

こうした視点に立って、筆者が雇用ワーキンググループ座長として取りまとめを行った規制改革会議「ジョブ型正社員の雇用ルール整備に関する意見」（平成25年12月5日）では、以下のような提言を行った。

契約の締結・変更時の労働条件明示について

①ジョブ型正社員の雇用形態を導入する場合には、就業規則においてジョブ型正社員の具体的な

契約類型を明確に定めることを義務付ける
②ジョブ型正社員を採用するときは、その契約類型であることを契約条件として書面で交わし明確にすることを義務付ける
③労働条件明示に関する現行規定は、労働契約締結時だけを対象としていると解されているため、ジョブ型正社員については、労働条件を変更する場合にも、変更内容を書面で明示することを義務付ける
④労働基準法施行規則第5条により労働者に通知することが求められる事項の一つである「就業の場所及び従事すべき業務に関する事項」につき、無限定正社員か又はジョブ型正社員かの別について明示することを義務付ける

相互転換制度と均衡処遇について

①無限定契約とジョブ型（限定）契約について、相互転換を円滑にする方策を法的枠組みも含めて検討する
②相互転換に当たっては、労働者本人の自発的意思を前提とし、労働条件決定を合意することに加え、労働条件変更の書面による明示を義務付ける
③均衡処遇を図るために、有期労働契約について無期労働契約との不合理な労働条件の相違を認めないとする労働契約法第20条に類する規定（雇用形態による不合理な労働条件の禁止）を設ける

厚生労働省の対応

厚生労働省は、こうした規制改革会議の提言に対し、翌年の2014年7月に、労働条件の明示等雇用管理上の留意事項、就業規則の規定例を整理し、政策提言をとりまとめた『「多様な正社員」の普及・拡大のための有識者懇談会」報告書（以下「懇談会報告書」）を公表した。

また、労働契約の締結・変更時の労働条件明示、無限定正社員との相互転換・均衡処遇について、労働契約法に既に定められている事項について、ジョブ型正社員の職務や勤務地の限定の書面での確認、転換制度、均衡処遇なども含まれるという解釈について雇用管理上の留意事項等と併せて周知を行った(7)。さらに、労働契約の締結・変更時の労働条件明示、無限定正社員との相互転換及び均衡処遇に関する政策的支援の仕組みが整備された(8)。

筆者らが規制改革会議の提言で強調したのは、労働条件明示、相互転換、均衡処遇との現行の法律を見直し、取り組みへの拘束力を高めることであった。

しかし、使用者側からは、それぞれの運用が定着していない中で法律改正を無理に推し進めようとすれば、企業の実務に混乱を与えるといった懸念が表明され、ジョブ型正社員の普及がかえって阻害される恐れがあるとの判断の下、今回、法律改正は見送られることとなった。

しかし、「懇談会報告書」には、労働基準法の改正（限定の明示の義務化）、労働契約法の改正（相互転換の義務付け）、労働契約法第20条（有期契約労働者と無期契約労働者の間の不合理な労働条件の禁止）と類似の規定を設けることについては、「将来的課題」であることもはっきり明記されたことは評価できる。

第1章第3節で述べたように、制度とは、一般的に、民の自発的・最適な選択の結果によって得られた規則性のある行動様式、秩序である「ソフトな制度」がまず、根底にあり、それに公が主導する法制度などの「ハードな制度」が外から枠をはめて強制する形になっている。

その含意は、根底にある「ソフトな制度」が十分形成されていない段階で、「ハードな制度」で枠をつくることは必ずしも適切でないということだ。その意味で、ジョブ型正社員普及に向けた様々な法律改正はやや時期尚早であるという考え方は、必ずしも間違ってはいない。

しかし、安定的なある均衡から別の均衡へ制度が移ることが望ましいにもかかわらず、動きを妨げるような慣性力、心理的なコストがある場合は、むしろ、「ハードな制度」を敢えて提示することで「ソフトな制度」を望ましい方向に誘導するといった政府による「ビッグ・プッシュ」も正当化できる。その意味で、上記の法律改正に向けた議論を継続していくべきであろう。

後払い賃金システムの見直し

ジョブ型正社員を普及させることは、日本的な後払い賃金システム見直しにつながると考えられる。後払い賃金システムは40代以降の生活保障システムであり、日本的雇用システムの労働者への「恩恵」の最も大きな部分であったのは間違いない。

しかし、こうした仕組みが1990年代以降、中高年のコスト面からみた過剰感を生み、有期雇用を増大させるとともに、第6章で詳しくみるように定年延長や廃止を含めた高齢者の円滑な継続就業を難しくしている。また、中高年で大企業から中小企業に転職すればほぼ生産性に見合った賃金になることで年収が300万円前後下がるケースも多いといわれ、転職を難しくしてきた。一方、欧米諸国では、40代以降は正社員の賃金は上がりにくく、ほぼフラットである。

こうした賃金システム見直しは、雇用システム改革の核心部分であるが、法律などで規定されているわけではないのでその見直しは逆に必ずしも容易ではない。年齢や勤続年数と賃金の関係を見た賃金プロファイルは90年代以降、やや緩やかになってきている。つまり、昔ほど年功で賃金が上昇していく傾向は弱くなっているのだが、40代以降も賃金が上がり続けるという特徴は維持されてきた。(9)

キャリア途中からのジョブ型正社員への転換

こうした特徴を変えるためには、キャリアの途中から、一定の割合の正社員はジョブ型に転換していくことが有効と考えられる。例えば、大卒で入社してから10年前後ほど、30代前半から半ばあたりで、更に幹部を目指す無限定正社員とジョブ型正社員に分かれていくことが必要だ。

従来の無限定正社員からジョブ型正社員への転換に当たっては、もちろん本人の希望、同意が必要であることは忘れてはならない。ジョブ型正社員であれば基本的には職務給であるため、40代以降、賃金と生産性の乖離《かいり》は大きくなく、賃金プロファイルの形状はかなりなだらかなものになるであろう。

キャリア途中からジョブ型に転換するとしても、そのタイミングはいろいろ議論があるところである。(10)雇用システム以上に、教育システムの改革が難しいことを考えると、文系大卒のように特定のスキルがないことを前提とした新卒一括採用システムは容易には変化しないと考えられる。そうであれば、やはり、入社時点では無限定正社員として採用せざるを得ないであろう。

入社10年前後まで様々な部署で経験を積みながら、多様なスキルを伸ばしていけば、おのずとどの道のプロになるか明確になってくると考えられる。また、トップを目指すことのできる本当の意味でも幹部候補生であるかもはっきりしてくる時期でもあろう。

従来の日本の大企業における「遅い昇進」では、入社15年くらいの時期で選抜が明確化されると言われてきたが、それよりも明確な選抜時期は早まることを想定している。

大企業の人事においても、これまでも企業内でウエイトの大きくなった中高年を処遇するために、管理職待遇ではあるが部下のいないスタッフ的な職務・職位を作ることもあったが、ジョブ型への転換でより系統的、包括的に行うことを意図している。しかし、一部の幹部候補生コースに乗っている無限定正社員を除き、キャリア途中からジョブ型正社員へ転換することが一般的になれば、それこそがジョブ型正社員の普及からデフォルト化への転換になると考えられる。

ジョブ型正社員をデフォルトにするために共働きもデフォルトに

40代以降も上昇する賃金システムは先にも述べたように生活保障の色彩が強かったが、キャリア途中からジョブ型正社員がデフォルトになり、賃金体系の見直しが進めば、これまで享受できていた生活保障が得られなくなる。つまり、それは男性（夫）が大黒柱となって家族を支え、女性（妻）が専業主婦として家庭を守るという戦後日本の典型的な家族モデルがもはや維持できなくなることを意味するのだ。

したがって、キャリア途中からのジョブ型転換を広範囲に導入するならば、夫婦が共働きをして、

2人合わせてそれなりの年収を得ることが必要であるし、それに応じた仕組みが必要となる。つまり、ジョブ型正社員のデフォルト化は、共働きのデフォルト化も必要とするのだ。

共働きの夫婦が子育てをするには、両者がともに長時間労働というわけにはいかない。第4章で詳しく述べるが、長時間労働を抑制し、ワーク・ライフ・バランスが当たり前にならなければいけない。また、職場だけでなく共働きをデフォルトにするために、家族によるサポートも重要になってくる。これは第3章で詳しく論じたい。

政府のサポートのあり方

一方、共働きでも低所得に悩む家計においては、第8章でも詳しく述べるが、社会保障制度の枠組みの中で政府が支援を行っていくことが重要である。特に、就労インセンティブを阻害しない給付付き税額控除の活用は必須といえる。

また、生活保障の色彩の強い後払い賃金は中高年の高い教育費負担と補完関係にあることも見逃すことができない。日本の場合、特に、大学等の高等教育に対する家計の負担がかなり高くなっている。例えば、教育費に占める私費の割合は、高等教育では65・7%とOECD平均30・3%に比べると極端に高い（2012年）[11]。また、国公立大学の入学金・授業料は長期的には消費者物価上昇率を大きく上回って上昇しており、入学金も一部の私立大学を上回っている。このように、高等教育における国公立大学と私立大学の負担格差がかなり縮小している状況である。

このような状況を考慮すると、高等教育のおける私的負担を少しでも和らげるような、なんらかの公的支援強化が必要と考えられる。返済の必要のない給付型の奨学金等を含め、大学授業料の支援を検討する必要があろう。また、親が高等教育の費用を負担するというよりも、学生自身が教育ローンを組むことをより容易にして、コストとベネフィットの関係を明確化させることが、学生の勉学意欲を高めるとともに、教育投資への収益率への関心を通じて大学のガバナンスに好影響を与えることが期待される。

ジョブ型正社員をデフォルトにする人事システムへ

無限定正社員システムにおける人事システムでは個々の従業員は配転でどんな職務も受け入れなければならないという意味で、人事側はいつも色のついていない社員をその時々に思い通りに色分けできる人事を行ってきたといえる。

一方、ジョブ型正社員がデフォルトになれば、人事は自由に異動させることは難しくなる分、どのような人材の組み合わせが企業の戦力にとって最適になるかというといわば雇用・人材ポートフォリオを意識した人事へ転換していく必要があろう。

このような「メンバーシップ型人事」から「ジョブ型人事」への転換は、従業員の「色」を自由に塗り替えることのできる「使い勝手が良い人事」から、個々の従業員の「色」を適切に組み合わさなければならない「面倒くさい人事」への転換を意味し、人事部の裁量権の縮小につながるであろう。

そうなれば、ジョブ型ポストについては人事は一つひとつのポストに社内公募をかける形に近くなるため、逆に個々のポストに要求される能力評価の明確化が自然と進むことが予想される。

一方、ジョブ型正社員をさらに普及させ、デフォルトにしていく上での重要な課題としてスキルの問題が挙げられる。

筆者らの研究では、正社員の働き方において、「業務が限定されている」と「スキルを高める機会があまりない」、または、「業務の範囲が幅広い」と「今より高いレベルのスキルを要する仕事を経験できる」は正の相関が高くなっている(12)。

つまり、ジョブ型正社員になれば、スキルを身に付けにくい可能性があるのだ。

限定的な働き方、スキル獲得機会、満足度の間の関係

このため、筆者はリクルートワークス研究所の久米功一らとともにスキルの習熟度(13)に対し、職務、勤務地、労働時間などの働き方の限定性がどのような影響を与えるか、分析を行った(14)。

その結果、教育年数や勤続年数が長くなればスキルの習熟度も高まる一方、残業や転勤・配置転換のない正社員のスキルの習熟度は低く、職務限定型の場合は、勤続年数によるスキル習熟効果は明確に弱くなることが明らかになった。やはり、限定的な働き方はスキルに負の影響を与え得るということである。

また、正社員の仕事満足度・生活満足度をみると、「スキルを高める機会があまりない」人の満足度は有意に低い一方、「今より高いレベルのスキルを要する仕事を経験できる」人の満足度は有意に高くなっている。「スキルを高める機会があまりない」ことによる仕事満足度低下の程度は、所得補償額(時間当たり)に換算すると男女とも正社員の時給の7割程度となるなど、その影響はかなり大

きいことがわかった[15]。

こうした結果は、どのように解釈すべきであろうか。まず、これまでの無限定正社員の場合、スキル形成は「螺旋階段型」で行われてきたといえる。つまり、特に、大企業の場合、様々な部門や職務を経験することがスキルや職務階級をアップさせ、昇進していく前提であったのだ。逆にいえば、業務の幅が広がらないとスキル・アップや昇進は難しい仕組みであったといえる。

したがって、スキル・アップが重要な若年期においては無限定社員で働き、キャリアの途中からジョブ型に転換するという仕組みは、人事システムの対応としても、働き手の納得感、満足度の観点からも適切といえる。もちろん、ジョブ型正社員になってからもスキル・アップは重要であるため、「螺旋階段型」とは異なる形でスキル・アップの機会の提供を行い、将来のキャリアに対する希望が持てるような仕組みの構築が重要となる。これも日本の人事システムに課された新たな挑戦といえる。

無限定正社員、ジョブ型正社員の分かれ道

無限定正社員の生き方は、言ってみれば、会社・組織にしがみつき「何でも屋」になることでひたすら「今の安定」を求める生き方であった。処遇は良いし、雇用も最優先で守ってもらえるかもしれない。その一方で、家族や自分の生活、キャリアの一貫性は犠牲になってきたことは否めない。

一方、ジョブ型正社員の生き方は、家族や生活をあくまで重視しながら、苦難があったとしても自分のプロとしての腕を信じ、組織にしがみつかず、自分の力で未来を切り開く働き方といえる。いずれを目指すのか、今、まさに働き方の「岐路」に我々は立っているのだ。

3　ICT（情報通信技術）を徹底活用した働き方改革

ジョブ型正社員とともに、多様な働き方を実現する決め手になるのは、ICT（情報通信技術）の徹底活用だ。

従来の日本的雇用システムは、同質的な人材、頻繁な配置転換・人事異動、長時間労働により、企業内に大変効率的な情報ネットワークを築き、部門内、部門間の情報の共有とそれに基づくコーディネーションを効率的に行ってきた。これが特に、すり合わせ型と呼ばれるものづくりの競争力の源泉にもなってきた。

一方、「人力」でこうした情報の共有やコーディネーションを行う仕組みが発達してきた分、ICTの職場での抜本的な活用が遅れていたことは否めない。しかし、近年、こうした日本の職場の風景も大きく変わりつつある。例えば、机の上に書類はなく、パソコンのみ。仕事をする机も毎回変わるというような職場である。情報が個々の従業員のパソコンの中に分散しているのではなく、クラウドソーシングで情報を集権化してしまえば、情報の共有化やコーディネーションは格段に容易になるであろう。それは、従来型の雇用システムを変化させる大きな推進力となると考えられる。

ICTで時間、場所を選ばない働き方へ

ICTの徹底活用でまず期待されるのが、時間・場所を選ばない働き方の導入である。職場がある

のは、従業員が同じ時間、同じ場所で共有しなければならない情報や知識があるからである。ＩＣＴがその制約を解き放てば、従業員が同じ時間、同じ場所にいる必要はない。

もちろん、情報の中にはデジタル化できない情報も存在する。その意味でお互いが実際に顔を向き合わせ、意思疎通を行う場としての職場はなくなることはない。ただし、会議といった対面型の情報交換においても、スカイプなどの活用によりビデオ会議の実用度は高まっている。従来、在宅勤務（テレワーク）は、なるべく他の従業員との調整の少ない、自律的な業務に限られる傾向にあったが、そうした制約も弱くなってきている。

時間・場所を選ばない働き方は、職場のオフィスのスペース・コスト、通勤時間にかかる時間・コストを双方の立場で削減できるだけでなく、子育て・介護などでワーク・ライフ・バランスがとりわけ重要な働き手にとって重要な選択肢になる。

例えば、グループウェアの開発・販売などを行うサイボウズ（株）は、多様な働き方へのチャレンジを進めており、働く時間や場所の制限の程度をそれぞれ3段階に分けて、時間×場所の計9通りの働き方から、ライフスタイルに合わせてワークスタイルを選択できるようにしている。特に、働く時間、場所の制限のまったくない「ウルトラワーク」と呼ばれる働き方も、運用は各部に任せながら導入している[16]。

ＩＣＴの徹底活用が多様な働き方を推進していく上で重要であるのは、単に働き方の選択肢を増やすことばかりではない。長時間労働を抑制し、生産性を向上させる可能性があることも重要だ。

情報処理・伝達を従来の人力からＩＣＴに変えることで当然、生産性は向上し、労働時間は減少する。複数と状況共有するために、従来のコピーの配布、ファクスでの送付からメイルでの一斉送付やクラウドへのアクセスに変わったが、そうした効果は大きいことを既に実感済みである。また、情報の共有を超えて意見の調整を行うには対面型の会議が必須であったが、これもかなりの調整がそれぞれのパソコン上でできるようになった。

ＩＣＴで時間当たり生産性を意識した働き方へ

また、ＩＣＴの活用で従来よりも従業員の仕事ぶり（努力）のモニタリングや成果の計測が容易になり、インセンティブの付与が容易になったことも見逃せない。在宅ワークの場合でも、従業員の仕事ぶりを直接観察できないため、従来は成果が測りやすい業務に限られる傾向にあったが、モニタリングや成果が観察しやすくなれば、業務の幅は広がる。

こうしたＩＣＴの利点を別の言葉で言い表せば、時間当たり生産性を意識した働き方への転換を促すものと捉えることができる。他人との調整に時間が多く費やされる場合、必ずしも自分のペースで仕事が進められるわけではない。このことが、ともすれば時間を意識しない働き方につながっていた部分があろう。一方、調整に費やす時間が短くなればその分、自らが自律的に取り組める仕事により時間を割くことができる。ワークライフバランスも意識すれば、限られた時間でどの程度効率よく働くかが、ＩＣＴのおかげで初めて働き手にとっての課題となりうるのである。

時間当たりの生産性をこれまで最も意識してきたのは、小さい子どもを持った母親であろう。一方、長時間労働がそもそも難しい高齢者などからも、時間当たりの生産性を重視する働き方は支持を得られると思われる。ＩＣＴの徹底活用は、女性、高齢者の労働参加に対しても大きなカギを握っている。

テレワークの現状

ＩＣＴの利用という観点から注目される働き方としては、特に、場所を選ばない柔軟な働き方である「テレワーク」が注目される。オフィスや通勤に要するコストを削減し、働き手にとってもライフスタイル・ライフステージに合わせた勤務が可能になる働き方だ。

一方、潜在的な問題点は、同じ場所・同じ時間で働くことから得られる交流、情報の共有、チームワークといったシナジー効果が発揮できないことだ。また、上司が監視できないことが働き手のモティベーションに影響を与える可能性もある。もちろん、ＩＣＴによる電子メールやイントラネット、クラウドなどで情報共有ができるようになったことがテレワークを促進していることは間違いない。

こうした中で、在宅の従業員が主体にもかかわらず、ＩＣＴ進化によりネット上で従来の職場と変わらない仮想的なオフィスを実現している企業が出てきている。在宅勤務のコンサルティングなどを手掛ける（株）テレワークマネジメントは、その一例だ。

同社のシステムでは、ネット上の仮想オフィスで机を並べる従業員の場所をクリックして呼び出し、顔を見ながら打ち合わせしたり、複数で会議をしたりすることが可能となっている[17]。これも権限が委譲しやすい仕事が中心にならざるを得なかったテレワークの可能性を大きく広げる取り組みである。

つまり、在宅勤務を特別な雇用形態として扱うのではなく、普通の職場で普通に行われていることをバーチャルに実現するのはどうすればよいかという発想が徹底されている。また、柔軟に働くということは自由に働くことではなく、労働基準法を遵守しながら、従来以上に生産性を高めて働くことが重視されている。

こうした先進的な取り組みがある一方で、日本全体でみれば、テレワークの普及状況はまだまだ発展途上である。ここでは、テレワークを在宅勤務のみならず、モバイルワーク（営業活動などで外出中に作業する勤務）、サテライトオフィス勤務（本来の勤務地とは別の場所のオフィス等で作業する勤務）も含め、その現状をみてみよう。

総務省「平成26年通信利用動向調査」によれば、常用雇用者規模100人以上の企業の中で制度としてテレワークを導入している企業の割合は11・5％と依然として低い状況だ。また、週1日以上終日在宅で勤務するテレワーカーは、2014年で全労働者の3・9％を占めるに過ぎない[18]。

その一方で、大企業の取り組みは比較的進んでいる。上記調査では、資本金50億円以上の企業の場合、導入している企業の割合が50・9％と半数に達している。最近では、トヨタの総合職への在宅勤務の導入[19]や三菱東京UFJ銀行の主要行では初めてとなる在宅勤務導入[20]が話題になった。

テレワークを実施している企業や従業員へのアンケート調査をみると（労働政策研究・研修機構（2015）「情報通信機器を利用した多様な働き方の実態に関する調査」2014年調査）、企業側の調査では、テレワークを実施する目的として、生産性の向上、移動時間の短縮・効率化、家庭生活の両立が大きな割合を示し、生産性の向上や家庭生活の両立などは実際効果があると評価されているが、労働時間や進捗状況の管理が難しく、セキュリティの確保やコミュニケーションに問題があると考えている企業の割合も高くなっている。

一方、従業員調査の方は、半分程度が仕事の生産性・効率性が向上すると答えているが、通勤による負担が少ないとする割合は17％程度、育児・介護や家事の時間が増えると答えているのは5〜8％程度とそれほど多いわけではない。また、4割程度が仕事と仕事以外の切り分けが難しい、また、2割程度が長時間労働になりやすいといったデメリットもあることを認識している。

テレワークの克服すべき課題

上記の結果から浮かび上がってくる問題点は、テレワークにおける、企業と従業員の認識ギャップである。確かに、家庭生活との両立や通勤時間の短縮はテレワークのメリットであることに違いはないのであるが、企業側が思っているほどに、従業員側が重視しているわけではないことがわかる。

上記調査では3割程度の従業員がデメリットは特にないと答えており、テレワークに対する満足度はそれなりに高いと考えられるが、それは仕事の取り組みへの充実度が高まることが大きいためと考えられる。

ここで、注意しなければならないのは、テレワークによる従業員のパフォーマンスの向上は長時間労働によって引き起こされている可能性があることだ。実際、テレワークの影響について1980年代から学際的に研究してきた欧米諸国では、テレワークによる従業員の成果の向上は様々な研究で確認されている。

例えば、最近の研究では、米スタンフォード大学のニコラス・ブルーム氏らが、Ctripという中国の旅行代理店会社のコールセンターの従業員が9カ月間、在宅勤務とオフィス勤務にランダムに割り当てられるという実験を活用し、在宅勤務の従業員は13％パフォーマンスが上昇したことを示した。その内、4％分はより静謐《せいひつ》で居心地の良い環境下での生産性（通話数）増によるものだが、9％分は休憩時間や病気休暇の減少による労働時間増に起因するものであった(21)。

これまでの既存の研究においてもテレワークが長時間労働を助長する傾向も確認されており、生産性向上が従業員の自己評価による場合は、長時間労働による効果を生産性向上と誤って認識している可能性もあることに注意する必要がある(22)。

また、テレワークにおいて、在宅勤務の場合、特に、仕事と私生活の切り分けが難しいという点(23)は、テレワークの典型的な問題点として欧米諸国で以前から指摘されてきた(24)。

このように、自宅で仕事をすることが仕事と私生活の境界をなくし、長時間労働を助長することになれば、テレワークのメリットは半減してしまう。仕事と私生活をうまく切り分け、長時間労働を抑制することが、テレワーク推進の大きなカギを握っている。

その意味で、テレワークが夫婦の家事・育児の分担を見直すきっかけになることも重要だ。伊ヴェローナ大学のエレフセリオス・ジオバニース氏は、イギリスのパネルデータ（１９９１～２００９年）を使い、男女問わず、テレワーカーになればより家事・育児へより時間を割くようになり、男女を問わず、家事・育児が配偶者とシェアできれば、幸福度が増加することを示した(25)。

男性、女性を問わず、家事・育児をよりシェアするという観点からも、テレワークは推進されるべきであろう。

4　働き方・人材の多様性が切り開く新たなイノベーション
――人材の覚醒と経済の覚醒をつなぐもう一つのルート

本章では、人材が覚醒する雇用システムの再構築のためには、ジョブ型正社員をデフォルトにする改革とＩＣＴを徹底活用する改革を二本柱とする多様な働き方改革で大きな環境変化と山積する課題に対応すべきと説いてきた。しかしながら、多様な働き方が重要であるのは、雇用システムの再構築のためだけではない。働き方や人材の多様性は人材の覚醒と経済の覚醒を直接つなぐイノベーションに大きな役割を果たすことを、第４節では明らかにしたい。

従来の雇用システムにおける「強み」とイノベーションの関係

まず、従来の雇用システムとイノベーションの関係はどのように整理することができるであろうか。イノベーションに結びつくような雇用システムの「強み」を整理してみよう。

第一に、後払い式賃金、遅い昇進は長期雇用の枠組みの中で将来に向けて努力し続ける大きなインセンティブを生んできた。第二は、そうしたメンバーシップ、長期雇用の中で企業特殊な投資が促進された。第三は、水平的、部門間のコーディネーション・情報共有が密接であり、新卒一括採用、子飼いの従業員が中心を占めるため、組織の構成員は同質性が高く、メンバーシップ型の運命共同体で組織の一体性、一体感が育まれたと考えられる。

こうした高いインセンティブ、企業特殊投資、従業員間の密接なコーディネーション・情報共有、組織の同質性・一体性がプロセス、漸進的改善型のイノベーションを生み、特に、自動車、電機産業といった「すり合わせ型」の製造業の競争力を高めることに貢献してきた。しかしながら、新たな雇用システムを再構築していく中で旧来型雇用システムのメリットを維持し続けることは難しい。日本企業の新たな「強み」をどう作るのか問われているといえよう。

まず、ICTを活用し時間当たりの成果を基準にすることで生産性を高めていくことができれば、それは新たな「強み」となるであろう。また、ジョブ型正社員がデフォルトになる中で汎用性の高いプロ力がやはり「強み」となると考えられる。これまで日本企業の中では、スキルに関しても特定の企業でしか役立たない企業特殊性が強調されすぎたきらいがある。こうした企業特殊な投資やスキルを強調すればするほど、企業の垣根を越えた労働移動は難しくなってしまう。

組織形態に目を転じると、企業の各部門間で事後的に水平的なコーディネーション、情報の共有に大きなコストをかけるのではなく、むしろ、それぞれの部門が自律的、独立的に発展できるようなモジュール型組織形態の採用が重要である。「人力」で情報の共有やコーディネーションを行うためには、「何でも屋」である無限定正社員がその役を担うことが効率的であったが、ジョブ型正社員でもICTの活用で情報共有、コーディネーションを図ることは十分可能である。

働き方・従業員の異質性、多様性を活かす形でイノベーションを起こす

また、働き方や従業員の多様性が直接イノベーションを起こす経路も重要である。最近の経営学や経済学は、多様性、ダイバーシティのイノベーションの影響に着目している。

イノベーションは通常、無から有が生まれるというよりは、既存のアイディアがうまく結びつくことで生まれることが多い。これは、ジョゼフ・シュンペーターが強調した「新結合」にほかならない。新たな結びつきがイノベーションを生むためには、前提として多様なアイディアがなくてはならない。しかし、働き手が同質的な企業社会の場合は、アイディアも同質的になりがちである。これではイノベーションは生まれにくい。

企業の構成員の多様性が企業業績、イノベーションにどのような影響を与えるかという広い視点から論じてみたい。多様性は、大きく2つのグループに分けられる。まず教育、スキルといった人的資本の多様性である。異なる教育やスキルによる知識の補完性やスピルオーバー（波及）が新たなアイディアを創出し、生産性向上も期待できる。

一方、民族、年齢、性別など属性について多様性がある場合は、人的資本の多様性に比べ、高いコミュニケーションコスト、信頼・結び付きの弱さなどが知識のスピルオーバーや交換を妨げる要因になりやすい。

特に民族の多様性の場合、こうしたコストは高いと予想されるが、構成員が異なる文化的な背景を持つことで異なる見方、有益なアイディア・問題解決能力、より大きな知識のプールが利用できれば、生産性が高まるであろう。年齢の多様性も、それぞれの世代で身に付けている知識、経験が異なるという意味で、人的資本に補完性が生じうる。

デンマークのオールボルグ大学のクリスチャン・オースタガード氏らは、自国の1648社の一時点の企業従業員データを使い、教育と性別の多様性は新製品導入でみたイノベーション（革新）に正の相関がある一方、民族の多様性は有意な関係はなく、年齢の多様性は負の相関があることを示した。[26]しかし、この種の分析では、個々の企業の固有の効果を取り除くために、複数時点の企業従業員データを使う必要があり、企業の業績が従業員の多様性に影響を与えるという逆の因果関係の問題（内生性）も処理する必要がある。

こうした点を考慮し、同じデンマークの企業レベルのデータを使ったスイス・ローザンヌ大学のピエールパオロ・パロッタ氏らは、民族の多様性が特許取得活動でみたイノベーションに正の影響を与えることを示した。[27]一方、教育・スキルや年齢・性別といった多様性の効果は、他の変数をコントロールしたり、内生性を考慮したりすると影響は有意ではなかった。このように、分析手法の違いはあるものの異なる結果がでている。

次に、企業の構成員でも通常の従業員レベルではなく、より上位層の取締役会の多様性について着目してみよう。まず、そもそも取締役会の役割として経済学者が強調するのは、経営者のモニタリング（監視）である。社外独立取締役導入も、取締役会の多様性によるモニタリング強化と考えることもできる。ただ、人的資本や属性の多様性が何らかの影響を与えるとすれば、取締役会の役割を広げて考える必要がある。経営学者が強調するのは、経営者へのアドバイスの役割である。

従業員の場合と同様、多様な背景、経験が異なる観点、問題解決方法を生むとともに、多様な情報を得ることができるようになることで、よりよいアドバイスが可能になる。

取締役会の多様性の場合、付随した外部効果も期待できる。例えば女性、外国人の従業員に対し彼らの昇進にコミットしていることを示すことは、彼らのインセンティブ（誘因）を高める効果がある。

さらに、特に消費者に直接、財・サービスの提供を行う企業にとっては、取締役会の多様性を高めることにより、社会的イメージを改善し、世間、メディア、政府から正当性を得ることによるメリットは大きい。また、それにより、投資家との関係も改善できるという効果も期待できる。

取締役会の多様性と企業業績の関係

一方、取締役会の場合でも、多様性がメンバー間での対立、協力や意思疎通の欠如を生みやすくなる傾向も否定できない。特に社外独立取締役が経営陣から情報を得る際には、深刻な問題になりうる。取締役会の多様性を無理やり進めれば、経験不足、能力不足の取締役が選ばれ、特定の人物の取締役掛け持ちが増えてしまう問題もある。

取締役の多様性と企業の業績の関係についての分析は多数存在するが、従業員の場合と同様、分析手法の違いなどもあり、両者の関係について必ずしも明確な結果がでているわけではない。

英ロンドン・スクール・オブ・エコノミクスのダニエル・フェリーラ氏は、上記の議論も踏まえ、取締役会の多様性と企業業績の関係が正か負かということで取締役会の多様性を進めるべきか否かを論じるのは有益ではないと警告している[28]。むしろ、これまでの分析結果は、取締役会の多様性にはコストとベネフィット双方があり、そのバランスは企業によって異なることを示していると解釈すべきだと主張している。

米アメリカン大学のロナルド・アンダーソン氏らは、企業の固有の効果や内生性の問題は処理した上で、教育、職業、経験、年齢、性別、民族を考慮して作った取締役会の多様性を示す総合指標は、トービンのq（時価総額÷資本再取得価額）といった企業業績に正の影響を与えるものの、企業への影響は企業の特徴によって異なることを示した。[29]

規模や多角化などの面で組織が複雑な企業ほど多様性は良い影響を与えるが、それほど複雑でない企業には負の影響を与えている。その中で職業、経験などの人的資本の多様性が、性別、民族などの社会的多様性よりも企業業績により大きな影響を与えることを示した。

以上を踏まえると、企業内の構成員の多様化はイノベーションや企業業績を高めることがあることが確認されたが、どのような多様化が効果があるかは企業の状況によって異なることがわかった。多様性を推し進める場合でも、その効果が最大限発揮できるような環境整備を進めることの方が重要であることがわかる。

多様な組織を束ねるものは何か――ミッション志向型雇用システムとは

そこで大きなポイントになるのは、多様性を活かした経営において組織をどう束ねるかである。企業が「組織」である以上、一定の「まとまり」が必要である。戦後・大企業の典型的雇用システムにおいては、生え抜き・同質的な従業員で構成されるいわば、「運命共同体」において「同じ釜の飯を食う」ことにより「忠誠心」が生まれるとともに、企業の目標・あり方が暗黙的に構成員間で共有されることになった。

しかし、不確実性の増大、低成長という大きなマクロ環境の変化の中で、労使双方の「長期的なコミットメント」が弱まってきたといえる。こうした状況の下で従来のような「運命共同体」として暗黙の下に企業の目標・あり方を共有することは難しくなった。

一方、組織内での多様性、異質性が増大すれば、やはり、組織がばらばらになり機能不全に陥る可能性も否定できない。組織のチームワーク、一体性の維持のためには、むしろトップダウン型の企業文化、ミッションの共有がより重要となっているのではなかろうか。

過去、現在、未来へ続いていく企業の「ミッション」、つまり、顧客にどのような商品、サービスを提供したいのかという「思い」と「夢」を末端まで浸透させることが、経営者の重要な任務になってきている。特に、多様な働き手の立場や気持ちを理解、愛情を持って対話を図ることが、以前よりも増して大切となっている。

例えば、三菱グループは、1930年代に第4代社長岩崎小彌太の訓示をもとに制定された「三綱領」(所期奉公＝期するところは社会への貢献、処事光明＝フェアプレイに徹する、立業貿易＝グローバルな視野で)があり、時代を超えて継承されてゆく三菱のDNA、理念としてグループ全社で共有され、グループの企業活動の指針となっている。また、「三綱領」は英語にも訳され、海外従業員とミッションを共有するのにも役立っているとのことだ。[30]

三菱グループ各社は、三綱領を共有しているのでグループ全体としてバラバラになりにくい、三綱領が強力な接着剤となり固い結束力を生み出しているという評価もあるようだ。

また、グーグルには、社是、社訓ともいえる「グーグルが掲げる10の事実」がある。[31] これが他社の社是と異なるのは「事実」とある通り、徹底的に分かりやすい言葉で書かれているが、決して強制するものではないことだ。自然にミッションの共有が図られる工夫がされているように感じる。

こうした「ミッション志向型雇用システム」が徹底すれば、経営者と従業員の目標・利害は一致するため、従業員に対する動機付けは極端に言えば不要かもしれない。一代のカリスマ的経営者の影響力に止まっていれば、長期的なミッションの浸透・共有は難しい。企業に内在化するＤＮＡの如く次の世代に受け継がれていくような「企業文化」まで普遍性の持つものとして高められるべきであろう。

第3章　女性の活躍を阻む2つの壁

1　女性がフルタイムで働けるために
――カギとなる長時間労働是正と日本的雇用の見直し

女性の活躍が日本経済活性化の決め手になるとして、注目を集めるようになっている。人口減少社会のなかでは、少しでも労働市場に出て活躍する人を増やさなければならない。日本においてその潜在的なポテンシャルが大きいのは女性だからだ。

国際比較をすると、日本では働いている高齢者が多い一方、女性は子育て世代の30代で労働力率が低くなる問題などがある。さらに管理職や役員への女性登用を進めなければいけないとの声が高まっている。

「女性は日本を救えるか？」。これは、国際通貨基金（ＩＭＦ）が発表した論文のタイトルだが(1)、海外からも女性の活躍に期待が寄せられている。

日本再興戦略改訂版2014の「女性の更なる活躍推進」では、女性の活躍加速化のための新法の制定が盛り込まれ、「2020年に指導的地位に占める女性の割合30%」の実現に向けて、女性の登用に関する国・地方自治体、民間企業の目標・行動計画の策定、女性の登用に積極的な企業へのインセンティブ付与等を内容とする女性活躍推進法が制定された。

ただ、経済政策を考えるとき、現在のようにみんなが疑いもなく同じ方向へ進んでいるときは、少し注意する必要があるのも確かである。本章では真に女性の活躍をサポートするためには何が必要か、俗論に流されることなく検討してみたい。

女性の労働参加の現状と国際比較

女性の労働供給率の年齢別推移をみると、日本は典型的なM字型になっており、近年改善はみられるものの、30~40代の労働力率は諸外国と比較しても低くなっている。育児、介護などでキャリアが断絶すれば、そこで人材力向上もストップしてしまう。正社員であったとしても、再就職する場合、正社員での復帰は難しくなることが多く、それがその後の能力開発機会を狭めてしまうという問題がある。

こうした離職を少なくし、オランダ、ひいては、北欧諸国の水準まで30、40代の女性の労働力率を高めることができれば、少子高齢化によるマクロ経済への悪影響(人口オーナス効果)をかなり相殺することができる。

女性のフルタイム労働参加率を高める有効な方策とは

では、女性のフルタイム労働参加率を高めるには、どのような政策が有効であろうか。経済協力開発機構（OECD）のエコノミスト、オリビエ・テヴノン氏は、1980年代初めからOECD18カ国を分析し、3歳未満の子を持つ両親に対する育児サービスへの公的支出は女性（25〜54歳）のフルタイム労働参加率にプラスに寄与する一方、育休期間延長は影響を与えないことを示した(2)。

テヴノン氏らは、育休の影響について更に詳しくみるため、より多くの国のより長い期間のデータを使い、育休は約2年を超えない限り女性の労働参加率に正の影響を与えるが、それ以上であれば逆に負の影響を与えることを示した(3)。かつて安倍総理が言及した「育休3年」は、女性の活躍促進という視点からも矛盾をはらむ政策といえる。

もちろん、保育所、保育ママなどの子育て支援サービスの徹底した充実、女性のみならず男性が育児・介護休業を取りやすい環境（休業時の所得補償拡大等）の更なる整備に向けた努力が、引き続き必要である。

「マミー・トラック」の罠と「職・住・保」の接近の重要性

一方、大企業を中心に両立支援はかなり充実してきているという認識も重要だ。そこで逆に問題となっているのは、一旦、「マミー・トラック」に乗ってしまえば元のコースに戻れないという現状があることだ。それに気づくと、むしろ、意欲の高い女性ほどモチベーションを失い、あきらめ、退職するという事例も少なくない。

育休、短時間勤務の活用ももちろん重要であるが、早めに仕事に復帰し、短時間勤務に頼らなくても、保育園に子供を預けながら、働く女性をサポートするためには何が必要か。端的に言えば、職場、自宅、保育園を結ぶ「三角形」をいかに小さくするかにつきる。

職場や保育園との往復に時間を取られてしまうと、女性の活躍は覚束ないと言っても過言ではない。保育園に子供を預けているお母さんであれば、「私たちには時間がないのよ」と言って、保育園に頭から「スライディング」したいと思った経験は一度や二度ではないであろう。

時間的な制約を少しでも緩和するためには、職住接近のための企業からの補助（通勤時間短縮）、職場のビル、または、自宅の最寄り駅ビルに保育園を作ることが求められる。

長時間労働是正と日本的雇用の見直し

それでは、女性活用を進めるために女性に特化した両立支援とは別に、企業はどのような環境整備が必要であろうか。慶應義塾大学の山本勲氏は企業パネルデータを用いて、どのような企業で女性活用が進んでいるのかを検証している。それによると、職場の労働時間の短い企業、雇用の流動性の高い企業、賃金カーブが緩く賃金のばらつきの大きい企業、ワーク・ライフ・バランス施策の充実している企業ほど、正社員女性比率や管理職女性比率が高くなっていることが明らかとなった[4]。

このことは、男性の長時間労働、長期雇用慣行、年功的賃金制度による大きい労働の固定費用、画一的な職場環境といったものが、企業における女性活用の阻害要因になっていることを示唆している。

これは、女性活用を進めることが企業にとってもメリットになるためには、従来型の日本的雇用システムをそのまま維持できないことをも意味している。

オランダから学ぶ

女性の労働参加率を引き上げ、キャリア断絶を防ぐもう1つの視点は、オランダ型雇用形態の相互転換の仕組みである。オランダはかつて女性の労働参加率が日本よりも低かったが、今は上回って更に上昇を続けている。

先に紹介したIMFの論文では、オランダでは同一企業においてフルタイムとパートタイムをライフサイクルに応じて従業員（1年以上の勤務）の希望で相互転換できる仕組み（00年労働時間調整法）があり、日本のモデルになり得ると提言している（第5章第2節も参照）。

この制度が導入されると、子供が小さいうちは保育園のお迎えに間に合うかどうかで悩まないようパートタイムで働き、大きくなったら再びフルタイムで頑張るといった働き方が可能になる。そのためには、まず、オランダのように雇用者の希望で短時間とフルタイムをライフサイクルなどの事情に合わせて柔軟に選択できる仕組み（短時間正社員の活用）を導入する必要がある。

ワーク・ライフ・バランスの「影」

女性の活躍と言えば、ワーク・ライフ・バランスをいかに達成するかに目が奪われがちであるが、日本的な雇用システムの中で、ワーク・ライフ・バランスの犠牲になっている人々がいることも忘れてはならない。ジャーナリストの吉田典史氏はその著書で、育児をする男性や女性、うつ病の社員、正社員になることができない人など世間的には〝弱者〟としてとらえられている社員に苦しめられている人たちを描写している[5]。

ワーク・ライフ・バランスを推進すれば、人員を増やさない限り、誰かがその仕事を分担せざるを得なくなる。必ずしも職務が明確化されていない職場では、個人に職務が明確に定義されず、あいまいなルールの下で、結局は特定の人に過重労働が積み重ねられてしまう傾向にあることは容易に想像できる。しかし、ワーク・ライフ・バランスという大義名分に対しては誰も反対できない分、こうした「影」の部分は表には出てきにくい。労働時間、ワーク・ライフ・バランスのみの問題ではなく、無限定的な働き方が変わらなければならないことは、こうしたことからも明らかだ。

2 女性がトップを目指せる社会とは
――欧米の経験からのインプリケーション

女性の活躍を考える場合、フルタイムの労働参加のみならず、女性が管理的な立場、幹部として活躍できることも重要な課題である。

際立って低い日本の女性役員比率

就業者に占める女性の割合をみると、日本は40％を超えており、他の先進諸国（40～50％）と遜色ない数字である。一方、管理的職業従事者に占める女性の割合は、12・3％（２０１５年[6]）と軒並み30％を超える他の先進国と比較してかなり低い。

さらに、上場企業の女性役員比率は2・8％（2015年）[7]となっている。国際女性経営幹部協会の調査では、国によって企業数のばらつきが大きいものの、先進国はほぼ10％以上となっており、日本は韓国と並んで際立って低い。

さらに、世界経済フォーラムが「The Global Gender Gap Report 2015」において、各国における男女格差を測るジェンダー・ギャップ指数を発表しているが、日本は0・670で145カ国中101位（2014年は142カ国中104位）である。本指数は、経済分野、教育分野、政治分野及び保健分野のデータから作成され、0が完全不平等、1が完全平等を意味している。政治分野における女性の割合や女性管理職の割合の低さ等が、我が国の順位に反映されている。

しかし、中小企業も含めた「国勢調査」（2010年）のデータでは、女性役員は会社役員総数の14・5％と上場企業に比べてその割合は高い。

経済産業研究所の森川正之氏は、中堅企業も含む「企業活動基本調査」「企業経営と経済政策に関するアンケート調査」のサンプル（従業員50人以上）でみてみると、オーナー企業、若い企業ほど女性役員のいる傾向が強いが、子会社、上場企業、労働組合有りの企業ほど女性の経営者はいない傾向が強くなるとしている。また、女性社長の74・4％が創業者の親族ということも報告している。[8]

女性役員比率を高めていく王道とは

女性役員比率を高めていくには、何が必要であろうか。豪ニューサウスウェールズ大学のレネー・アダムズ氏らは、2001～10年の22カ国の1万社弱の上場企業のデータを使用し、フルタイム女性労働参加率（平均27・7％）の5・3％増加で女性の非業務執行取締役割合（平均9・0％）は2・6％上昇するなど、女性のフルタイム労働参加率が強い正の影響を与えることを示した[9]。フルタイムの就業促進が、トップへ行く女性を生み出す「パイプライン」として重要であることがわかる。

強制的な割当制・数値目標設定はうまくいくか——「仕込み」できていますか

一方で、女性役員比率が高い国でも、強制的な手段でさらに引き上げる動きがある。ノルウェーでは、2003年に上場企業と一定の要件を満たした非上場企業を対象に割当制を導入した。他の諸外国においても、女性役員の割合を強制的に増やすために割当制を導入、またはその検討を行っている国も多い。

女性幹部割当制に対しては、「条件を満たさない人を引き上げればいずれ逆噴射が起きる」（カルニト・フルグ氏・イスラエル中央銀行総裁）、「強制すれば資質を伴わない管理職を増やし業績悪化にもつながりかねない。導入すべきでない」との反対意見もあるが、問題点があることは認識しつつも、「目標がないとダメ」（クリスチーヌ・ラガルド氏・IMF専務理事）「勢いをつける初期段階のツール」（キャシー・松井氏・ゴールドマン・サックス証券）「マイナス面の議論ばかりしていては何も変わらない」（坂東眞理子氏・昭和女子大学長）との賛成意見も強い[10]。

こうした、強制的な割当制については慎重な検討が必要である。なぜなら、第一に、「科学的議論」がまったく抜けおちているからだ。管理職でも役員でも割当制の目標を設定するのであれば、前段階での「仕込み」が必要である。男性、女性の昇進確率に差があるのであれば、より若い段階での目標はもっと高い数字になるはずであり、早い段階での別の目標設定が必要となる。

例えば、2020年で指導的地位の女性を3割にしたいのならば、もっと以前のタイミングまでに係長級の女性比率を例えば4割程度にするなどの目標が必要である。そのためには、今年、幹部登用の可能性のある総合職入社の女性割合は何%でなければならないかという目標まで作る必要があるのだ。そうすると、入社時点では総合職の女性が半分程度をしめないと、こうした目標は達成できないはずだ。

しかし、理系からの入社の割合が高い製造業であれば、そもそも理系を専攻する女子学生（いわゆる「リケ女」）は少ないため、学生の数を増やすところから取り組まなければならない。

そう考えると、こうした目標を達成するためには少なくとも20年以上かけて準備をしなければならず、手遅れと言わざを得ない。

第二は、女性の活躍に関することが、一種の「言論バブル」「政策バブル」となってしまっていることである。「言論バブル」「政策バブル」とは、その内容が正当に評価されるよりも、情緒・感情的に否定しにくければ多数意見や実現可能な政策になりがちな状況を意味する。逆に、「言論バブル」「政策バブル」になってしまった議論を否定することは、〝politically incorrect〟となってしまい、「袋叩き」に遭うというリスクが高くなってしまうのである。

「科学的な議論」「エビデンスに基づいた議論」ではなく、「威勢の良さ」「精神論」がはびこってしまえば、当然、引っ込みがつかなくなるのは世の常である。冷静に眺めれば、先の大戦で「B29を竹やりで突く」ような滑稽さに似たものがあるといえる。

女性役員の割当制が提案される理由

割当制が提案される理由の1つは、女性に対する偏見や統計的差別の克服である。偏見・差別で役員の登用が望ましい水準に比べて過小になっているとすれば、強制的な対応は意味を持つ。

例えば多くの研究で、平均的にみて女性は男性よりリスク回避的なことが明らかにされている。また、女性は男性よりも競争回避的との指摘もある。[11] 男性と女性にはやはり差異があり、こうした女性の特徴が経営には不向きであるとする見方も少なくない。

しかし、アダムズ氏らは、役員レベルの男女差と一般国民レベルの男女差とは異なることを強調した。2005年のスウェーデンでの調査を使い、女性役員は男性役員に比べ、むしろ伝統・安全志向は弱く、リスク愛好的であることを明らかにした。[12]

このようにみると、役員レベルの男女差と一般国民レベルの男女差とは異なる可能性も十分あり、安易な偏見・差別はやはり問題であろう。

女性の経営参加が企業のメリットになるためには

男性と女性が異なることを認めたとしても、企業経営への女性参加が高まり、多様性が生まれることは大きなメリットとなると考えられる。第2章でも強調したように、イノベーションを生む方法の1つは既に存在している知と知を組み合わせることであり、組織内にある程度の多様性が必要である。

また、近年、企業の競争戦略の視点からは、豊かさの達成の中で潜在的な需要を掘り起こすためには、数値化できる性能・品質の向上ではなく、消費者の感動や笑顔を生む「感性」がより重要となっている。つまり、「洗練性」「面白さ」「もてなし」「きめ細かな質感」を持つ商品・サービスへ、需要がシフトしているのである。したがって、こうした戦略に対し、経営・組織における多様性が好影響を与えることを期待されるのである。

女性役員比率と企業業績の関係①――ノルウェーの経験

では、日本も割当制を積極的に導入すべきであろうか。最近相次いで有力学術専門誌に掲載されたノルウェーの割当制についての実証分析は、示唆に富む。ジェンダー・ギャップ指数第2位（2015年）のノルウェーでは、2003年に上場企業と一定の要件を満たした非上場企業を対象に女性取締役（役員）の割当制（40％）を導入した。当初6％であった割合は、08年に目標の40％を達成した。

まず米南カリフォルニア大学のケネス・アハーン氏らは、2001～09年の248社の上場企業のデータを用い、割当制の内容が公表された時、対象企業の株価は大幅に下落し、その後数年間、企業価値の指標である「トービンのq（時価総額÷資本再取得価額）」は、10％の女性役員比率増加で12・4％低下したことを明らかにした[13]。実際、負債などは大きくなり、営業成績にも悪化がみられた。

過去には女性役員比率と企業業績に正の関係があることを示唆する分析例もあるが、逆の因果関係があり、結果の解釈には注意が必要である。

例えば、カタリスト[14]のレポートでは正の相関関係を強調している。また、日本の分析例でも2000年代の企業パネルデータを使い、管理職や役員の登用による女性の経営参加が企業業績（ROA）を高めるという結果もある[15]。

しかし、逆の因果関係、つまり、企業業績が高いから女性役員比率が高いという関係もありうるため、結果の解釈には十分注意が必要である。その意味で、ノルウェーのケースは、女性役員比率の上昇が企業に与える影響を調べるのに格好の社会的実験であった。

こうした割当制導入が男女間格差の小さいノルウェーでも企業に重荷であったことは、企業が制度の対象となるのを避けた結果、上場企業は09年で01年の7割弱になり、割り当ての要件を満たさない非上場企業の数は30％増えたことからも明らかである。ジェンダー・ギャップ指数が世界第2位のノルウェーでもこのような状況であったことは、大変示唆に富む。

米ノースウエスタン大学のデービッド・マーツァ氏らは、ノルウェーで割当制の影響を受けた企業と受けなかった企業を比較。女性役員比率が高い企業は雇用削減を避ける傾向があり、相対的に労働コストや雇用水準は高まり、短期的な利益が低下した。こうした効果は以前に女性役員がいなかった企業ほど顕著であった[16]。同じ著者らは別の論文で、アメリカの場合も同様の傾向があることを確認し、女性が所有している企業は大不況の時の雇用カットが相対的に少ない（29％程度小）ことを示した[17]。

女性役員比率と企業業績の関係②――アメリカ、デンマークの分析例

アダムズ氏らは、アメリカのマイクロ・データを使い、アメリカの１９９６―２００３年の約２０００社のパネルデータを用い、女性の役員の割合は企業のパフォーマンス（ＲＯＡ、トービンのq）の正の相関があるが、企業の固定効果を考慮すれば、負の影響を与えることを示した[18]。

つまり、女性の役員比率の高い企業はそれぞれの企業の固有の要因によって企業のパフォーマンス

が高くなっており、女性の役員比率が高いからパフォーマンスが良いということではないことを示した。また、因果関係の同時性を考慮した推計（操作変数の利用）だと、やはり、負の影響を見いだし、正の相関は逆の因果関係が影響している可能性を確認している。

ジェンダーギャップ指数第14位（2015年）のデンマークでは、デンマークの女性役員比率12％（2007年）であり、90年代末から緩やかに増加してきた。しかしながら、女性が女性の活躍を妨げているという分析もある。スイス・ローザンヌ大学のピエルパオロ・パロッタ氏らは、女性がCEOの場合むしろ女性の役員比率は低く、既に女性の取締役の存在する企業は他の女性を追加的に取締役にする確率は非常に低いことを明らかにした[19]。

また、デンマーク・オーフス大学のニナ・スミス氏は、女性の副社長（VP）、最高経営責任者（CEO）への昇進確率を分析している[20]。ここでも、意外なのは、ファミリーフレンドリーな企業であるから昇進確率が高くなるわけではないことだ。また、前述の分析同様、女性がCEOの場合、昇進確率が低い場合があることも示している。副社長のポジションがHR（人的資源）、R&D、ITの場合、CEOへの昇進確率が低くなるが、女性の副社長はHRのポジションが多いなど、女性の昇進ルートが限定され、トップになることはデンマークでも障壁があることがわかる。一方、CEOへの昇進は子どもを若い時に（21～24歳）生むほど高くなるという指摘は、興味深い。

このようにみると、強制的な割当制の導入が企業の収益や価値を高めるとは限らない。女性役員比率の向上には、その阻害要因を丁寧に除去していく発想が重要である。

企業社会で何が女性の出世を阻むのか

米シカゴ大学のマリアンヌ・バートランド氏らは、将来の役員の予備軍である米国の経営学修士号（MBA）卒業生（米シカゴ大学）を対象に男女の賃金格差を分析した。就職直後はほとんど同じ賃金であるが10年後にはかなりの格差があることを明らかにした。[21] ①ビジネススクールでのコース選択・成績、②キャリアの断絶、③短い労働時間、が賃金格差の約8割を説明している。特に、子育てによるキャリアの断絶と短い労働時間が大きな影響を与えていることを示した。

ハーバード大学の学部卒業生の追跡調査についても言及し、女性のMBA卒業生は、医師、博士号取得者、弁護士となった女性卒業生に比べて労働参加率、フルタイム勤務の割合は低く、キャリア断絶期間は長く、子供がいる場合その差は更に顕著となる。企業社会では、昇進はトーナメントのように常に戦い続けることが必要であることが影響しているかもしれない。

いずれにせよ、職場で切れ目なく働き続けるコミットメントこそが米企業社会のトップへたどり着くための必須条件と、著者の1人は強調している。

また、米ハーバード大学のクラウディア・ゴールディン氏も米国の男女の賃金格差に着目し、女性の教育や経験の向上で格差が縮小してきたが、それでも最後に残る格差の要因を分析した。

そこで明らかになったのは、子育てなどのために企業にとって重要な特定の時間・タイミングに働くことができない、また、職場にずっと張り付くような長時間労働ができないことが影響していることだ。その傾向は、金融や法曹といった職業において強い。

男女賃金格差をなくすための「最終章」は、労働時間の柔軟性を高めるような職務・報酬体系の設計であると強調している。[22]

3　活躍のため「男」になることを求められた女性たち

それでは、日本ではどのような女性がこれまで幹部への昇進などの活躍を実現できたのであろうか。

女性の昇進の決定要因——日本のケース

米コルゲート大学の加藤隆夫氏らは、日本のある製造業企業の企業内人事データを使用して、既婚者での男女賃金格差は既婚社員で31％ほどあり、その大部分は女性の昇進の遅れと少ない労働時間で説明可能であること示した。[23]また、長時間労働と昇進の関係は男性では有意ではないが、女性でかなり強い。さらに、子供が1歳に達するまで育児休暇を取る人は将来所得が最大2～3割減少する一方、産前産後休暇のみで育児休暇を取らない人は出産によって不利にはならないことを示した。

これは、日本の場合においても、女性が将来の幹部候補と認めてもらうためには、長時間労働とできるだけ短いキャリア中断へのコミットメントが必要であることを示している。

これほどまでにコミットメントが重要な理由はなんであろうか。上司は「この女性社員は頑張っているので幹部に育成したい」と思っても、過去に結婚や出産で退職した経験があるため、本当に幹部になるまで頑張ってくれるのか不安に感じる面がある。逆に出世意欲のある女性も上司の態度を見て、「最後まで一生懸命頑張りたいと思っているのに」と不信感を持つ側面がある。

重要なのは、女性社員が自分はどうしたいのか、企業へ正確にシグナルを送ること。長時間労働がシグナルの役割を果たしているというのが、現状である。

男性上司と女性従業員の昇進ゲーム

しかし、女性が幹部候補として認めてもらうためのコミットメントをすることは、必ずしも容易ではない。これを、簡単なゲーム理論の枠組みを使って考えてみよう。

男性上司、女性部下がプレイヤーであるゲームを考える。ゲームの内容は、女性部下は自分の昇進について「コミット」「断念」の2つの戦略のうちいずれかを選び、男性上司は女性部下の昇進について「期待・支持」「不信・不支持」の2つの戦略を選ぶことを考える。

お互いに事前のコミュニケーションはできない中で同時に戦略を選ぶとしよう。このゲームのポイントは、女性部下が「コミット」を選び、男性上司が「期待・支持」を選べば、二人は最もハッピーになれる。にもかかわらず、相手が自分の期待を裏切った時の痛手がかなり大きいため、双方が積極的になれないという典型的な「囚人のジレンマ」のゲームの状況が発生していると考えられる。

こうした問題の解決はもちろん、双方のコミュニケーションを密接にしてお互いの意思を確かめ合うことが重要である。しかし、そうした「口約束」（チープ・トーク）は必ずしも信頼されない。そのため自ら犠牲を払うことで自分が幹部候補生として頑張り抜くという、「シグナル」「コミットメント」することを信頼してもらう必要があるのだ。

長時間労働や短い育休も、そうしたコミットメントを信頼してもらうための「犠牲」と考えればわかりやすい。このため、こうした壁を乗り越えてきた女性は長時間労働は当たり前であるし、男以上に「男社会」を受け入れ、同化し、その中でサバイバルしてきた人ということができる。

女性活躍の「舞台裏」と女性を苦しめる女性の「武勇伝」

筆者がある女性の経営者の集まりに参加させていただいた時、「どうやって子育てをしているのですか」と聞くと、「おじいちゃん、おばあちゃんに頑張ってもらいました」という答えが多かったのを覚えている。また、夫婦で弁護士をしている方は、「金（カネ）で全部解決しています」と言っておられた。ただ、親やお金が肩代わりしてくれるような恵まれた環境にいる人はよいが、そうでない女性は活躍できないということになる。女性活躍の「舞台裏」が語られないまま、華やかな部分のみにスポットが当たるのも問題であろう。

実際、昨今、活躍されている女性の方々について新聞・雑誌などで紹介されているものを読むと、お子さんもいて、旦那さんもバリバリ働いている。料理も上手だし、ファッションもすてきで、趣味もたくさんある、朝は5時に起きて子どもにキャラ弁を作っているといったことが書かれており、まるでスーパーウーマンのようだ。しかし、そういう話を耳にして、逆に自分は到底できないと挫折している女性が非常に多いというのが実情である。

女性は「男」になれるか

男女雇用機会均等法が施行された後、企業社会に登場してきた女性は、「私は男性並みに頑張る」

という意識を持っていたといえる。彼女たちは、小さいときから男の子に負けたことがなく、男社会の中に入って仕事も負けない、だから自分は男になれる、男よりも男だということでやってきた。

そのような女性が、いつ自分が「女」であることに気が付くのか。それは、彼女が子どもを産んだときだ。そのときも、誰かに頼るのではなく、自分で頑張ろうとし、夫にはもちろん仕事を頑張ってほしいと考える。その結果、自分を追い込んでしまって、結局、頑張り続けることができなくなる。ジャーナリストの中野円佳氏は、著書でそういう女性の挫折を取り上げている[24]。

このようにみると、均等法以前は、「女性は『男』になれなかった時代」、均等法以後は、「女性が『男』になれるようになった時代」。そして、近年は、「子どもを産んで初めて自分は『男』にはなれないと気が付くようになった時代」というように分けることができよう。

それでは、女性が「男社会」に同化するためにはどうすればよいか。結婚したとしても、夫が「専業主夫」にならない限りは、以下の選択肢しかない。

①独身を貫く
②結婚しても子どもはつくらない
③子どものことでできない部分は全部、祖父母がカバー
④ベビーシッターなどの保育サービス、家事代行サービスにお金を注ぎ込む

最後のケースは、夫婦ともに医師、弁護士などのプロフェッショナルにみられるケースであるが、夫婦ともに相当稼いでなければ無理となる。

夫婦が互いに無限定型の正社員であれば、子育てをしながら女性が活躍するということは基本的に

無理ということになる。別の言い方をすれば、夫婦共働きの場合、上記②〜④の対応がとれなければ、夫婦どちらかが限定型の正社員（または非正規）にならざるを得ないということだ。したがって、女性の活躍のためには、夫が正社員であっても限定的な働き方を選ぶということが重要になってくる。

4　働き方を支える家族の役割

そこで、本節では、女性の就業や働き方を支える家族の役割について考えてみたい。筆者とリクルートワークス研究所久米功一氏は、ＲＩＥＴＩ「平成26年度正社員・非正社員の多様な働き方と意識に関する調査」の個票データを使い、既婚男性をサンプルに、夫の家事・育児参加度合い（家事・育児負担割合、家事・育児時間）がその妻の就業や働き方にどのような影響を与えるか分析を行った[25]。

この論文では、夫の家事・育児負担、家事・育児時間が、妻の就業に与える影響に注目した。夫の家事・育児負担、家事・育児時間が増加すれば、妻の就業が増加するかどうかについては、両者の関係には内生性が存在するが、それを考慮した分析を行っても、夫の家事・育児負担や家事・育児時間は妻の就業に正で有意な影響を与えることがわかった。

夫の家事・育児負担を高めるために何が有効か——ジョブ型正社員という選択

それでは、夫の家事・育児負担を増加させるためには何が有効であろうか。夫の家事・育児負担に対する夫の属性、働き方の影響をみると、夫の所得が少ないほど、夫がジョブ型正社員のような限定的な働き方（特に、職務、地域限定正社員）をしているほど、「妻は家を守るべき」という男女の役割分担意識が弱いほど、夫の家事・育児負担が増加することがわかった。

つまり、夫がジョブ型正社員という働き方を選択したり、男女の役割分担意識を変えることで夫の家事・育児への参加を高める可能性があることがわかった。こうした関係は、夫の家事・育児負担の代わりに、子どもありに限定したサンプルで、家事・育児時間との関係を見た分析においても基本的に成り立っていた。また、家事・育児負担割合、家事・育児時間、いずれの説明変数を使うかで結果は異なるが、労働時間を柔軟化させる制度が夫の家事・育児を促進する場合があった。

妻の就業を高めるために何が有効か

妻の就業については、夫の家事・育児負担以外に、妻の年齢が高い、家計の負債が大きい、親と同居している場合、高まる一方、子どもが6歳以下である場合、低下することがわかった。

妻の年齢が高い方が子どもありの場合も手がかからなくなるため、就業しやすい一方、6歳以下の子どもがいる場合は、明らかに就業を抑制する効果を生むと解釈できる。一方、そうした場合でも、親と同居しておれば、働きに出やすい。また、家計の抱える負債が大きい場合も、返済のために妻の就業を促進するといえる。

次に、子どもありサンプルに限定し、夫の家事・育児負担のかわりに、家事・育児時間と妻の就業の関係を分析すると、妻の就業は、保育園を利用している場合、親と同居している場合、妻が育児休暇を取得している場合、高まるが、子どもが12歳以下の場合は低下することがわかった。

親の同居や低年齢の子どもの効果は家事・育児負担を変数として使った分析と同様であるが、育児休暇取得や保育園利用が当然のことながら妻の就業促進に効果を持つことが確かめられた。一方、親のサポートの有無やベビーシッターの利用は、妻の就業に対して有意な影響はみられなかった。

妻の就業を支える「日常的なサポート」

これらをまとめると、妻の就業を支えるものとして重要なのは、「たまのサポート」ではなく、「日常的なサポート」と言える。「日常的なサポート」としては、もちろん、夫の家事・育児への参加が重要であるが、保育園利用や親の同居の効果も大きいことがわかった。

一方、同居していない親やベビーシッターのサポートはやはり、就業している妻にとって、頼りになるヘルプには違いないのであるが、やはり、「たまのサポート」になるためどうしても就業への効果は相対的に弱くなってしまうと考えられる。

また、妻の就業のみならず、働き方の選択についても分析を行った。夫の家事・育児負担の割合が高ければ、非正社員よりも正社員として働ける可能性が高い、また、通常の働き方に比べ、より恒常的に長時間であったり、夜勤など労働時間がより不規則であったり、出張が多いような働き方など、労働時間等の面でより負荷のかかる働き方につくことをより可能にしていることが明らかになった。つまり、夫の家事・育児負担が妻の就業のみならず、働き方の選択肢を増やしているといえよう。

既婚女性の就業や多様な働き方を支えるためには、子育て両立支援などの職場環境が重要であることはいうまでもない。この分析でも、妻の育児休業取得と就業には正の相関が確認され、育児休業制度についてはこれまでも様々な整備が行われてきた。しかし、この分析が示すように、既婚女性の就業を促進するためには、その家族を含めた職場の外での支援も不可欠である。

中でも、ベビーシッターなどの「たまのサポート」よりも、夫の家事・育児参加、親との同居、保育園利用といった「日常的なサポート」が妻の就業に好影響を与えることが確認された。また、夫の家事・育児の負担を高めることは、妻の就業のみならず、正社員として働いたり、本人に労働時間等の面でより負荷のかかる働き方を選択できたりすることにもつながっている。

保育園については待機児童の解消など政策面でもこれまで努力が払われているが、家族のサポートを高めるためにどのような政策を行うべきかについては、見落とされていたのではなかろうか。

この分析では、夫の家事・育児参加を高めるためには、夫が正社員でも限定的な働き方を選択したり、柔軟な労働時間制度を利用したりすることが有効であることを示した。既婚女性自身が家事・育児と就業を両立させるためには、限定的な働き方を選択することが対応策の一つであろうが、真に既婚女性の働き方・活躍をサポートするためには、夫側の「男の働き方」を変えることも重要である。

そのためにも、引き続き職務・勤務地・労働時間が限定された多様な正社員の普及を政策的にも推進していくべきであろう。

男女の役割分担意識の変革

また、男女の役割分担意識の変革も重要な課題である。先に紹介したアダムズ教授らの論文では、トップへ行く女性を生み出すためには、女性のフルタイムの労働参加率とともに、男女の役割分担などの価値観を生む文化的要因の影響も同程度のインパクトを持つことを明らかにしている。

一方、意識の背景には、これまでの伝統的な文化背景や夫婦それぞれの長期的な賃金の見通しに基づく面もあるため、なかなか変わりにくいことにも留意すべきである。こうした意識の変化は世代効果を待つしかない部分もあるが、働き方を変えることで、そのマイナスを補うだけの、妻の就業に対するプラスの効果が得られることも先に紹介した筆者らの論文は明らかにしている。

つまり、夫の性別役割分担意識の変化は、妻の就業促進に寄与することは間違いないが、それには時間がかかる。そうであれば、当面意識を変えることが難しくとも、行動（働き方）を変えることでそれを補うことができるということだ。

したがって、妻の就業促進に向けては、まずは、夫の多様な働き方を可能にするような就業条件の整備を急ぐことが重要である。

その上で、「専業主婦モデル」から「共働きモデル」をデフォルトにするべく、我々の働き方、家族に関する価値観を大きく見直すことが、女性活躍の促進の大きなカギと握っている。さらに長期的には、異なった役割分担意識が醸成される環境づくりを検討していく必要があろう。こうした取り組みを後押しするためには、税・社会保障制度の観点からのサポートも急務である（第8章）。

夫婦二人が無限定正社員というモデルは成り立たない。女性活躍という視点からも、無限定正社員を中心とした雇用システムの見直しが問われている。

第４章　聖域なき労働時間改革——健康確保と働き方の柔軟化の両立

1　なぜ長時間労働なのか

長時間労働は深刻になっているのか

長時間労働は日本の雇用・労働問題の中でも喫緊に取り組むべき最も重要な課題の一つである。このため、まず、現状の把握から始めたい。

正規労働者を中心に長時間労働がより深刻化していることが、しばしば指摘される。しかし、そのような認識は果たして正しいのであろうか。統計に基づいた検証が必要である。

まず、ＯＥＣＤ諸国の年間総実労働時間を比較すると、１９８０年代中頃までは主要先進国と大きな開きがあり、日本の長時間労働は際だっていたが、その後の低下で、足下ではイタリア、アメリカよりも短くなっている。主要国の中でも労働時間の長い部類に入る英語圏の国ともそれほど遜色のないレベルまで低下してきている。一方、労働時間の短縮が継続的に進んでいるドイツ、フランスなどとは、まだ大きな格差が残っている[1]。

このような動きをみる限り、労働時間はむしろ減少しているようにみえる。しかし、この動きは、主に短時間労働を行うパートタイマーの比率が増えたことによるものである。毎月勤労統計（5人以上）でパートを含む労働者では1993年1920時間から2015年1734時間まで減少しているが、パートを除いた一般労働者では93年2045時間から15年2026時間とほぼ横ばいであるからだ。

以上のように、労働時間の異なる労働者の割合が時期によって異なると、個々の労働者の労働時間自体に変化がなくても、それぞれの割合の変化によって平均でみた労働時間は異なった動きをする。また、国際比較を行う場合でも、パート労働者の割合などを考慮した上で労働時間の水準を比較することが重要である。

つまり、一部のグループの労働者の長時間労働が深刻になっているとしても、「平均」でみた労働時間の数字にはそれが目に見える形で反映されないことが多いのである。したがって、労働時間の「平均」の数字に着目するばかりでなく、労働時間の「分布」にも目配りする必要がある。

それでは、特定の層の労働時間は増加しているのか。しばしば取り上げられるのが、フルタイム労働者で週60時間以上働く人の割合（総務庁「労働力調査」）である。1990年代末から2000年代初めにかけてその割合は高まっているものの、過去10年ほどは低下傾向にある（2004年12・2%→15年8・2%）。

一方、男女・年齢別では、男性30代においてその割合が最も高くなっている。男性・30代の中での割合は、2004年の23・8%から15年には16・0%と低下したものの、その水準は高いままだ。つまり、長時間労働が平均的に最も深刻であるとみられる男性30代に絞ってみても、長時間労働者の割合が継続的に高まっているわけではない。

また、長期間労働の割合は、国際比較の観点からすると、総労働時間よりも依然、深刻である。ILO「ILOSTAT Database」によれば、2013年のデータで週49時間以上の労働者の割合は日本が2割を超えているが、欧米諸国は1割台と差は依然として大きい[2]。

タイム・ユーズ・データを使った分析

これまでみてきた統計は、例えば、事業所統計(「毎月勤労統計調査」)の場合、サービス残業が把握できない、また、個人統計(「労働力基本調査」)であっても認識・記憶の誤差があって労働時間の実態を十分把握できないという問題点があった。

そこで、早稲田大学の黒田祥子氏は[3]、24時間の生活行動を15分単位で把握するタイム・ユーズ・データ(総務省・社会生活基本調査)を使って、労働時間の推移について分析を行っている。

ここでは、上記に述べたように異なるタイプの労働者のウエイトの変化による影響をコントロールするため、高齢化・晩婚化・少子化・高学歴化・自営業率低下・就業形態の多様化の変化を考慮し、比較時点とさまざまなタイプの労働者のウエートを固定させて週当たり労働時間を比べると、フルタイム・男性に限っても過去30年間で有意な変化はないという結果を得た。

一方、長時間労働が問題視されるようになった背景は、過去30年間で、週当たり労働時間はほとんど変化していなくても、週休二日制の普及で平日の労働時間は増加したためと論じている。実際、フルタイム男性で平日10時間以上の労働時間の割合は、1976年17・1％、86年31・0％から2006年42・7％、11年43・7％と高まっている。

以上をまとめると、フルタイム男性でみても週当たり労働時間でみる限り、過去20、30年間、長時間労働が深刻化しているという左証はみあたらない。むしろ、また、平日の労働時間は高まっているが、それは土曜の労働時間減少の見合いと解釈することができる。

したがって、日本の長時間労働はさまざまな統計をみる限り、深刻化しているとはいえないものの、目立って大きな改善もなく、あまり状況は変化していないと結論できる。

長時間労働の要因はなんであろうか

ここでは、労働時間、特に、長時間労働を規定する要因について考えてみよう。そのため、まず、一国の労働時間に着目するマクロ的視点と個々の労働者に着目するミクロ的視点に分けて考えてみよう。

マクロ的視点からみた労働時間——経済発展段階と労働時間の関係

発展途上国を含めた長時間労働者（週48時間以上）の割合をみると、発展途上国の場合、この割合がかなり高く、半分程度に達する国もある。(4) つまり、発展途上国の方が労働時間は長くなっている。

そこで、一人当たりGDPと週当たり労働時間（製造業）の国別関係をみると、概ね一人当たりGDPが高い国ほど労働時間が短いという関係がみられる。ここで、一人当たりGDP2万ドル近辺で分けてみると、低所得国では、一人当たりGDPと労働時間の負の関係はより強い相関がみられるものの、高所得国のグループでは両者の関係は明確ではない[5]。

以上の結果は、どのように解釈できるであろうか。

まず、経済発展が基本的には労働時間を短縮させることである。実際、経済発展とともに、資本装備率や技術革新が進み、労働集約的から資本・技術集約的な産業構造に転換する。そうした中で労働生産性は飛躍的に向上し、労働時間を短縮させる余地が生まれると考えられる。また、発展途上国ではインフォーマル・セクターの割合が高く、最低限の生活を営む上でも低賃金・長時間労働を余儀なくされている人々が相対的に多いことも影響しているであろう。

しかし、ある程度の所得水準を達成すると、労働時間と所得水準に明確な関係がみられないのは、労働時間は、国民の選好、労働時間に関する法的規制及びその履行状況をはじめとして様々な要因も影響を受けるためと考えられる。

例えば、主要国について過去100年以上の労働時間の推移を比較した研究によれば[6]、基本的には労働時間が短縮するトレンドに相違はないが、時代によって国ごとの労働時間の差が縮まったり、開いたりしており、特に、1970年代以降の差異はむしろ高まっていることを示している。やはり、時系列データでも、ある程度の発展段階に到達すると、それぞれの国独自の動きが目立ってきているといえる。

ミクロ的視点からみた労働時間——自発的長時間労働と非自発的長時間労働の区別

次に、個々の労働者の労働供給決定という視点から長時間労働の要因について考えてみたい。長時間労働の要因を理論的に整理する場合、重要なのは、それが本人の自発的な意志に基づいたものなのか、そうでないのか、つまり、「自発的」長時間労働と「非自発的」長時間労働の区別である。

自発的長時間労働の要因①——仕事中毒、金銭インセンティブ

まず、「自発的」長時間労働の要因としては、仕事中毒（ワーカホリック）が挙げられる。つまり、仕事が純粋に好きで長時間労働をまったく厭わない、喜んで長時間労働を選択しているという状況である。これは、アルコールやたばこ中毒と同様、自分の健康に害を与えると分かっていてもなかなか止めることができないという側面も持つ。いずれにせよ、仕事中毒の場合、何かの見返りを求めて長時間労働を行っているのではないことに留意する必要がある。

第二の自発的要因は、金銭インセンティブである。つまり、時間外労働を増やすことにより残業代を含めた自らの所得を増加させることを目的とする場合である。所定外労働については割増賃金率が適用されるため、この仕組みが金銭インセンティブを増長している可能性は否定しにくい。

もちろん、通常の労働者のように労働と余暇のトレードオフから最適な労働供給を決定していると仮定すれば、余暇の減少は長時間労働の歯止めになるはずである。しかし、ライフスタイルとして余暇そのものよりも、旺盛な消費意欲を充足させたいといった「消費主義」が強ければ、金銭インセン

ティブは強まるであろう(7)。

また、余暇を重視する場合でも、長い余暇を楽しむためにはそれなりに所得は必要という立場に立てば、労働供給において余暇と所得は代替的という通常の仮定は成立せず、むしろ、余暇と所得は補完的となる。その場合、やはり、所得増加のために長時間労働を行うという金銭インセンティブが強くなる。

自発的長時間労働の要因②――出世願望、人的資本の回収、プロフェッショナリズム

第三の自発的要因は、評価や昇進機会を高めるための長時間労働である。

金銭インセンティブが長時間労働で現在の所得を高めようとするのに対し、評価や昇進機会の高まりは将来の所得を高める効果を持つといえる。

特に、ホワイトカラーの場合、仕事の成果はチームワークに依存している部分もあり、成果や能力を立証可能という意味で正確に評価することは、成果が量的に測りやすい場合を除き難しい。このような場合、評価を行う上でどうしてもアウトプットよりインプットとしての努力の程度＝労働時間が重視されやすい。

また、長時間労働は、自分固有の時間を企業や仕事に捧げるという意味で自己犠牲を意味すると考えると、それ自体、所属組織に対しての忠誠心や仕事に対してのやる気を示す「信頼できるコミットメント」「シグナル」としての役割を果たしうる。

実際、諸外国の例を挙げると、労働時間と将来所得・昇進確率に正の関係があることが、アメリカ、

ドイツを対象とした研究で確認されている。(8) また、労働時間と昇進確率の正の相関も、イギリスの研究で確認されている。(9)

第四の自発的要因は、人的投資の回収を意図した長時間労働である。

例えば、ある仕事に就くに当たって必要な教育、訓練、資格取得に多大なコストをつぎ込んだ場合、それに見合ったリターン、これは労働の対価としての所得によって得られるわけであるが、それをできるだけ高めようとするインセンティブが働く。

その方法の一つとして、物的資本であれば稼働率を高めるのと同様、人的資本の稼働率を示す労働時間を高めることが最適となる。他の職業に比して、医師、弁護士など多大な人的投資が必要な高度な専門的職業の場合、その要因は強いと予想される。

第五の自発的要因は、プロフェッショナリズム（専門職としてのプロ意識）からくる労働規範である。プロとして一定水準以上の仕事をしようと思えば長時間労働は厭わないという信念が、こうした職に就いている人々の労働時間を長くしている可能性があろう。

また、プロフェッショナルとして早く一人前になりたいという意識が強く働けば、特に若い時期に仕事を多くこなしながら能力・経験を積むという経験的習得効果（learning by doing）を狙い、人的資本の急速な蓄積のための長時間労働が志向される面もあろう。

非自発的長時間労働の要因①――市場の失敗、職務の不明確さと企業内コーディネーションによる負担

次に、労働者が自分の希望に反して長時間労働を選択している場合を考えよう。

まず、古典的かつ典型的な例は、使用者側の買い手独占の場合である。労働市場において労働者側が労働供給先をなかなか選ぶことができない場合、当然、使用者側の交渉力が強くなり、意に染まぬ長時間労働を選択せざるを得ないケースが考えられる。日本の場合、戦前の「女工哀史」にみられるような事例が典型的であるが、諸外国も労働市場の近代化、整備などによってこうした要因による長時間労働の問題は少なくなってきている。

しかしながら、外部労働市場が未発達で、広義の転職コスト（職探しに費やす金銭的・時間的コスト、転職後の賃金水準低下、転職による評価の低下など）が大きければ、慢性的な長時間労働から抜け出すことは難しくなる。また、長時間労働が深刻な場合、転職したくても転職に費やす時間やエネルギーさえもないというケースもあるであろう。

長時間労働の問題は、労働市場の効率性や機能の問題とも深くかかわっているのである。アメリカなどの英語圏の国では、日本よりも平均的な労働時間が長い場合もあるにもかかわらず、過労死が聞かれないのは、労働市場の流動性などの機能の違いも影響している可能性があろう。

次に、労働市場から企業内の働き方に目を向けてみよう。第二の自発的長時間労働の要因は、職務の不明確さ、企業内コーディネーションの必要性である。日本の場合は、特に、欧米と比較して、職務の定義（ジョブ・ディスクリプション）が明確でないという特徴がある。これは、賃金が職務給ではなく職能資格制度で運用されてきたことと密接に関係している。自分の職務範囲が明確でない分、自分の仕事が終われば退社するという行動が取りにくい面があろう。

また、日本的経済システムのひとつの特徴として、企業内の水平的コーディネーション、部門内、部門間での情報の共有、ボトムアップ型意思決定が指摘されてきた。

これには、企業内の様々な取引において情報の非対称性・偏在の問題を解決し、コーディネーションや協力を促進するというメリットがあった。一方、「頻繁で長い会議」に象徴されるように、情報の共有・伝達等、企業内コーディネーションに要する時間が長時間労働として顕在化していたことは、否めない。

非自発的長時間労働の要因②――雇用調整のためのバッファー確保、自発的長時間労働者からの負の外部効果

第三の非自発的長時間労働の要因は、企業の雇用調整のバッファー確保のための長時間労働である。日本の雇用調整をやはり欧米と比較すると、その人員よりも所定外労働時間やボーナスで調整する傾向が強いことが指摘されてきた。不況期に人員調整をなるべく避けるためには、労働時間に相当の「削りしろ」がある、つまり、平時でも長時間労働が常態化する状況が必要なのである。

この「バッファー必要論」からすれば、サービス残業も含め長時間労働は人員調整を避けるための労使の暗黙の合意と解釈できなくもないが、そのためには、先にみたような外部労働市場の未発達・高い転職コストを仮定する必要がある。労働者側からすれば、非自発的な要因として整理することが適当である。

第四の非自発的要因は、自発的長時間労働者の存在によるマイナスの影響である。

例えば、上司が仕事中毒や出世重視の自発的長時間労働者の場合、その部下は好む、好まざるにかかわらず、上司の長時間労働につきあわなければならないであろう。これは自発的長時間労働者の

「負の外部効果」といえる。また、勤め先の企業が労働時間の長さで人事評価する傾向が強ければ、やはり長時間労働を拒否するのは難しい。

このように長時間労働が企業文化、ひいては、社会的規範となってしまっている場合、やはり、セカンド・ベストな選択として長時間労働にコミットせざるを得ない。

労働時間の規制はいかにあるべきか——市場の失敗と健康確保への対応

このように、長時間労働の要因は多種・多様であり、自発的長時間労働の存在を考えると、長時間労働＝悪と決めつけることは短絡的考え方である。

労働時間のあり方が労使ともに自発的・最適な選択の結果として選ばれ、かつ、それ以上お互いに利益を得るような選択がないような「均衡」（パレート最適）であれば、当然、政府の規制・介入の余地はないはずである。

したがって、政府が規制、介入を行うとすれば、自発的長時間労働よりも非自発的な長時間労働を問題視すべきであり、その背後にある労使の最適な選択を妨げる制約や限界合理性、市場の失敗などに着目する必要がある。

具体的には、上記、非自発的長時間労働の要因として取り上げた、使用者側の買い手独占、外部労働市場の未整備がまず挙げられる。しかし、労働市場の整備・発展により、歴史的にみても買い手独占の問題は小さくなってきている。また、それ以外の非自発的長時間労働の要因をみても、日本的企業システムの根幹にかかわる部分や自発的長時間労働者による「負の外部性」、ひいては企業文化に起因する部分については、政府の規制や介入で是正することは必ずしも容易ではない。

健康確保のための労働時間規制

一方、長時間労働がすべて自発的に行われていると仮定しても規制が必要なケースもある。労働者が自らの意思で労働時間を最適な労働時間を選択したとしても、その判断の合理性に問題があるかもしれないからである。

例えば、自分自身の健康への影響を十分考慮しないまま長時間労働を続けていると、働き過ぎは予想外の健康悪化につながるであろう。

もちろん、健康管理は本来、労働者の自己責任を基本とすべきであり、政府の無条件の介入は正当化できないが、自律的・主体的・合理的に労働時間・健康管理ができる労働者は実際には限られていることを考慮すると、セイフティネットという観点からも労働者の最低限の健康確保を目的とした規制が必要となる。

このように、健康確保を目的に極端な長時間労働に対しなんらかの歯止めとなるような仕組みは必要だが、規制・介入が強すぎると当然のことながら労働者の自律的な労働時間の選択に歪みを与える場合もある。つまり、規制のあり方には白黒はっきりつけられないグレーゾーンの部分があり、一刀両断ではいかないことが、規制の難しさを物語っている。

したがって、労働時間をめぐる政府の役割としては、まず、健康確保のための規制を基本とすべきである。その上で、長時間労働の多様な要因に対しては、個々の労働者の希望をきめ細かく実現していくことを可能にする労使コミュニケーションによる解決を図るべきである。

例えば、先にみた職務の設定、企業内コーディネーション、人事評価制度、企業文化などを原因とする長時間労働への対応は、企業ごとの解決が鍵を握っている。その意味でも、労使コミュニケーションの役割は大きいといえる。

2 「青天井」の日本の労働時間規制——金銭補償重視のゆがみ

それでは、非自発的な長時間労働を抑制していくためには、どのような労働時間規制が望ましいのか。本節では、欧米諸国の労働時間規制と比較しながら、日本の労働時間規制の課題を考えてみたい。

アメリカ型間接規制 vs ヨーロッパ大陸型直接規制

欧米諸国の労働時間規制を大きく分けると2つのアプローチがある。①アメリカなど英語圏諸国にみられるように、労働時間を直接規制はしないが法定労働時間を超える時間外労働には割増賃金を義務づけるなどいわば間接的に労働時間を規制するアプローチ、②ヨーロッパ大陸諸国を中心に法定労働時間以上の時間外労働を基本的に禁止する（違反には罰則）など、労働時間自体を直接規制するアプローチである。

英米法と大陸法を比較すると、様々な分野で大陸法を採用する国の方が規制は厳しいという結果が出ているが、労働時間規制についても当てはまる。

例えば、アメリカの連邦法である「公正労働基準法」では、労働時間そのものは規制されておらず、50％の割増賃金率の週40時間を超える労働への適用が義務付けられているのみである。また、イギリスにおいては、次項で紹介するEU指令に1998年に対応するまで伝統的に成人男子に対する労働時間規制はほとんどなかったといっても過言ではない。限られた業種や女子、児童を対象にした規制のみで、それも80年代のサッチャー政権時代にかなり緩和された。

一方、大陸ヨーロッパの国々については、法定労働時間を定め労働時間を直接規制してきた国が多い。政府の関与が特に強い国としてはフランスが挙げられる。フランスでは1936年に法定労働時間が週40時間になった後、82年に週39時間、さらに、2000年から週35時間（従業員20人以下の企業では2002年）になった。

時間外労働をさせるためには、原則として労働監督官の許可を得て、一定の割増賃金を支払う必要がある。1982年以前はすべての時間外労働で監督官の許可が必要であったが、それ以後許可の必要のない年間枠（当初130時間）が定められている。

ドイツの場合、政府主導で労働時間の短縮が行われたのとは対照的に、労働協約が大きな役割を担ってきた。

ナチス時代に制定されていた旧労働時間法では、1日8時間を超える労働については25％の割増賃金が義務付けられていたが、1994年に制定された新たな労働時間法では週日の労働時間は8時間を超えてはならないと定められているものの、法定の調整期間（6カ月）内における平均が週48時間（8時間×6日）に収まっておればよい（ただし、1日最大10時間まで）。このため、労働時間規制の中から、時間外労働（法定労働時間）の概念及び割増賃金の規制が撤廃されることになった。

一方、産業別の労働協約で週平均48時間の範囲内の所定内労働時間をいかに定めるか、またそれを超える時間外労働に対してどの程度割増賃金が支払われるかは、産業別の労使協定で決められている（時間外労働の命令は事業所委員会の同意が必要、労使で時間配分を相談）。

このように労働時間短縮も労使協約主導で行われてきており、例えば、旧西ドイツ地域における金属、鉄鋼、印刷業の法定労働時間は週35時間となっている。

ＥＵの労働時間指令の概要

ここでＥＵの加盟国が遵守すべきＥＵ労働時間指令について述べておこう。これは１９９３年に制定され、労働者の健康と安全の保護を目的としている。主な内容は、次の４点を義務付ける内容となっている。

①１日の休息時間　24時間につき最低連続11時間の休息期間[10]（1日の労働時間の上限は原則13時間）
②週休　7日ごとに最低連続24時間＋11時間（＝35時間）の休息期間
③週労働時間　7日につき総労働時間は平均して48時間を超えない（平均の算定期間上限4カ月→労使協定で12カ月まで）
④年休　最低4週間の年次有給休暇

これをみると、まず、最長労働時間という観点から実労働時間が規制されており、時間外労働を規定する法定労働時間の設定については加盟国に任されている。また、健康確保の観点から、休息期間への規制が重視され、指令本則の筆頭に挙げられていることがわかる。

イギリスは、1997年に労働党が政権を担った後、98年にはEU労働時間指令に対応するため初めて包括的な労働時間規制を導入した。法定労働時間は週48時間（平均の算定期間原則17週）を定め、これを超えてはならないとした。ただし、EU指令制定時にイギリスが要求して導入された個別的オプト・アウトを利用することにより、使用者が労働者と企業レベル、職場レベルで個別に合意を得ることを条件に週平均48時間を超えて労働者を働かせることが可能となっている(11)。

企業を取り巻く急速な環境変化に対応するための労働時間の柔軟性向上への取り組み

以上、ヨーロッパ諸国では、EU指令の適用という意味では労働時間規制の収束がみられるが、それぞれの国での対応の歴史的な特色（イギリス：自由度の維持、フランス：政府主導、ドイツ：労使協定主導）を維持する形で労働規制は進化してきている。その中で、グローバル化、競争激化という環境下でこれまで労働時間短縮をかなり進めてきたフランスやドイツにおいて、働き方・労働時間の柔軟性向上に前向きに取り組んでいることは、着目に値する。

例えば、フランスでは時間外労働時間の上限が2003年には年間180時間、04年には年間220時間まで延長され、05年には産業別労使協定による年間労働時間の設定、更には、08年には企業別労働協約による設定が可能になった。

また、週35時間労働制が導入された当初は、時間外労働が年間41時間以上の場合、一律に50％の割増賃金の支給を義務付けていたが、その後、週8時間以下では25％の割増賃金支給義務付けとなり、08年からは労使協約があれば10％以上の割増賃金の義務付けとなり、時間外労働や割増賃金の規制は大幅に緩和し、基本的に企業単位の労使協定に任されるようになってきている[12]。

またドイツでは、1994年の新たな労働時間改革により、時間外労働での割増賃金による補償の義務付け（ただし任意規定）が法律上撤廃されたのを機に、労働者が銀行口座のような労働時間口座に所定外労働時間を貯蓄し、休暇などで使えるような仕組みである労働時間貯蓄制度が普及していった。

このように割増賃金といった金銭補償になるべく依存しないような仕組みへの転換は、労働者側のワーク・ライフ・バランスへの配慮だけでなく、やはり、フランスやドイツの企業が取り巻く競争・成長環境の変化へ適応するために取り組んできたことは忘れてはならない。

日本の労働時間規制の特徴・問題点——実効性の乏しい三六協定

労働基準法で定められている日本の労働時間規制の概要は、以下の通りである。

①常時10人以上の労働者を使用する事業所では、始業及び終業の時刻、休憩時間、休日、休暇、交代制などの事項を就業規則に必ず記載しなければならない

②所定労働時間（始業から終業までの時間から休憩時間を除いたもの）は1日8時間、1週40時間という法定労働時間を超えてはならない
③法定労働時間を超えて労働させる場合には、過半数従業員を組織する労働組合または過半数従業員を代表する者との書面での協定を締結し（いわゆる、三六協定）、労働基準監督署に届けなければならない
④毎週少なくとも1回の休日を与えなければならない（4週間を通じ4日以上の休日を与える場合は週休1日原則は適用されない）
⑤勤続6カ月以降、1年ごとに10～20日の年次有給休暇を勤続年数に応じて与えなければならない

これをみると、日本の労働時間規制は、法定労働時間を超えた労働を罰則をもって原則として禁止しているという意味で、労働時間に直接的な規制のないアメリカとは異なり、大陸ヨーロッパ型の規制アプローチに近い。

しかしながら、法定労働時間を超えて労働させる場合、先にみたEU労働時間指令では個別的オプト・アウトが認められており、個々の労働者と個別に合意をとれば可能となるが、日本の場合では、三六協定という過半数代表者との集団的な合意が必要になる。この点については、個別的オプト・アウトよりも形式的にはより厳しい要件となっている。

しかしながら、日本では最低限認められている年次有給休暇の日数は少なく、また、休息時間に対

する規定はないなど、EU指令のように労働者への健康確保に対して全面的に配慮した規制とはなっていない。また、厳しい要件にみえる三六協定についても、例えば、

①三六協定で定めた上限時間の範囲内でしか時間外労働をさせることができないが、時間外労働の限度基準の扱いが不明確であること（厚労省が定める限度基準を超えた協定も無効ではないという見解が主流）、

②限度基準を超えて労働時間を延長させることを可能とする「特別条項」を三六協定に定めることができること、

③労使協調の流れの中で三六協定締結が拒否されるケースがほとんどなく、また、過半数代表者指名も使用者主導が多かったこと、

などが指摘されている[13]。

このように三六協定の仕組みにおいては、長時間労働を抑制する実効性は乏しい[14]。日本の労働時間規制は、形式的にはヨーロッパ型の要件を備えているものの、実態的にはむしろ、長時間労働の歯止めは主に割増賃金に依存するというアメリカ型に近かったといえる。

3　健康確保と働き方の柔軟化を両立した労働時間改革

健康確保に向けた労働解放時間規制の重視と分権的枠組みによる働き方の柔軟化

前節までの分析や議論を踏まえると、日本の労働時間改革に向けた基本的な考え方は大きく分けて

以下の2つの柱がある。

第一の柱は、長時間労働を抑制するために、実質的に割増賃金に依存している現在の労働時間規制から、肉体的・精神的健康維持・確保の観点からの労働解放時間（休息・休日）への規制を重視すること。つまり、時間外労働は金銭補償（割増賃金）から休日代替へ転換することである。

労働時間に対する政府の規制・介入のあり方を考えると、健康確保目的の規制は理論的考察や現実的ニーズという視点からも最も良く正当化しうるし、また、EU指令が労働者の健康・安全を労働時間規制の主要な目的として位置付けていることは、再度強調されるべき点であろう。

第二の柱は、政府主導・一律的な規制ではなく分権的な枠組み（労使協定）に基づく労働時間・働き方の柔軟化を目指すこと。

長時間労働の要因は多様であることを考えると、政府の一律的な規制では対処できない。企業レベルにおいて形式的な要件を満たすのではなく、実質的な意味合いにおいて労使間でコミュニケーションが図られ、合意・協定が結ばれることの重要性は、欧州諸国での経験をみても明らかである。働き方の柔軟化に当たっては、ライフサイクルに沿って働き方の柔軟性が担保されるような制度的な仕組みの構築が重要である。

時代遅れの割増賃金率引き上げ

専門性と自己裁量性の高いホワイトカラーに対して労働時間規制を適用除外にする「ホワイトカラー・エグゼンプション」導入が２００６～07年にかけて議論されたが、残業代ゼロで長時間労働を強いる制度として労働側から強く反発を受けることになった。

このため、「ホワイトカラー・エグゼンプション」とセットで時間外労働を削減するために検討されてきた割増賃金率引き上げは、結果的に切り離されて法案として成立した。

その結果、平成20年労働基準法改正（平成22年4月施行）では、これまでは残業の長さにかかわらず一律25％以上であった割増賃金率に対し、1カ月の時間外労働が45時間超の場合、割増賃金率引き上げの努力義務と同60時間超の場合の割増賃金率50％以上の設定義務が盛り込まれた。

また、月60時間超の時間外割増賃金率（50％以上）については、中小企業には適用が猶予され、3年後の見直し検討が定められていたところ、その時期が到来し、2016年夏時点で国会に提出されている労働基準法改正案で中小企業への猶予が廃止されることとなっている。

先にみたように、割増賃金で長時間労働を抑制するような規制は世界的に見直しが進んでいることを考慮すると、そうした大きな方向性に逆行する動きと言わざるを得ない。

健康確保のための休息規制のあり方

健康確保のためから労働解放時間に対する既存の規制見直し、新たな規制の導入について考えてみたい。長時間労働の状況が改善されない中で、健康確保を徹底するために、労働時間の量的上限規制の導入が必要であることだ。

ＥＵと同様に、一定期間における最長労働時間の設定、翌日の労働開始まで健康安全確保のための最低限の勤務間インターバル規制の導入など労働時間の量的上限規制を検討するべきである。

まず、EU指令のように一定の休息時間を設定することは、健康確保という視点からは有効な手法であろう。実際、既に勤務間インターバル制度は、一部の企業で導入が始まっている。

勤務間インターバル制度の導入状況

先鞭をつけたのは、情報産業労働組合連合会（情報労連）であり、2009年の春闘で導入を打ち出した。情報サービス産業では以前からも24時間対応が当たり前といわれる長時間労働が課題となっていたことへの対応と考えられる。

2009年と10年に、情報労連傘下の「全国情報・通信・設備建設労働組合連合会」（通建連合）が導入（休息時間最低8時間）に踏み切ったのを皮切りに、三菱重工（2011年、同7時間）、NEC（2012年、同8時間）、KDDI（2015年、同8時間）などの大企業も導入に動いている。

このようにみると、毎日とらなければならない休息時間は、EUの11時間よりも短いケースが多い。休息時間をうまく設定すれば、日本でも十分導入は可能であることを、上記の実例は示している。7～8時間を最低水準として、個々の企業が選択できる仕組みが必要であろう。

また、「ニッポン一億総活躍プラン」（2016年6月）では、長時間労働是正や勤務間インターバルの自発的導入を促進するため、専門的な知識やノウハウを活用した助言・指導、こうした制度を積極的に導入しようとする企業に対する新たな支援策を展開することとされた。

制度を普及させていく過程においては助成金という仕組みも企業のインセンティブを高めるという

意味で、必要かもしれない。しかしながら、あくまで一時的な措置と考えるべきで、企業に対し働き手の満足度や生産性向上といったメリットへの理解を促すと同時に、より拘束力の強い仕組みを考えていくべきである。

一方、こうした毎日必ず取らなければならない休息時間の設定の仕方によっては、その制約が働き方の柔軟性を損ねる懸念があるかもしれない。例えば、特定の時期に仕事が集中するため、数日にわたり長時間労働を続けなければならない場合、対応が難しくなってしまう。もし、仕事が分割可能でワークシェアリングできれば可能かもしれないが、ホワイトカラーの場合、仕事の分割が困難な場合も少なくない。そうした際の例外的対応も、勤務間インターバル制度に盛り込んでおくべきであろう。

労働時間貯蓄制度の導入

その一方で、長時間労働が続いたとしても、その分、閑散期にまとめて休暇を取れるような仕組みを導入する方式も、並行して検討するべきである。その一つのやり方が、先にみた労働時間貯蓄制度の導入である。この制度は、ドイツで導入されたのを皮切りに（1994年）、オランダ（95年）、ベルギー（2002年）、フランス（05年）などが導入している。

ドイツでは既に企業全体の約3分の2が、労働者ベースではこれより低いが半数は既に労働時間貯蓄制度を導入しているといわれている。[15] OECDもこの制度の導入を加盟国に提言している。

時間外労働を金銭補償ではなく休日代替で補償する考え方は、先にみたようにヨーロッパでは強まっており、ワーク・ライフ・バランス促進とも整合的である。

ヨーロッパ諸国において、時間外労働に対する補償について、金銭補償と休日代替の割合を調査した報告がある[16]。そこでは、ドイツ、ベルギー、デンマーク、スウェーデン、フィンランド、オランダといった国々は休日代替の割合が比較的高いが、イタリア、ギリシャ、ポルトガルなどの地中海諸国、イギリスでは金銭補償の割合がかなり高くなっている。

なお、労働時間貯蓄制度については、不況期における人員削減抑制効果も見逃せない。ドイツの場合、好況時に所定外労働時間が増えて、この口座の残高がプラスである労働者を不況時に解雇すると、企業は貯蓄された労働時間に見合った割増賃金を支払う必要がある。このため、労働時間貯蓄口座に残高のある労働者の解雇費用は、そうでない労働者に比べより高くなる。したがって、企業は不況時に労働者の労働時間を減らし、口座の残高がゼロになるまで人員削減を先延ばししようとする。

労働時間貯蓄制度導入のための課題

労働時間貯蓄制度の導入については、日本の場合、年次有給休暇の取得率が低いので、まずは、年休100％取得ができてからの課題であるとの意見も聞かれる。国民の祝日が実質的に増加したこともあるが、年休の取得率は1990年代半ばから確かに低下・減少傾向にある（95年55・2％→2015年8・8日、47・6％）。

年休が取りにくいのは、先の長時間労働の要因のところで述べた職務範囲の不明確と企業内コーディネーションの重視という日本的な企業システムに起因する部分も大きいと考えられる。自分が休むと他の同僚に迷惑がかかるという「外部効果」があると、年休を自由に取る権利は各自持っているにもかかわらず、皆年休をとらないという選択が行われてしまう。全員が年休を取った方が明らかにハッピーになる（厚生が高まる）という「良い均衡」ではなく、皆が年休を取らないという「悪い均衡」に陥ってしまう。

50％以上の引き上げ対象になる月60時間以上の時間外労働部分については、2008年労働基準法改正において、割増賃金の支払いの代わりに有給の休暇（最低単位は半日）付与も可能にした。現在は、上記のようにある一定の時間以上の時間外労働についてしか、休暇代替が認められていないが、こうした制約を緩和することで、日本型の労働時間貯蓄制度を導入することは可能である。

さらに、改正労基法では、労使協定を結べば、5日以内で年次有給休暇を時間単位で取得できるようになったが、これも働き方の柔軟性拡大という点と合致している。ただし、時間単位の休暇が子育て等恒常的なニーズで使われるような場合には、ニーズに直接対応するような措置を考えるべきであろう。

年休時季指定権の使用者への付与

年休取得については、一人ひとりの自主性、自律的判断に頼っていたのならば、いつまでもこうした「悪い均衡」から抜け出すことは難しい（「協調の失敗」の一例）。こうした状況の改善には、外部からなんらかの強制的な措置をとることが重要である。

現在の年休は労働者側に時季指定権が与えられているが、年休の完全消化を目指すため年休の指定義務をヨーロッパのように使用者に課すことも検討に値する。

2016年夏時点で国会に提出されている労働基準法改正では、10日以上の年次有給休暇が付与されている労働者に対し、使用者は5日について毎年時季を指定しなければならないとされている。今後、さらに使用者が時季を指定しなければならない年次有給休暇を増やしていくべきであろう。

また、ヨーロッパの場合、有給の病気休暇も年休とは別に認められている場合が多く、不測の病気への対応が年休消化を妨げていることを考慮すると、労働者のモラルハザードを増長させない範囲内での病気休暇のあり方も検討すべきであろう。

年休未消化については、休暇を取る権利が同僚と同じように与えられていることが、むしろ自分だけ取ることを難しくしているようだ。その点、労働貯蓄制度は、自分が残業した見合いで休暇をとるので、年休取得よりも気兼ねする必要がないという利点がある。

したがって、年休取得100％を先に目指すのではなく、労働時間貯蓄制度を利用することにより、労働者が自主・自発的に休暇を取ることに慣れていく中で、年休取得率も高めていくというのも一法だ。労働時間貯蓄制度を年休取得率アップのための起爆剤と考えることもできるのである。

労働時間制度の例外的措置の見直し

先にみた労働時間改革に向けた第二の柱である「労働時間・働き方の柔軟化」については、労働時間制度の例外的措置の見直しが重要な課題だ。

現状、既にさまざまな労働時間制度の例外的措置が存在するが、そこで対象とされる労働者以外にも、その成果を労働時間の長さで測ることができず、実労働時間で管理することがなじまない層が多様に存在する。

このため、こうした労働者の生産性を上げ、長時間労働を解消するために、労働時間の長さと賃金のリンクを切り離し、その働き方にあった労働時間制度が必要である。

特に、ホワイトカラーの仕事は、時間に比例して、成果が上がるというものではない。労働時間というとすぐに賃金の話になるが、労働時間と賃金はいったん切り離して考えるべきである。

労働時間の適用除外制度見直しに向けた動き

こうした問題意識から、労働時間の適用除外制度については、第1次安倍政権の2006～07年にかけて、管理監督者よりも少し下の層への適用除外制度導入を意図した「ホワイトカラー・エグゼンプション」が議論された。法案提出の寸前までいったところで、「過労死法案」「残業代ゼロ法案」と批判され、頓挫した。その「トラウマ」は大きく、第2次安倍政権でも当初、各種会議体でも新たな適用除外制度導入についてはやや慎重な姿勢を崩していなかった。産業競争力会議や国家戦略特区ワーキンググループなどが特区でのホワイトカラー・エグゼンプション導入を提案したりしていたが、厚労省から猛反発を受けるなどほとんど進展がみられない状況であった。

こうした中で、筆者が座長を務めた規制改革会議雇用ワーキンググループでは、2013年秋から新たな労働時間の適用除外制度を含む総合的な労働時間規制の見直しを精力的に検討し、規制改革会議として「労働時間規制見直しに関する意見」（2013年12月5日）を公表した。

一方、産業競争力会議でも並行して、労働時間規制の見直しが議論され、最終的には産業競争力会議から提案された案が「日本再興戦略改訂２０１４」として閣議決定され、それをベースに、労働政策審議会で制度設計が行われ、２０１５年の通常国会に改正労働基準法案が提出された[17]。

その内容、特に、労働時間規制の例外的措置についてみると、さまざまな例外的措置の使い勝手を良くする観点から、フレックスタイム制の見直し（清算期間の現行1カ月から3カ月への延長等）、裁量労働制の見直し（企画業務型について新たな対象業務の追加〔提案型営業、ＰＤＣＡを回す業務〕、労使委員会決議の本社一括届出を認める等の手続きの簡素化）、とともに、特定高度専門業務・成果型労働制（高度プロフェッショナル労働制）という新たな労働時間適用除外制度の創設が盛り込まれた。

高度プロフェッショナル労働制の内容と評価

この高度プロフェッショナル労働制とは、職務の範囲が明確で一定の年収（少なくとも１０００万円以上）を有する労働者が、高度の専門的知識を必要とする等の業務に従事する場合に、健康確保措置等を講じること、本人の同意や委員会の決議等を要件として、労働時間、休日、深夜の割増賃金等の規定を適用除外とする制度である。また、制度の対象者について、在社時間等が一定時間を超える場合には、事業主は、その者に必ず医師による面接指導を受けさせなければならないこととされた。

この制度の最も大きな特徴は、既存の除外制度の適用除外の範囲（労働時間、休憩、休日の規制を受けない）に深夜割増賃金の適用除外も加え、適用除外の範囲を広げ、より柔軟的な仕組みを採用したことである。

例えば、管理監督者の適用除外では、法定労働時間（1日8時間、週40時間）の規制が適用されないため、結果として、時間外労働に対する割増賃金（25%以上）も適用されず、休憩（労働時間が6時間を超える場合は最低45分等）、休日（1週間に1日以上、4週で4回以上等）、休日労働に対する割増賃金（35%以上）も適用対象外である。高度プロフェッショナル労働制においては、これに加え、深夜労働に対する割増賃金（25%以上）も適用除外になる。

ここで注意が必要なのは、残業代が支払われないと理解されている裁量労働制は、労働時間の適用除外制度とは異なり、こうした労働時間規制を外す制度ではないということだ。実際、労働時間、休憩、休日及び深夜の割増賃金規制は適用される。

裁量労働制が残業代を払わない制度として理解されているのは、働いたとみなす「みなし労働時間」が法定労働時間と同じ8時間であれば、時間外労働に対しては賃金は支払われないからだ。一方、「みなし労働時間」が9時間であれば、9時間働いたとみなして1時間分の割増賃金を支払う必要がある。

単に残業代を払わない仕組みとして、労働時間規制の適用除外と裁量労働制は同じような仕組みとして議論されることが多いが、このように両者はまったく異なる制度であり、労働時間規制の柔軟化を徹底化するのであれば、適用除外制度を検討すべきである。

一方、これまでの適用除外制度で深夜労働に対する割増賃金が適用除外されていなかったのは、やはり、健康を害する可能性があったためである。したがって、深夜労働に対してもこうした適用除外を行うためには、それなりの健康確保措置が必要になってくる。

高度プロフェッショナル制度では、対象業務に従事する対象労働者に対し、次のいずれかに該当する措置が取られなければならないとされている。具体的には、
①労働者ごとに始業から24時間を経過するまでに厚生労働省令で定める時間以上の継続した休息時間を確保し、かつ、深夜業の回数を1カ月について定められた回数以内とすること、
②健康管理時間（事業場内にいた時間＋事業場外の労働時間）を1カ月又は3カ月についてそれぞれ定められた時間を超えない範囲内とすること、
③4週間を通じ4日以上かつ1年間を通じ104日以上の休日を確保すること、である。

高度プロフェッショナル労働制の問題点

高度プロフェッショナル労働制については、実労働時間で管理されるべきではない層を拡大し、彼らに対し労働時間と賃金のリンクを切り離すとしたことは評価できる。しかし、この制度には、以下のような問題点もある。

第一に、その対象者を職務範囲や年収で一律的に限定するアプローチがとられたことである。具体的には、職務が明確に定められている中で、「高度の専門的知識等を必要とし」「その性質上従事した時間と従事して得た成果との関連性が通常高くないと認められるもの」とされている。

例としては、金融商品の開発やディーリング業務、アナリスト、コンサルタントなどが想定されている。また、年収も「平均給与額の3倍を相当程度上回る」ことが定められ、少なくとも1000万円以上（1075万円を念頭）という年収要件が定められた。

2007年のホワイトカラー・エグゼンプションの案では最終的に「年収900万円以上」「企画・立案・研究・調査・分析の5業務に限る」としていたので、それよりは年収の下限を少し高くすることが意図されたようだ。

ただ、現在の管理監督者を除いて、年収が1000万円以上であるような労働者数はかなり限定的である。また、産業、企業、職種によって、適用除外が適切であるような年収下限はそもそも異なるはずである。

したがって、実労働時間で管理することがなじまないような対象者の範囲は、法律で一律的に規定するのではなく、企業ごとで労使がきめ細かく議論するべきである。

例えば、労働組合に入ることを禁じられている「利益代表者」の範囲は、法律では定められていないが、労使協定を結んで企業と労働組合が組合員の範囲を決定していることが多く、通常、課長クラス以上が非組合員となっている。

雇用制度改革における「出島主義」

労働時間に限らず、雇用制度改革の方向性で気になるのは、いわば「出島主義」といえる考え方である。江戸時代、特定の場所でのみ貿易を許可したように、年収の高い高度専門職という「出島」の場合は例外的に規制の見直しは認めるが、その他の部分では一切貿易を認めない（鎖国）という方針である。

もちろん、こうした「出島主義」は、労使の合意という視点からはより摩擦が少なく、早く成果が出るという点で効果があったかもしれない。しかし今後は、時間にとらわれない働き方を望む広い層に対しても、健康のみならずバランスのとれた処遇を確保したうえで、さらに改革をつなげていくことが必要だ。

第二は、健康確保措置が必ずしも十分ではないことだ。上記のように3つの措置から選択できることになっているが、③の休日確保は、①の勤務時間インターバル規制、②の最長労働時間規制に比べれば、ハードルが低い。むしろ、①②のいずれかは必ず選択しなければならない制度にするべきだ。

規制改革会議が提唱した三位一体の労働時間改革

このように考えると、筆者が参画した規制改革会議が提唱した新たな労働時間規制の適用除外制度は、いくつかの利点が指摘できる。

まず、適用除外制度を考えるに当たっては、割増賃金制度は深夜を含めて適用しない（労基法37条）といったように既存の労働時間規制の例外措置と比べても適用除外の範囲を最も広く考えている。

これは高度プロフェッショナル労働制と変わらない一方、その対象者の範囲については、年収水準等を法律で一律に規定するのではなく、国が対象者の範囲の目安を示した上で、基本的には、企業レベルの集団的な労使自治に委ねる（労使代表で労使協定を締結）としている。その意味で、労使からすれば柔軟性の高い仕組みを提案している。

また、新たな適用除外制度の対象者の労働時間が長くなるのではという懸念もあるため、この提言では、適用除外対象者の健康確保を徹底し、ワーク・ライフ・バランスを促進するため、①労働時間の量的上限規制と、②休日・休暇取得促進に向けた強制的取り組みをセットで導入するように求めている。

健康確保を徹底するために、労働時間の量的上限規制と休日・休暇の強制的取得のいずれかではなく両方の措置を義務付けていることが、高度プロフェッショナル労働制と異なる点だ。

制度の柔軟性を担保する仕組み

具体的な方策については、選択の柔軟性を与えるために、例示された取り組みの中から、産業、職務等の特性に応じて、労使の合意によりいずれか一つまたは複数の組み合わせを選択できるようにしている。

例えば、労働時間の量的上限規制であれば、①一定期間における最長労働時間の設定、②翌日の労働開始まで健康安全確保のための最低限のインターバルの導入、などであり、休日・休暇取得に向けた強制的取り組みであれば、①労使協定で定めた方法による年間104日（週休2日相当）の休日の各月ごとの指定・取得、②労使の協議に基づく柔軟かつ計画的な年休付与（年休時季指定権を使用者へ付与した上で労働者の希望・事情を十分考慮）、③長期連続休暇の義務化、などが例示されている。

もちろん、こうした健康確保やワーク・ライフ・バランスに配慮した取り組みが必要以上に企業の負担にならないように、国が枠組みを設定するにあたっては、企業活動の実態に合わず、企業の活力低下につながることがないよう、適切な選択の幅を用意するとともに、非常時においては、労使の取り決めにより一時的にこうした規制を緩和できるよう、十分配慮されるべきとの考え方を示している。

様々な取り組みの具体的な選択が労使自治にまかされているが、労働者側の交渉力が弱い場合も想定し、使用者の恣意的運用を排除するため、取り決め内容（労使協定）の行政官庁（労働基準監督署長）への届出義務化を課している点については、高度プロフェッショナル労働制と共通している。また、労使自治が比較的機能しやすいのは過半数組合がある企業なので、新たな労働時間適用除外制度は、一定の試行期間を設け、当初は過半数組合のある企業に限定するべきであるとしている。

今後の改革の方向性——制度の整理・統合と在宅勤務への対応

高度プロフェッショナル制度も、対象者を絞り込むということでこれまでの労働時間の適用除外制度に更に「接ぎ木」をした感はまぬがれない。上記の、規制改革会議が示した労使がコミュニケーションを取りながらきめ細かに対応できるような分権的アプローチをとることで、これまでの労働時間規制の適用除外、裁量労働制などを含めて、制度の大幅な整理・統合を行うことで、使いやすく、わかりやすい制度へ統一させていくことが望まれる。

その一方で、喫緊の取り組みが必要な分野は、個別アプローチも併用すべきであろう。例えば、子育て・介護等に資する在宅勤務等についても労働時間規制の適用除外を検討すべきだ。

子育て、介護等で在宅勤務を希望する従業員は、子どもが寝た、または、起きる前の深夜、早朝に勤務を希望するケースも少なくない。

しかし、深夜（午後10時～午前5時）における勤務は、みなし労働時間制が適用されている場合においても使用者側に割増賃金支払い義務が生じるため（労基法37条）、企業によっては深夜勤務を禁じたり、在宅勤務制度を導入しないケースもある。また、深夜に勤務しても賃金が支払われない場合や支払われても従業員が肩身の狭い思いをし、生き生きと働けない場合もある。

このため、在宅勤務については、いくつかの条件を前提とした上で、深夜割増賃金支払い義務を柔軟化し、限られた時間しか働けない人の就業機会を拡大するべきである。こうした措置は、子育て、介護を担う働き手をサポートし、一億総活躍社会創出にも大きく貢献すると考えられる。

具体的には、ＩＴＣを活用した在宅勤務（テレワーク）において、1日の労働時間が8時間の範囲内である場合には、それが午後10時から午前5時の間に行われたとしても、労基法37条の深夜労働の割増の適用対象外とする。

その際、①労働者本人の同意がある場合に限る（本人希望）、②労働時間の配置について労働者は自らの裁量で決定することができる、③ＩＴＣを活用し労働時間を正確に把握する（1日の労働時間が8時間の範囲内であることの確認が必要）、④過重労働や不規則勤務にならないように適切な健康確保措置を講じる。具体的には、深夜労働の上限時間を設定する（例えば、1日2時間以内など）、を満たすべき前提条件とし、過重労働を避ける工夫が必要だ。

企業システムから見直す労働時間改革とは――「モジュール型」の働き方と企業文化・社会規範の見直し

以上、労働時間規制のあり方を中心に労働時間改革の具体的方向性を議論してきたが、非自発的な長時間労働の要因には企業システムにかかわる部分もあり、労働時間規制の見直しのみで長時間労働是正や働き方の柔軟化は達成できるものではない。

第1、2章でも触れたように、長時間労働は日本の無限定正社員システムと密接に結びついてきた。だからこそ、ジョブ型正社員がデフォルトになる雇用システムの構築が重要となる。

具体的には、職務範囲、責任の明確化である。職務が明確化されていけば、綿密な事後的コーディネーションが必要な「すり合わせ型」の働き方からそのようなコーディネーションを必要としないように事前に業務をうまく切り分け、自律的な働き方を可能とする「モジュール型」の働き方への転換も可能となる。「モジュール型」の働き方導入は、企業レベルで行うべき労働時間改革の重要な柱となる。

また、長時間労働を支えてきた企業文化、社会的規範を変えていくことも重要だ。もちろん、文化や規範と呼ばれるものは歴史的に形成されてきたものであるだけに一朝一夕に変えることができるものではない。しかし、まず、長時間労働によってやる気、組織への忠誠心が評価されるような人事評価システムは意識的に見直されるべきという問題意識が多くの人々の間で共有されるべきである。そして、労働時間を短縮させ、少しでも生産性を高めるような一人ひとりの取り組みが企業の中で明示的に評価されるような仕組みが根付いていくことを期待したい。これは、人口減少社会にあって女性や高齢者の職場への参加を促すという意味でも、取り組むべき大きな課題である。

第5章

格差固定打破——多様な雇用形態と均衡処遇の実現

1　有期雇用の増大とその対応策——非正規雇用問題の核心

1980年代半ばは15%程度、90年には20%程度であった非正規雇用の比率は、2003年には3割を超え、既に4割近くまで高まっている（2015年、37・5%）[1]。

非正規雇用者の実数をみると、1988年の755万人から2016年には2007万人と2・7倍程度に拡大した[2]。増加幅をみると、男性433万人増（306・2%増）、女性818万人増（249・8%増）となっており、非正規雇用はもともと女性の割合が高かったが（1988年72・3%）、この30年近くで「男の非正規」がクローズアップされてきたことがわかる。

2つの期間に分けてみると、男性（女性）では1988年～2001年までの増加の66・7%（41・5%）を15～34歳の若年層が占めたが、2001～16年の増加の63・5%（59・2%）は55歳以上の中高年が占めた。

このように1990年代は非正規雇用増に占める若年者の割合は高かったが、2000年代に入ってからはむしろ増加に占める中高年の割合が高くなっていることがわかる。

上記のように非正規雇用がここまで拡大したため、非正規雇用がかつてのように特別かつマイナーな雇用形態であるというイメージはなく、家計を支える者が非正規雇用であることが珍しくなくなってきた。仕事内容や働き方においても正社員とそれほど変わらなくなっている。

にもかかわらず、雇用の安定性や処遇には歴然とした格差が存在したままだ。こうした労働市場の二極化が過去30年ほどの間、静かに進行してきた結果、格差の固定化が進み、労働市場を超えて日本の政治・社会・経済の安定性に長らく寄与してきた社会的一体性が大きく揺らいでいる。

こうした労働市場の二極化、格差固定化、社会的一体性の揺らぎをこのまま放置すれば、日本の大きな「強み」が失われてしまう。次世代にとって希望の持てる日本を切り開いていくためにも、非正規問題解決に向けた抜本改革はまったなしの状況である。

多様な非正規雇用を分類するための軸とは——働き方の違いによる分類

雇用形態の多様化を考える場合、単純に正規・非正規雇用と二分化して議論されることが多い。しかし、ひと括りされる非正規雇用の内訳はかなり多様である。正規・非正規の二分法的考え方が格差問題へのきめ細かな対応を阻害していることも懸念される。

非正規労働者は、通常、パート（2015年、18・2％）、アルバイト（同7・7％）、契約社員

（同5・4％）、嘱託（同2・2％）、派遣社員（同2・4％）などに分類されるが（総務省「労働力調査」）、これらは働き方の以下の4つの軸に分けて整理した方がわかりやすい[3]。
①労働時間の軸（フルタイム又はパート）
②契約期間の軸（期間の定めなし又は有期）
③雇用関係の軸（勤め先と同じ（＝直接雇用）又は異なる（＝派遣））
④指揮命令の軸（勤め先と同じ（＝直接雇用、派遣）又は異なる（＝請負））

いずれの軸も、最初の選択肢をとる場合が通常の正社員である。一方、最初の選択肢（正規）をA、後者（非正規）の選択肢をBとすると、例えば、有期契約のパートの場合「BBAA」となる。派遣労働者は、基本的に常用雇用型か登録型で「AABA」「ABBA」になる。請負労働者は、通常、「ABBB」である。しかし、指揮命令が勤め先と異なるのは元来不自然な姿である。実態として「ABBA」となっているのが、「偽装請負」のケースである。

このようにみると、非正規雇用を規定する4つの軸の中でいずれの呼称の非正規雇用にも関係してくるのが、「契約期間の軸」である。その意味で、非正規雇用を規定する軸の中で最も重要な軸と言っても過言ではない。非正規雇用の大きな問題である雇用の不安定は、まさに契約期間の軸が影響している。

労働者の選択の自発性に着目した軸

働き方の違いに着目した軸とは別に、労働者の選択が自発的かどうかに着目した軸が考えられる。つまり、非正規雇用という雇用形態を選んだのは、自発的か、非自発的であるかという軸である。

別の言い方をすれば、前者を本意型、後者を不本意型と呼ぶこともできよう。非正規の雇用形態を自ら進んで希望して選んだ場合は本意型、本来、正社員を希望していても、さまざまな理由で非正規雇用を選ばざるを得ないケースは不本意型となる。

ライフ・スタイルに合わせてパート・アルバイトを選択したり、一つの企業に縛られたくないという理由から派遣を選択することは、労働者の選好や希望に応じた自発的な雇用形態の選択といえる。しかし、自発的な理由から有期雇用を選択するというのは、プロ野球選手のように高度な能力と専門性を持っていて期間の短い契約を選択することで雇い主に対するバーゲニング・パワーを高めようとするような場合に限られる。通常の労働者であれば、雇用の安定を求め有期より無期の労働契約を結ぼうと考えるであろう。

このように、さまざまな軸で非正規雇用を分類すると、その本質的な問題は、雇用が不安定で非自発的な選択の可能性が高い有期雇用にあることがわかる。

有期雇用、不本意型非正規雇用の実態

有期雇用や不本意型非正規雇用の現状を把握する際、これまでの大きな問題は包括的な統計がなかったことである。しかし、2011年から総務省「労働力調査」においていくつかの指標が追加され

ることになった。非正規雇用の全体像をみるには、前述のような4つの軸に沿ってクロスで統計を取ることができればベストであるが、残念ながらそのような統計は存在しない。

総務省「労働力調査」において、有期雇用の割合をみると、役員を除く雇用者に占める一般常雇いにおける有期契約（1年超の有期契約、2015年の割合20・5％）、臨時雇い（1カ月以上1年以内の雇用契約、同6・7％）、日雇い（日々又は1カ月未満の雇用契約、1・4％）を合わせた割合は、同28・6％であった。

OECDが公表している有期雇用（temporary worker）の比率で諸外国の数字と比較すると、国ごとで統計の定義が若干異なるという問題があるものの、日本の有期雇用の比率は、OECD平均（2014年11・1％）はおろか、スペイン（同24・0％）、韓国（同21・7％）、ポルトガル（同21・5％）といった国の数字も超えており、OECD諸国で最も高い部類に入っている。これはかなり深刻な状況だ。

ちなみに、OECDに報告されている日本の数字は、労働力調査における契約期間が1年未満の臨時・日雇いしか計上されておらず、国際比較の観点から明らかに過小評価されていることに注意が必要である（同7・6％）。

上記の統計は、2011年からの公表であるので経年的な変化をみることはできない。ここでは総務省「就業構造基本調査」を使い、一般常用雇用者数（1年超の有期雇用もしくは無期雇用）から正規の職員・従業員数を除いたものを契約期間1年超の有期雇用者数、臨時雇い、日雇いを合わせた数を契約期間1年以内の有期雇用者数と定義してみよう。

前者には無期雇用のパートや派遣労働者が存在している可能性があり、それを除外することができないので、厳密な意味で有期雇用の正確な割合ではないことに注意が必要だ。

過去30年程度の動きをみると、有期雇用の割合は1年以内の短い契約期間では比較的わずかな上昇に止まっているものの（１９８２年12・３％→２０１２年15・３％）、1年超の契約期間の有期雇用は大きく上昇したことがわかる（１９８２年４・６％→２０１２年22・４％）。

この動きから、有期雇用がかつての臨時的、アルバイト的な業務に限定されていた時代から正社員と変わらぬ業務にまで広がっていることがわかる。つまり、これまで正規社員が行っていたような業務を有期社員が行うようになってきているのだ。

なお、統計上、有期雇用、無期雇用と分けて議論する際の留意点として重要なのは、「契約期間についてわからない」とする人が一定数存在することだ。総務省「平成24年就業構造基本調査」によれば、契約期間がわからない人の割合は同8・3％となっている。

次に、不本意型の非正規雇用について確認しておこう。まず、総務省「労働力調査」（２０１５年）では、「正規の職員・従業員の仕事がないから」で非正規雇用を選ぶ場合を不本意型と呼ぶと、非正規雇用の16・9％を占め、２０１３年の19・2％からやや低下がみられる。

しかし、内訳をみるとばらつきが大きい。男性は26・9％と女性の12・3％の2倍以上である。特に男性は、25〜54歳までの働き盛りで不本意型は4割を超えており、男性の方が深刻な状況であることがわかる。

雇用形態別には、厚生労働省「就業形態の多様化に関する総合調査」（２０１４年）をみると、「正社員で働ける会社がなかった」者の割合は、全体で18・1％を占める中で、パートタイム労働者11・7％、臨時労働者6・0％に対し、契約社員31・8％、派遣労働者37・7％と自発性の高いパートタイマーに対し、契約社員や派遣労働者は不本意型が多いことがわかる。

非正規雇用の幸福度分析で何が明らかになったか

こうした有期雇用や不本意型の非正規雇用の問題は、非正規雇用の幸福度分析でも明らかになっている。

筆者が関与した経済産業研究所（ＲＩＥＴＩ）の「平成20年度の派遣労働者の生活と求職行動に関するアンケート調査」においては、主観的幸福度にも着目し、対象者に「普段どの程度幸福だと感じていますか」を0～10の数値で答えてもらう質問も行っており、働き方の選択と幸福度の関係を分析することが可能である。

雇用形態別に幸福度をみると、日雇い派遣（5・46）や製造業派遣（5・09）はその他の雇用形態（その他派遣6・09、パート等6・02）に比べ低くなっている。一見すれば、日雇い派遣や製造業派遣は幸福度が低いからそのような雇用形態は望ましくないようにみえる。本当にそうであろうか。

筆者はリクルートワークス研究所の久米功一氏らとともに、幸福度は雇用形態と関係があるのか、それともそのような雇用形態を選んでいる人々の属性を反映しているかを計量的な分析によって明らかにするため、幸福度に対して、基本属性（性別、年齢、学歴、所得、資産、居住地）、家族環境（既婚・未婚、世帯人員、子供数）、雇用形態（派遣か否か、業種、契約期間、労働時間）、雇用形態の選択理由、過去の経験（労災など）を説明変数にした式を推計した[4]。

有意な結果を整理すると、予想通り、所得や資産の少ない人は幸福度も低いが、日雇い派遣や製造業派遣など特定形態の派遣を含め、派遣労働と幸福度に有意な関係は見いだせなかった。

一方、雇用契約期間の短い人の幸福度は低い。また、自ら望んで非正規雇用を選んだのではない人（非自発的非正規雇用）の幸福度も低かった。基本属性では、年齢や学歴は幸福度と有意な関係はなかったが、男性や未婚の人は幸福度が低いという結果が得られた。

また、現在の就業形態を選んだ理由として、「自分の都合のよい時間帯に働きたい」といった本人の希望で非正規雇用を選んでいる人の幸福度は高い一方、「正社員として働ける会社がないから」など、自ら望んで非正規雇用を選んだのではない人の幸福度は低くなっている。

このように非正規雇用を特徴付けるいくつかの軸のうち、幸福度の関連からいえば「契約期間の軸」と「選択希望の軸」が重要であることがわかる。

さらに、慶應義塾大学の山本勲氏は、そのような不本意型（＝非自発的）非正規雇用に就く者は「慶應義塾家計パネル調査」では多数派ではないものの、契約社員や派遣社員に多く、就業形態の選択行動などむしろ失業と類似していること、失業と並んで他の雇用形態よりも明らかに大きなストレスを持つことを示した[5]。

したがって、有期労働者に対してはいかに契約期間を延ばして雇用を安定化させるか、また、非自発的な選択を行っている有期労働者にはいかに正社員に転換していくかが、重要な政策だといえよう。

「非正規」という呼称の見直し

このようにみると、非正規雇用の本質は不本意型の有期雇用にあり、パートなどはむしろ自発的な選択に基づく部分もあろう。すると、「非正規」という通常ではないという意味で価値判断も伴うような呼称は、見直すべきであろう。

欧米では、non-regular、non-standard、atypicalという形容詞を使うこともあるが、非正規雇用をまとめて呼ぶことはあまりない。

例えば、OECDでは労働時間と契約期間の軸を明確にし、パートタイム（part-time）かフルタイム（full-time）か、テンポラリー（temporary＝有期契約、臨時・季節労働）か、パーマネント（permanent＝期間に定めのない契約）のいずれかの軸に絞って議論されることが普通である。

非正規雇用のいくつかの軸で問題となるのは、無期、有期の区別であるので、非正規雇用という呼称ではなく有期雇用をメインの呼称にするのも一案であろう。その際、有期雇用以外の非正規労働者には、前述の通り、期間の定めのない無期雇用でもなく、契約期間が明確に定められておらず、あいまいな労働者が一定の割合で存在することに留意が必要である。

有期雇用増大の要因は何か

それでは、有期雇用が増加した要因は何であろうか。東京大学の川口大司氏らは、労働者の性別、年齢別、教育別の割合の変化やサービス経済化など産業別の割合では非正規雇用増加の一部しか説明できないことを明らかにしている。(6) したがって、非正規雇用の大宗を占める有期雇用増加の背景は、企業レベルの戦略の問題として捉えるべきであろう。
企業側の立場からは、有期雇用活用には以下に述べるように大きく分けると2つの要因が考えられる。

第一は、不確実性増大に対応するために労働投入（員数ベース）の「バッファー」を確保・積み増しが必要となったためである。1980年代までの安定・高成長から90年代以降は、成長が低下する中で変動も大きくなっている。こうしたマクロの経済成長のみならず、内外での競争の激化、規制緩和、技術革新のスピード上昇により、企業のマーケットにおける不確実性が大きく高まっているといえる。

こうした予期せぬ状況にも柔軟に対処する手段として、雇用量の調整が容易な有期雇用の割合を高めておくことで雇用量を調整する「バッファー」を確保することは、特に重要になっている[7]。例えば、厚労省「平成23年有期労働契約に関する実態調査」でも、有期契約労働者を雇用している理由として、「業務量の急激な変動に際して雇用調整ができるようにするため」と答えた事業所は全体の27・3％と高い割合を占めている。

有期雇用増大の第二の要因は、安価な労働力確保とコスト削減である。上記、厚労省「平成23年有期労働契約に関する実態調査」では、有期契約労働者を雇用している理由として「人件費を低く抑えるため」が41・5％とかなり大きな割合を占めている。低成長に移行する中でグローバル競争や規制緩和で市場競争が熾烈になっていることが、コスト削減圧力をより強めていることは、疑いないであろう。

有期雇用増大で何が問題なのか

それでは、有期雇用増大で何が問題となるのであろうか。労働者の立場では、第一に、雇用の不安定が挙げられる。大きなマクロ・ショックがあった場合は、無期雇用に比べより大きな負の影響を受ける可能性がある。

筆者と学習院大学の細野薫氏、東洋大学の滝澤美帆氏は、2008～09年の世界経済危機を例にとり、大きな負の外生ショックにより、特に、派遣労働者に偏った雇用調整が行われたことを示した(8)。具体的には、日本の上場企業のパネル・データを使い、輸出比率が高く、危機前の派遣労働者の割合やその増加が大きいなどの特徴を持った企業ほど危機後、従業員に占める派遣労働者比率を削減した(2007～09年度)ことを明らかにした。

2009年のように景気後退時に非正規雇用を削減するという動きは、過去30年程度振り返ってみても稀であった。1980年代半ば以降、非正規雇用が減少したのは93年から94年の時期のみであり、97～99年、2000～02年にかけての景気後退期においても正規雇用が減少しているにもかかわらず、非正規雇用は増加を続けてきた。かつては、不況期においてむしろ非正規が雇用の下支えをしてきたのである。

有期雇用増大の労働者の立場からの第二の問題点は、処遇格差である。これについては第2節で詳しく論じる。

有期雇用増大の生産性への影響

次に、企業側への影響をみてみよう。企業が有期雇用を活用する理由は、先にみた通り、雇用調整におけるバッファー、柔軟性確保と労働コスト削減である。しかし、有期雇用活用にそのようなメリットが仮にあったとしても、全体として企業パフォーマンスに対し好影響を与えるかどうかは必ずしも明らかではない。

実際、有期雇用の割合が大きく拡大した南欧諸国[9]では、有期雇用の割合が企業の生産性にマイナスの影響を与えるというような分析結果も報告されている[10]。本節では特に、有期雇用の利用と企業の生産性との関係について検討しよう。

人的資本形成を通じるルート

企業の雇用ポートフォリオの生産性への影響は、様々なルートが考えられる。ここでは、大きく3つのルートを考えてみたい。

第一は、人的資本形成を通じるルートである。

例えば、有期雇用の社員の場合、正社員に比べて、雇用期間が短く、離職する可能性が高い。企業が教育訓練のコストを回収する前に社員が離職するような可能性を考えると、教育訓練へのインセンティブが低くなる、または、そのための投資期間の短期化により結果的には教育訓練投資の総量が減少することになる。

したがって、有期雇用の社員が正社員に比べ企業から教育訓練を受ける機会が少なくなればその分、人的資本が小さくなり、企業全体の生産性がマイナスの影響を受けることになる。

ここで注意が必要なのは、有期雇用の社員への教育訓練機会が少なくても企業の人的資本からは問題にならないケースもあることだ。

例えば、ある特定の職務を特定期間にやってもらうため（代用やプロジェクト参加）、スペシャリストを雇う場合である。この場合、既に職務遂行のための能力は十分にあり、企業が教育訓練を行う必要はない。

また、有期雇用者が企業から教育訓練を受けられなくても、正社員転換を希望したり、企業への忠誠心を示すために、必要な技術や能力を取得するため、企業外で自発的に教育訓練を受けるような場合、上記の人的資本へのマイナスの影響は緩和されるであろう。

有期雇用の職業訓練の実態

実際に、有期労働者の教育訓練機会を正社員と比較すると（厚労省「平成23年有期労働契約に関する実態調査」）、全般的に正社員と同じかそれ以上の教育訓練機会を与えている企業の割合は3割程度（28・1％）に止まっている。

また、労働政策研究・研修機構の小杉礼子氏は、厚労省「平成18年度能力開発基本調査」特別集計を利用して、有期雇用に限定しているわけではないが、非正社員の能力開発を行う事業所はＯＦＦ―ＪＴが37・9％、計画的ＯＪＴが32・2％と正社員のそれ（同72・2％、同53・6％）に比べ大幅に少ないことを明らかにしている。[11]

ただし、有期労働者と正社員の教育訓練機会を直接比較するだけでは、それが有期雇用という雇用形態が影響をしているとは判断できない。なぜなら、性別や年齢別でみて教育訓練の機会が少ない人が、たまたま有期社員であるかもしれないからだ。したがって、ここでも性別や年齢などの労働者の属性をコントロールした上で、有期雇用の教育訓練機会の格差を分析する必要があろう。

諸外国での分析例をみると、OECDは、ヨーロッパ12カ国それぞれについて、個人の属性や職務の違いをコントロールしてもなお、有期社員が教育訓練を受ける機会は小さいという結果を得ている。[12] また、イギリス、スペイン、ドイツといった個別の国についても、それぞれの国のマイクロデータを使って同様の結果が得られている。[13]

例えば、有期労働者の中でも離職可能性のより高い季節・臨時労働者の場合、更に訓練機会が少ないこと[14]、有期労働者は他の形態に比べ訓練を受ける可能性が低いのみならず、そもそも訓練を実施している企業に雇用される可能性が低いこと[15]などが報告されている。

したがって、労働者の属性をコントロールしても、有期労働者の教育訓練機会に格差があることは国を問わずかなり普遍的な結果であるといえる。

イノベーションを通じるルート

第二は、企業のイノベーションを通じるルートである。

例えば、上記の人的資本への悪影響は、企業のイノベーションを抑制する方向に働くであろう。一方、有期雇用をコスト削減の目的で活用する場合、逆に、労働集約的な生産過程は維持され、労働節約的な技術開発へのインセンティブが低下することになる。有期労働の活用でコスト削減が実現できればその他のコスト削減への取り組みは弱まる、という効果である。もとより、イノベーションは企業の様々な要因や取り組みを複雑に反映しており、雇用ポートフォリオの独立的な影響を取り出すのは容易ではない。

オックスフォード大学のジョナサン・ミチー氏らは、イギリス企業に行ったサーベイ・データを使い、臨時、有期雇用がイノベーションの形態の中でも、特に、プロセス・イノベーションに負の影響を与えることを示した[16]。

プロセス・イノベーションの方がコスト削減の関わりがより強いことを考えると、この結果は、有期雇用の活用がコスト削減に関わるイノベーションを抑制する可能性があるという上記仮説と整合的といえる。

労働者のインセンティブを通じるルート

第三は、有期労働者のインセンティブを通じたルートである。

例えば、正規社員と有期社員の能力が同じであったとしても、有期社員が正社員への転換の道が閉ざされていたとすれば、そのような有期社員の努力へのインセンティブは小さくなるかもしれない。一方、正社員への転換の可能性が高くなれば、労働者のインセンティブを高め、企業の生産性へプラスの影響を与えることが予想される。

スペイン・マドリード・カルロス3世大学のジャン・ドラド氏らは、スペインの製造業の企業別パネルデータ（１９９１―２００５年）を使い、企業ごとの有期雇用の割合は企業レベルでのＴＦＰ（全要素生産性）にマイナスの影響を与える一方、有期雇用から無期雇用への転換率が高い企業ほどＴＦＰが高くなることを示した(17)。

日本については、岡山大学の奥平寛子氏、東洋大学の滝澤美帆氏と筆者が、「企業活動基本調査」の個票を使い（１９９４―２００２年）、整理解雇の判決の傾向と当該地域の企業の生産性の関係を分析した際に、パート労働者の比率はＴＦＰに負の有意な影響を与えることを見いだした(18)。ただし、労働時間の扱い、推計時期の取り方などが異なる研究では分析結果も異なっており、確たる結論を得るには更なる分析の蓄積が必要であろう。

取り組むべき有期雇用問題の「内部化」

企業の有期雇用の活用は経済社会の様々な環境変化へ対応するための企業戦略の一環として捉えるべきであり、雇用調整の柔軟性や安価な労働力確保は短期的には企業のメリットになることは否定しにくい。

しかし、長期的にみて、企業ベースでみた有期雇用の割合増大は、それぞれの企業の生産性を上記でみたルートを通じて低下させる可能性がある。つまり、有期雇用の活用で様々なコストは低下させることはできても、企業内における人的資本の蓄積や労働者のインセンティブが低下してしまえば、長期的にみれば必ずしも企業の利益拡大につながらない。

企業は目先の利益を追うばかりでなく、有期雇用活用によるマイナスの影響も考慮に入れた企業経営を行うことが重要になる。別の言い方をすれば、有期雇用問題をいかに「内部化」できるかがポイントになる。

また、企業のレベルを超えて、有期雇用の増大が国全体の人的資本形成を劣化させるとともに、格差の拡大・再生産を推し進めることになれば、政治・経済・社会の安定性に寄与してきた「社会的一体性」を揺るがすことになり、一国のマクロ経済や経済成長に悪影響を及ぼしかねない。そうなれば、個々の企業にとっては望ましい戦略でも、有期雇用活用による「負の外部性」を通じて企業の利益にマイナスに跳ね返ることも懸念される。

こうした観点からも、有期雇用問題の「内部化」は企業にとって大きな課題なのである。

求められる有期雇用改革とは

無期雇用転換ルールの評価

改正労働契約法では、有期契約（2013年4月1日以後に開始）が通算で5年を超えれば労働者の申し込みにより無期労働契約に転換可能となった。この転換は、これまでの働き方において、契約期間の軸のみ、有期雇用から無期雇用に変わるということで、第2章で述べたように新たに働き方が限定されたジョブ型正社員を新たに制度的に作り出す仕組みと捉えることができる。

これは、ジョブ型正社員を普及させる仕組みとしては積極的に評価できる一方、この仕組みの最初の適用者が2018年4月に出てくるため、5年を迎える前に雇止めなどが行われることに対しては十分注意し、適切なモニターを行うことが重要である。

「雇止め法理」の問題点

有期労働者の雇止めを巡る争いについては、裁判での判例を通じた「雇止め法理」（解雇権濫用法理の類推適用）が形成されてきた。

「雇止め法理」とは、有期契約の更新拒絶に解雇権濫用法理を類推適用し、合理的理由を要求し、それがなければ雇止めを違法とし、同じ条件で更新されたものとして扱うという判例法理であり、特に、労働者の雇用継続の期待を重視、保護する法理である。

解雇権濫用法理が類推適用され、雇止めの効力が否定されるのは、大きく分けて、「実質無期タイプ」と「期待保護タイプ」の2つのパターンがある。「実質無期タイプ」とは、有期契約が何回も反復され、実質的に無期契約と同視できるケースである（「東芝柳町工場事件」（最一小判昭和49年7月22日））。一方、「期待保護タイプ」とは、無期契約と同視できないが、労働者の雇用継続期待が保護に値するケースである。

例えば、「日立メディコ事件」（最一小判昭和61年12月4日）では、2カ月契約5回更新臨時員雇止めに対して、雇用継続の期待から類推適用は可能であるが、正社員（本工）には劣後（合理的な差異）するため雇止め有効と判断された。

一方、「龍神タクシー事件」（大阪高判平成3年1月16日）の場合、初回の更新時の雇止めにもかかわらず、採用時に使用者の行った説明や他の労働者の更新状況から雇用継続への期待は保護すべきとの判断がなされ、解雇権濫用法理が類推適用された。

しかしながら、「亜細亜大学事件」（東京地判昭和63年11月25日）では、1年契約を20回更新された非常勤講師の雇止めが有効と判断されるなど、これまでの判例を見る限り判断基準は必ずしも明確ではないといえる。

こうした「雇止め法理」は、2012年の労働契約法改正により、判例上形成された雇止め法理が法律上明文化された（19条）。同条1号は「実質無期型」、同条2号は「期待保護型」をそれぞれ明文化して、いずれかに当たる場合、雇止めに客観的合理性・社会的相当性が認められなければ、契約が更新されたと同様の法律関係が生じることが確認されている。つまり、判例・裁判例上の雇止め法理については、内容を変更することなく、要件及び効果を法律上明文化したことになる。

しかし、有期契約は期間満了すれば自動的に切れる契約であるので、それをあたかも無期契約であるとみなし、解雇無効で救うという考え方にはそもそも無理があり、理論的あいまいさが依然として残っていることには留意が必要だ。

契約終了手当の導入と金銭解決の検討

有期雇用の雇用不安定への対処としては、「雇止め法理」に依存するのではなく、使用者が有期契約の終了時に契約終了手当を労働者に支給するような仕組みを導入することの方が望ましい。

例えば、フランスでは、支払われた賃金の原則10％を支払うことが義務付けられている。日本の場合でも、戦前では、常用工のみならず有期契約である臨時工についても雇止めの際には解雇手当を支払うケースが多くなり、「退職積立金及退職手当法」（1936年）で事業主が毎月一定額を積み立てて事業主の都合で解雇する場合は、期間満了に伴う雇止めでも特別手当（＝解雇手当）を払うことを法制化、義務付けていた時期があった[19]。

また、同様の発想として、有期雇用の場合にこそ、金銭解決の仕組みを導入するという考え方もある。金銭解決については、第6章第4節で詳しく触れるが、有期雇用の場合には自動的に契約が切れるため、むしろ、無期契約に比べ導入しやすいという利点もある。

実際には和解という形で金銭解決が行われているケースも多いが、和解の問題点は金銭解決の額にばらつきが多く、予測可能性が低いことである。

その意味からも契約終了手当は、日本の戦前における仕組みと同様に、それまでの勤務期間の長さが反映された手当になることが望ましい。なぜなら、雇止めされた労働者側に立てば、これまで契約の更新等を通じて勤め先で貢献をしてきたことを正当に評価して欲しいという気持ちが一番大きいと思われるからである。

さらには、個々の企業の対応にはなるが、雇止めした労働者に対する再就職の斡旋などを事前に約束することも、雇用不安定の補償という視点からは重要な取り組みといえる。

2　多様な働き方を支える雇用形態間の相互転換と均衡処遇

本節では、雇用形態間でどの程度の処遇格差があるか、また、その解消のために必要な相互転換、均衡処遇について論じることにしたい。

正規・非正規雇用の賃金格差

日本の正規雇用、非正規雇用の賃金水準を比べると、かなり格差があるのは事実である。厚生労働省「賃金構造基本統計調査」によれば、正社員以外の平均賃金（時間当たり）を正社員のそれと比較すると、30代後半は正社員の7割弱程度であるが、50代前半には半分程度となり、年齢に応じて格差が拡大することがわかる。

それでは、ヨーロッパを中心とした諸外国では、雇用形態の違いでどの程度処遇格差があるのか。無期雇用・有期雇用、フルタイム・パートタイムに分けて、これまでの実証分析を紹介してみよう。

有期・無期雇用の賃金格差

まず、無期雇用と期間に定めがある有期雇用との格差をみてみよう。有期労働者は正社員とまったく同じ働きをしているのであれば、雇用保障がなく、また、企業が解雇コストを削減できる分、むしろ賃金が高くなってもおかしくない。

OECDによれば、ヨーロッパ13カ国の正規・有期賃金格差（正規賃金マイナス有期賃金）／正規賃金、％）をみると、格差が最も大きいのがスペインで47％、最も小さい部類がドイツ（17％）、オーストリア（19％）となっている。[20] EUでは、ベルギー（21％）、フランス（29％）、スペインなどで正規・有期間の賃金の均衡処遇を求める法制が以前から制定されているが（現在はEU指令）、他のヨーロッパ諸国に比べても格差が小さいとはいえない。

一方、上記の賃金格差は、労働者の年齢、教育、職種等の属性のコントロールによる調整は行われていない。いくつかの属性についてコントロールを行うと、有期雇用の賃金格差は男性よりも女性の方が大きいものの、いずれも10〜20%程度の中に収まる。[21] したがって、ある程度そうした属性をコントロールした上でも、有期雇用の賃金格差は残ると考えられる。

米MITのオリビエ・ブランシャール氏らは、フランスの若年者（20〜24歳）の有期雇用と正規雇用の賃金格差を年齢、教育水準をコントロールした上で、有期雇用の賃金は正規よりも約20%低いことを指摘した。[22] また、1980年代から90年代にかけて賃金格差は概ね広がった（83年12%、93年29%、2000年22・5%）。

スペイン・バスク大学のサラ・デラリカ氏は、1995年のスペインのデータを用いて、有期雇用と正規雇用では賃金格差は43%あり、そのうち、同じ企業同じ職にもかかわらず正規雇用の方が能力が高い影響が12%、有期雇用労働者が能力が同じにもかかわらず、賃金の低い企業や職についている影響が22%あり、上記では説明できない部分として9%残ることを示した。[23]

労働者の属性などの合理的な理由では説明できない賃金格差があるのはなぜであろうか。まず、有期雇用は無期雇用と明確に区別できるという意味で、企業側からすれば異なる処遇をする「口実」「象徴」として使われていることが考えられる。有期雇用であるから正規雇用と異なる処遇をするオプションを雇い主が持っているということであれば、先にみたように正規雇用よりも高い処遇をするというケースもあるはずだ。

しかし、処遇が低いケースがほとんどであるのは、有期雇用が暗黙的に企業のコスト削減の対象として使われているからである。また、「年齢や性別と同様に有期雇用という雇用形態が労働者の質や能力をシグナルしている」と考える「統計的差別」が、処遇格差を生んでいる可能性もある。有期雇用に応募する労働者は正規労働者になれなかった者であり、正規労働者に比べて平均的に能力が劣るだろうと判断し、差別的な処遇を行うようなケースである。労働者の属性をコントロールしても賃金格差が存在することは、このような「統計的差別」も示唆する結果といえる。

パートタイム、フルタイム間の時間当たり賃金格差——理論的解釈

次に、パートタイム、フルタイムの間の時間当たり賃金格差について考えてみよう。理論的には、両者の賃金格差を説明するいくつかのメカニズムが考えられる。

第一は、労働供給サイドの観点である。例えば、労働者の中でも勉学の負担のある学生、家事の負担の重い親、体力的な問題のある高齢者などは、フルタイムよりもパートタイムを選好するだろう。その分、留保賃金が低くなるため、パートタイム・フルタイム賃金格差が生じる。

また、パートタイマーは、家計の補助的な役割から通勤に長い時間、コストをかけたくないため、地理的な制約に強く影響を受け、労働供給が弾力的でないことも重要である。

したがって、利潤最大化を行う企業がこのような地域労働市場で独占力を発揮すれば、パートタイム賃金が低くなりやすいであろう[24]。

第二は、企業のコストの観点である。雇用者には一定の固定費用がかかる（採用・解雇コスト、労働時間によらないフリンジ・ベネフィット）ため、企業の総労働コストは雇用者の労働時間に比例して増加するわけではない[25]。したがって、パートタイマーは企業にとって相対的にコストが高い分、賃

金が低くなると考えられる。

また、そのような固定費用は、労働者のスキルが高くなるほど増加するという側面もある。その場合、スキルが高い労働者の場合ほど、パートタイム賃金格差は大きくなると考えられる。

第三は、労働者の生産性と労働時間の関係に着目する考え方である。仕事の開始の生産性は低く徐々に増加していくと考えると、終業前の生産性は一日平均の生産性よりも高くなるであろう。そのような場合、労働時間が少ない労働者はその分生産性、ひいては賃金も低いということになる[26]。

一方、長い労働時間は疲労効果からむしろ生産性を引き下げるという実証結果もあり、その場合はパートタイマーの方がフルタイム労働者よりも生産性がより高く、賃金もそれに応じて支払われるべきであろう。

パートタイム、フルタイム間の時間当たり賃金格差——実証分析例

それでは、実際のパートタイム、フルタイム間の賃金格差はどうなっているのであろうか。

パートタイム労働者の時間あたり賃金水準は、欧州諸国においてはフルタイム労働者に比べ2割程度低いのに対して、日本においては4割程度低くなっている[27]。

しかし、有期雇用の賃金格差同様、フルタイムとパートタイム労働者の平均的な賃金格差を単純に国際比較し、その大小の是非を論じることは必ずしも適切ではない。フルタイムとパートタイム労働者の能力や職務が異なれば、両者の平均的賃金に反映されることになる。

例えば、フルタイム労働者の学歴や勤続年数など人的資本の蓄積が平均的に高ければ、賃金も高く

なるのは当然である。したがって、国際比較を行う場合でも、上記のような労働者の様々な属性を考慮し、そうした要因を調整した上で、残る賃金格差に着目する必要がある。

例えば、ベルギー・ブリュッセル自由大学のジル・オドシェ氏らは、男性のパートタイム賃金格差は調整前でベルギー24%、デンマーク28%、イタリア28%、スペイン16%、英国67%などとなっている。しかし、労働者の様々な属性を調整すると、それぞれの格差の中で説明できずに残る割合は、デンマークでは消滅する一方、イタリアでは半分程度は残ることなどを示した[28]。調整前の格差はほぼ同じでも、調整後の格差は大きく異なることがわかる。

こうしたパートタイム賃金格差は、使用する統計や手法によって同じ国でも数値にばらつきがあることに留意する必要があるが、既存の研究を総括すると、英語圏諸国は格差が比較的大きく、北欧諸国では調整後に格差がなくなる国もある。

また、オーストラリアは複数の研究で調整後は賃金格差が有意ではない、むしろパートの賃金の方が高くなることが報告されている。例えば、オーストラリアのパートタイム賃金格差を調べたオーストラリア・ウーロンゴン大学のジョアン・ロジャーズ氏は、調整前のベースでは男性で21%、女性で7%の賃金格差があるが、人的資本や職務を調整した後では統計的有意ではないことを示した[29]。

オーストラリア国立大学のアリソン・ブース氏らは、他の国では通常、パートタイム賃金の方が低いところ、労働者の属性をコントロールするとむしろパートの方が賃金が高くなる、つまり、パートタイム賃金プレミアムが存在することを示した[30]。

パートタイム賃金格差を巡る「職務分離」の問題

欧州を中心としたパートタイム賃金格差の研究から得られる政策的インプリケーション（含意）として重要なのは、比較的賃金格差の大きい英国での「職務分離」の問題である。

英ロンドン・スクール・オブ・エコノミクス（ＬＳＥ）のアラン・マニング教授らは、英国の女性のフルタイム、パートタイムの賃金格差は25％であるが、基本的な属性を調整すると12％程度と半分程度になり、職務まで調整すると３％まで縮小することを示した[31]。

これは、フルタイムとパートタイムでは職務が異なることが賃金格差の大きな要因になっていることを示すものである。実際、英国ではフルタイム勤務の女性がパートタイムに変わる場合は、勤め先や職務を変えなければならない場合が多く、より格下の職務になることで賃金もその分低下しやすい。

英イースト・アングリア大学のサラ・コノリー教授らは、高スキルの女性がフルタイムからパートタイムへ変わる場合、26％（勤め先を変えた場合は43％）が職務格下げを経験し、賃金もこうした転換で32％減少することを示した[32]。

また、同じ職務でフルタイムに戻ったとしても、フルタイムを続けた場合より40％ほど賃金は低いままになる。例えば、パートへの転換でプロフェッショナル職業の女性の半分が低スキルの職務へ、また、看護師の３分の２がパートの介護士に転換しており、パートタイマーはそのスキルを十分に活用できていないといえる。

英国の場合、同じ仕事をしている分には格差は大きくないが、女性のフルタイムとパートタイムの仕事は大きく異なるという「職務分離」が問題であり、パートタイムでより良い仕事が増えなければならないとマニング教授らは強調している。こうした「職務分離」が賃金格差の最も大きな要因になっていることは、他の欧州諸国の最近の分析でも確認されている。

日本における雇用形態間の賃金格差の実証分析

日本については、雇用形態間の賃金格差を厳密に分析した研究例はまだわずかだ。労働政策研究・研修機構の浅尾裕氏は、厚生労働省「就業状態の多様化に関する実態総合調査」特別集計を使用し、男女、学歴、職業、年齢といった要因をコントロールした上で賃金格差を計測すると、比較すべき正社員のレベルを100とすると、契約社員で男性85・5、女性82・4、常用型派遣で男性93・5、女性89・6であることを示した[33]。

雇用形態間の賃金格差については、筆者も経済産業研究所においてリクルートワークス研究所の久米功一氏、千葉大学の佐野晋平氏、青山学院大学の安井健悟氏とRIETI「平成26年度正社員・非正社員の多様な働き方と意識に関する調査」を使い、共同研究を進めている。

この調査では、非正社員の中でも正社員に近い契約社員などと正社員の賃金格差は37%程度であるが、学歴、年齢、勤続年数、婚姻、子供数、居住地、勤務先産業、職務などを調整すると暫定的な結果ではあるが、残る格差は4分の1程度となり、1割を切ることが確認された[34]。

日本の場合、パート賃金格差のところでみた「職務分離」の問題がどの程度深刻かについては、さらなる詳細な分析が必要であろう[35]。しかし、こうした要因が仮に大きければ、政府が推進しようとしている同一労働同一賃金の実現ではパートタイム賃金格差縮小はおぼつかない。むしろ、後述するように、フルタイムで働いている場合、勤め先や職務を変えなくてもパートタイムで働けるようなオランダ型の柔軟な労働時間制度の導入がカギとなる。

均衡処遇のあり方――同一労働同一賃金は可能か

以上のような分析結果を踏まえて、処遇格差を改善するための、政策的なあり方を考えてみたい。まず、処遇格差の解決としては、同一労働同一賃金・均等処遇の必要性が議論されることが多い。しかしながら、職務給・産業別労働組合が一般であるヨーロッパと比較して、日本は職能給・企業別労働組合が中心であり、職務横断的な賃金体系が確立していない。したがって、制度面からみてヨーロッパに比べて同一労働同一賃金・均等処遇のハードルはより高いといえる。

ヨーロッパでさえ先にみたように合理的な理由で説明できない有期雇用賃金格差が存在することを考慮すると、日本において厳密な同一労働同一賃金・均等処遇を求めることは現実的ではない。より一般的には、賃金格差のみに注目するのではなく、賃金、福利厚生、仕事内容、働き方などをパッケージとして捉える必要がある。その場合、全体で見た処遇は均衡すべきという考え方（補償賃金仮説）が重要だ。

政策的に重要なのは、やみくもに、「同一労働同一賃金」を達成するのではなく、賃金格差が合理的な理由で説明できない状況、つまり、処遇全体でみてもバランスを逸しているような状況があればそれを改善していくことである。

その意味で、客観的な理由では説明できないような処遇の格差を出来る限り縮小させていこうとする均衡処遇の考え方は、重要である。もちろん、その場合でも、差別、客観的理由をあまり厳密に定義するのではなく、労使協議の中で柔軟的に取り扱うことも必要である。

一方、均衡の概念を大幅に逸脱するような格差は容認されるべきではない。客観的な理由を超えて極端な処遇格差を放置すると、使用者は必ず大きなペナルティを受けることで(「クレディブルな脅威」)、そうした差別が事前に抑制されるような法的な仕組みが検討されるべきであろう[36]。

雇用形態間の均衡処遇の包括的取り扱いに向けて

雇用形態間の処遇格差に対する今後の具体的な政策の方向性としては、以下の点が挙げられる。まず、第一に、労働契約法第20条およびパートタイム労働法8条では、有期契約労働者およびパートタイム労働者に対する不合理な労働条件・処遇の相違が禁止されているが、その内容が必ずしも明確にされていないという問題がある。このため、これらの規定の内容を、合理的な理由のない不利益な取り扱いの禁止とし、原則として処遇格差を禁止することを明らかにすることである。

第二は、処遇に格差がある場合にはその合理的な理由について使用者に説明責任を課すことを明確にすることである。

第三は、合理的な理由のない不利益取り扱い禁止原則を労働者派遣法にも定めるべく、法改正を行うことである。

第四は、政府が格差の合理的な理由等に関するガイドラインを策定し、労使による処遇改善に向けての取り組みを促すことである。格差の合理的理由として、職務内容、学歴・資格、勤続年数・経験、労働時間・配置、将来に向けた勤続可能性などを明示化することが、今後の論点となろう。

「期間比例の原則」への配慮

また、均衡処遇を実現していく中で契約期間の長さへの配慮を行うことは、有期労働者の納得感を確保する上で重要といえる。パートタイム賃金格差は初職の若年者には存在しないが、パートタイムの勤続年数が長くなると格差が顕著になることが、いくつかの国の研究で明らかになっている(37)。実際、EU有期労働指令では、こうした「期間比例の原則」が定められている。

有期雇用やパートタイム雇用であっても努力し能力を向上させながら期間を重ねて働き、組織に貢献することに対し、企業はそれに対して責任を持って評価することを明示的にコミットすることは、企業、労働者双方にとって教育訓練、能力開発へのインセンティブを高めることにつながる。

このように「期間比例の原則」への配慮が、賃金や教育・訓練を含めた雇用不安定と処遇格差の問題を一体的に解決する際のキーポイントになろう。

均衡処遇を支える雇用形態間の相互転換

オランダでは、第3章でもみたように、従業員10人以上の企業で1年以上雇用されている場合、労働者に自由に労働時間を短縮または延長する権利を与えている。使用者は原則としてその要求に同意しなければならず、時間当たり賃金は週労働時間を変更する以前と同水準に維持されることが決められている(38)。

労働者がこのような強い権利を持つ場合、使用者側はパートかフルタイムで（時間当たりでみた）賃金や処遇を変えるインセンティブは持たなくなる。一方の待遇を使用者に有利に設定しても労働者が別の雇用形態を自由に選べることができれば、その意味で裁定が働くためである。

このように、企業の均衡処遇を徹底させるインセンティブをいかに作るかという視点も重要であり、オランダ型の相互転換制度導入も検討するべきである。

3　低所得者対策にはならない最低賃金の引き上げ

2012年末に発足した第2次安倍政権は、デフレ脱却を経済政策の最重要目標に掲げ、大胆な金融、財政政策を矢継ぎ早に実施するとともに、2013年2月には、安倍総理は経済界との意見交換の場で労働者の賃金引き上げを要請した。デフレ脱却、円高是正により日本経済が成長の軌道に乗るためには、こうした動きが働く人の所得の増大につながる必要があるからだ。その後も、「経済の好循環実現に向けた政労使会議」などでもこうした政策要請は続き、春闘における賃上げ率も2014年以降、高まりがみられる。

こうした中で、政府が主体的に賃金引き上げを行う手段として注目されているのが、最低賃金である。最低賃金については、2007年以降、ワーキングプア対策、生活保護との逆転解消のため、引き上げが進められてきた。特に民主党政権では全国平均時給1000円が目標になった。第2次安倍政権になってからも、非正規労働者の賃金底上げの効果への期待から、最低賃金は全国加重平均ベースで、2013年15円上昇、14年16円上昇、15年18円上昇と、引き上げ幅は大きくなっている。「日本一億総活躍プラン」（2016年6月）においても、「最低賃金については、年率3％程度を目途として、名目GDP成長率にも配慮しつつ引き上げていく。これにより、全国加重平均が1000円となることを目指す」と謳われ、政府としてもかなり力を入れている。

一方、政策的な注目度とは裏腹に、分析対象としての最低賃金への関心は、これまで限定的であった。海外の研究成果についての紹介、日本における最低賃金に関わる経済分析の蓄積、最低賃金を巡る政策論議はいずれも十分とはいえない状況であった。そのため、政策決定に当たって、エビデンス（科学的証拠）に基づいた綿密な議論が必ずしも行われてこなかったのも事実である。

筆者は、大阪大学の大竹文雄氏、東京大学の川口大司氏らとともに、こうした状況を打破するため、RIETIでプロジェクトを組織し、内外の最低賃金に関する理論的、実証的な研究を包括的に紹介するとともに、近年の政策変化の影響を分析することが可能な、いくつかの異なる大規模なミクロ・パネルデータを使って、最低賃金に関する包括的な分析を行い、日本の最低賃金およびその政策のあり方について正面から政策提言を行った[39]。

本節では筆者を含めた上記のプロジェクトの研究成果を引用しつつ、最低賃金政策のあり方を考えてみたい[40]。

最低賃金引き上げの雇用への影響

最低賃金政策の是非で最も問題になるのは、雇用への影響だ。一般に完全競争的労働市場では、賃金が上がれば雇用は減る。一方、企業が労働市場で価格支配力を持つ買い手市場では、賃金水準、雇用量とも競争市場より低く設定されており、賃金を上げてもコストの増加を上回る売り上げの伸びが期待できる余地があるため、企業は雇用を増やす可能性がある。賃金上昇による労働者の意欲向上や訓練機会増により生産性が向上し、雇用が減らないケースも理論的に考えられる。

米カリフォルニア大学アーバイン校のディヴィッド・ニューマーク氏らは、米国を中心とした膨大な実証研究を調べた上で、最低賃金は未熟練の雇用を減少させ、最低賃金の変化に直接影響を受ける人々に限ればそのマイナス効果はより明確だと指摘した。雇用への正の効果を示す論文は両手で数えられる程度であり、数の面では負の影響を示す研究が圧倒的で、最も納得できる実証に限ればその傾向はより鮮明だと強調した[41]。

ニューマーク氏のサーベイ以降も、米国では新たな手法やデータを使って活発な研究が続けられている。米国では連邦レベル以外に州レベルでも最低賃金が設定されているが、州により異なる要因の影響を排除するため、より狭い地域である郡を単位に分析した研究も出始めた。

FRBエコノミスト、ジェフリー・トンプソン氏は、10代の雇用を対象に郡レベルの影響を分析した。全体でみれば影響は小さく明確ではないが、最低賃金の影響が強い郡では雇用への負の効果はかなり大きいことを指摘した[42]。一方、米マサチューセッツ州立大学のアランドラジット・デューブ氏らは、州の境界に隣接する郡を比較すると負の雇用効果はないことを示した[43]。このように、最低賃金の雇用への影響は依然論争が続いている。

最低賃金引き上げが引き起こす代替効果

しかし、単に雇用への負の効果の有無のみを巡って論争を続けることは、不毛であろう。なぜなら、完全競争を仮定したとしても最低賃金の上昇でさまざまなレベルで代替効果が起き、「勝者」と「敗者」が生まれるためである。

例えば最低賃金上昇は、最もスキルの低い労働者への需要を減少させる代わり、よりスキルの高い労働者の賃金は相対的に割安になるため、需要は増加すると考えられる（代替効果）。最低賃金労働者の割合の高い企業（主に中小企業）・産業は相対的に不利になる一方、高スキル労働者をより多く雇い、低スキル労働者も最低賃金より高い賃金で雇っている大企業・産業は相対的に有利になり、雇用を増やす可能性もある。米ファストフード産業のように低所得者の間に顧客が多い場合、賃金上昇が購買力を高め、雇用を拡大するルートも考えられる。

最低賃金引き上げの広範な影響への配慮

第2に、雇用への影響以外に所得再分配、企業の収益や価格、長期的には人的資本への影響まで考える必要がある。雇用への影響がみられない場合でも、労働者の生産性が上がらない限り、労働者の労働時間が減少するか、企業の収益が悪化する。企業がコスト増を価格に転嫁できれば、消費者が負担することになる。つまり、負担を誰かが担うわけで、決して「フリーランチ」（タダ飯）ではない。

興味深いのは、英国の例であろう。英国は最低賃金制度を1993年に廃止した後、99年に国レベルの制度を再導入した。雇用への影響も実証分析が積み重ねられてきたが、最低賃金の上昇が緩やかだったこともあり、「明確な影響はない」というのが研究者のほぼ共通認識となっている。[44]

一方、英ウォーリック大学のミルコ・ドラカ氏らは、英国で低賃金労働者を雇っている企業の収益率は他の企業に比べより減少していることを示した。[45] 英ロンドン大学ロイヤル・ホロウェイ校のジョナサン・ワーズワース氏は、最低賃金労働による消費者サービス価格の上昇は一般消費者物価上昇よりも高いことを示しており、逆に企業の収益や価格への影響は明確となっている。[46]

日本における最低賃金の実証分析

日本では最低賃金の影響の実証分析はどの程度進んでいるのだろうか。まず、はじめに、最低賃金引き上げの雇用への影響をみてみよう。大規模なミクロ・パネルデータを使い、最低賃金の影響を受けやすい労働者を対象にした国際水準の分析として、川口大司氏らの分析がある。彼らは2002年までのデータを使い、最低賃金上昇は10代男性、既婚中年女性の雇用に負の影響を与えることを示した。[47] ただし、最低賃金の伸びが高まったのは2007年からで、それ以降のデータを使った分析が望まれていた。

そこで川口氏らは、厚生労働省「賃金構造基本調査」、総務省「労働力調査」などの個票データを用いて、2006~10年までの県別パネルデータを構築し、07年の最低賃金法改正以降の最低賃金引き上げの労働者への影響を分析した。[48]

特に、最低賃金の影響を最も強く受ける10代男女労働者に焦点をあて、①賃金については、最低賃金の10%の上昇が下位分位の賃金率を2・8~3・9%引き上げること、②雇用については、最低賃金の10%の上昇は10代男女の就業率を5・25%ポイント減少させる効果があること、を示した。10代男女の平均就業率は17%であることと比較すると、これは約30%の雇用の減少効果であり、若年労働者に対する雇用減少効果は大きいといえる。このように最低賃金の影響を受けやすい労働者(10代若年)に限れば、最低賃金上昇の雇用への負の効果は明確である。

企業への影響

次は、最低賃金引き上げの企業への影響である。岡山大学の奥平寛子氏、東洋大学の滝澤美帆氏、大阪大学の大竹文雄氏と筆者は、最低賃金の引き上げと企業の負担との関係をみるために、大規模な事業所ベース(経済産業省「工業統計調査」)の個票データを用いて、各事業所の労働に関する限界生産物価値を推定し、その限界生産物価値と賃金率の乖離《かいり》である「ギャップ(=労働の限界生産物価値マイナス賃金率)」が最低賃金の変動によって、どのような影響を受けるかを検証した[49]。

分析の結果、①最低賃金が上昇した場合、企業は雇用量の削減か負のギャップの拡大という形で対応し、②負のギャップの拡大はその後、4年程度は持続していることが分かった。最低賃金の増額によって企業内部の資源配分の効率性が阻害されている点で、企業の負担は増加しているといえる。

また、経済産業研究所の森川正之氏は、企業パネルデータ(経済産業省「企業活動基本調査」)を用いた推計から、最低賃金が実質的に高い地域の企業ほど利益率が低くなる関係があり、この影響は平均賃金水準が低い企業ほど顕著である、産業別に分析すると、サービス業において最低賃金が企業収益に及ぼす影響が大きいことを示した[50]。

また、地域別の最低賃金水準の違いを、人口の多い大都市ほど生産性も賃金も高いという「集積の経済性」と地域別の物価水準から検証し、近年、物価水準の地域差を補正した実質最低賃金の格差は縮小しているが、人口密度の低い地域では最低賃金が相対的に割高となっていることを示した。これは、高めの最低賃金が経済活動の密度が低い地域の活力に負の影響を持つ可能性を示唆している。

以上を合わせると、最低賃金の企業収益への負の効果も明確であるといえる。

日本の最低賃金政策へのインプリケーション

これまでに積み重ねられてきた内外の研究の日本の最低賃金政策への含意は何だろうか。

第一に、最低賃金変動の影響を受けやすい労働者へ絞った分析は、ほぼ雇用へ負の効果を見いだしていることから、最低賃金上昇の影響を受けやすい層への配慮が必要であることだ。最低賃金上昇は「フリーランチ」ではなく、誰かが追加的な負担をしなければいけないという認識に立つべきであり、雇用への影響があまりみられない場合でも、その分、企業への負担は重くなっている場合もあることに留意すべきである。

このため、どのような立場の人・企業に負担がよりかかるのか、常にモニターする必要がある。その中で、最低賃金の引き上げを認める場合も、政策的には特定のグループが過度な負担を背負うことを極力回避し、労働者、企業、消費者が広く薄く負担を分担していくという発想も必要だ。

その意味からすれば、欧州諸国のように、年齢階層に分けて異なる最低賃金を適用する（若年の最低賃金の水準をより低くする）ことも検討に値しよう。日本では、他のＯＥＣＤ諸国に比べ最低賃金の平均的な所得に対する比率が低いことを根拠に大幅な引き上げの必要性を訴える議論がある。ただ、購買力平価で評価した実質賃金でみると、OECD諸国の中では中程度であり、慎重な議論が必要だ。

第二に、最低賃金を引き上げる場合でも、なるべく緩やかな引き上げに止めるべきである。アメリカ、イギリスで必ずしも雇用への負の影響を示さない実証分析が出てくる背景には、最低賃金の引き上げ幅が比較的緩やかであることも影響しているとみられる。

日本の場合、2007年の最低賃金引き上げから生活保護との逆転解消という目標が加わり、その引き上げ幅が大きくなった都道府県もある。しかし、ある程度の引き上げが必要な場合であったとしても、最低賃金がどの程度拘束的かを踏まえつつ、段階的に、かつ、できるだけモデレートな引き上げに止めることも、これまでの分析例から得られる重要な教訓である。

第三に、最低賃金制度への依存は労使関係の機能不全の象徴と考えると[51]、低賃金労働者の待遇改善を労使関係の中でいかに実現させていくかという方向の努力も必要である。

労働組合が最低賃金政策を支持するのは、よりスキルや所得の高い労働者で組織さている労働者が最低賃金上昇による代替効果でよりメリットを受けるためという側面が強い。最低賃金に依存する傾向は裏を返せば、非正規雇用である未熟練低所得労働者が、労働組合や労使関係の枠組みからすっぽり抜け落ちてしまっていることの表れともいえる。

第四に、政府が格差・貧困対策として考えるのであれば、最低賃金引き上げではなく給付付き税額控除などで対応する方が望ましい。最低賃金引き上げは比較的裕福な世帯主以外の労働者にも恩恵があるという意味で、貧困対策としては漏れがあるためである。

大竹氏は、最低賃金水準で働いている労働者の多くは、500万円以上の世帯所得がある世帯における世帯主以外の労働者であるため[52]、最低賃金引き上げは貧困対策としてはあまり有効でないことを強調している。その上で、深刻化する子どもの貧困に対応するためには、最低賃金引き上げよりも子どもにターゲットを絞った、給付付き税額控除や保育・食料・住居などの現物給付の充実が効果的と結論付けている[53]。

エビデンスに基づいた政策判断を行う専門組織の必要性

第五に、日本においても、イギリスの低賃金委員会のようなエビデンスに基づいて最低賃金に関わる政策判断を行うような専門組織を検討すべきである。

イギリスでは全国レベルでの最低賃金制度を導入する際に、最低賃金政策の提案を行う低賃金委員会を発足させ、調査・分析機能を大幅に強化した。

低賃金委員会は公労使9人で構成される政府諮問機関であり、毎年の最低賃金額の改定において、改定額や制度改正の提案を行っている。その前提として制度導入以降の雇用・所得などに対する影響の調査、分析、研究委託、低賃金業種の企業へのアンケート、ヒアリングなどを行うとともに、独立委員3人のうち2人は労働経済学か労使関係専門の学者であり、独立的な調査・研究を担う体制が整えられている。

一方、日本の中央最低賃金審議会は厚生労働相の諮問機関であり、各地域の最低賃金の引き上げ幅に関する目安を示すのが役割だ。審議会は労働者側委員、使用者側委員、公益委員で構成されているが、通常は労使双方の意見が一致せず、中立的な立場の公益委員の意見が目安に反映される場合が多い。イギリスのかつての賃金審議会のように実質的に労使の交渉の場であり、公益委員は調整役の側面が強く、独立的な立場から調査・研究を行うのは難しい状況である。

最低賃金政策が「エビデンス（科学的証拠）に基づいた政策」へ転換するためには、中央最低賃金審議会においてもこうした視点からの組織見直しが検討されるべきであろう。

また、福岡大学の玉田桂子氏らは、中央最低賃金審議会が示す最低賃金の目安額、各都道府県の地方最低賃金審議会が決定する引き上げ額の決定要因について分析を行い、引き上げ額は、地域別の消費支出額、賃金上昇率などは影響を受けないが、目安額におおむね従っていることを明らかにした(54)。

これは、地域別最低賃金は地方最低賃金審議会で決定されているが、目安額に引きずられ、必ずしも地方の状況を反映した引き上げ額が決定されていない可能性を示唆している。中央最低賃金審議会のみならず、地方最低賃金審議会の活性化も求められているといえよう。

第6章 「入口」と「出口」の整備
――よりよいマッチングを実現する

本章では、労働・雇用にまつわる「入口」「出口」に着目してみたい。具体的には職業人生（キャリア）の「入口」「出口」と個々の企業・職場における雇用の「入口」「出口」を分けて考えてみよう。

まず、職業人生の「入口」と「出口」を定義しよう。職業人生の「入口」は、学卒からの就職するプロセスを指す。学校から職場への移行（transition from school to work）に着目しているともいえる。一方、「出口」については、年齢等の事情で引退するプロセスと考えたい。日本の場合は、後で詳しく述べるように、無限定正社員システムの中で、「入口」では新卒一括採用、「出口」では定年制という特徴を持つ。

一方、雇用の「入口」と「出口」については、「入口」は新たな職を見つけ、雇用されるプロセス、「出口」は現在の職を辞する（退職する）プロセスと定義しよう。

ここで留意すべき点としては、「入口」と「出口」は相互に補完し合うため、そのプロセスは一体的に考える必要があることだ。

例えば、「入口」における転職が容易であれば、「出口」における退職も容易となる。また、「入口」における労働条件明示がしっかりしていれば、「出口」における雇用終了も紛争になりにくく、納得感が高いであろう。さらに、「出口」における転職者の機会が高まれば、「入口」の中途採用の機会も拡大するといった具合である。

第1節では、雇用システム、キャリアの出口に着目し、国際比較を通じて、新卒一括採用、定年制をレビューして、改革の方向性を示す。第2節では、雇用の「入口」の整備について検討する。ここでは、情報をキーワードにしながら、企業の情報開示、個々の契約の中での情報の明示（労働条件明示）、ICTの活用について述べる。第3節では、雇用の「出口」でも特に雇用終了の問題に焦点を当てる。

1　新卒一括採用――キャリアの「入口」をどう見直すか

日本の採用システムをみると、新卒者を4月に一括まとめて採用し、中途採用はあまり行わないという、新卒一括採用という特徴がある。このため、就職活動は卒業までに行われるが、企業の採用選考活動も大企業を中心にある期間に集中して行われてきた。ここでは、そうした特徴を、国際比較、歴史的な観点からまず確認してみよう。

学校から職場への移行の国際比較——日本と諸外国との差異は何か

まず、リクルートワークスの2013年の報告書[1]から卒業後の進路を決めた時期を国際比較してみると、大学卒業前に進路を決めた割合は、日本82・2％、アメリカ79・1％、韓国77・2％と大きな違いがあるわけではない。

しかし、大学後期に決めた割合は日本は66・3％と、アメリカ21・1％、韓国43・5％と比べ圧倒的に高い。アメリカではむしろ大学前期に進路が決まる方が33・1％とむしろ高いくらいで、時期の分散化が図られていることがわかる。また、大学卒業後すぐ就職をするかどうかをみた即就職率は日本が85・0％と、アメリカ45・9％、韓国48・4％と比べやはりかなり高いことがわかる。

日本労働研究機構（現、労働政策研究・研修機構）の日欧比較調査（1998～99年実施[2]）をみると、卒業前から就職活動をしたのが日本では9割近いが、欧州諸国（11カ国平均）では4割弱であった。就職活動の方法は、求人情報誌等が日本、欧州とも7割程度を占めているが、欧州諸国は求人があるかどうか知らずに会社と接触したが5割超（日本1割程度）、在学中に仕事をして関係を作ったが2割程度（同3％程度）と大きな差になっている。また、卒業4カ月目までの状況をみると、日本は6割程度が正社員（期間に定めのないフルタイム）になっているが、欧州諸国では1割程度だ。

このように、卒業前の短い時期に就職・採用活動が一斉に行われるという新卒一括採用の仕組みが、日本では諸外国に比べても顕著であることがわかる。

新卒一括採用の歴史的な検討

次に、日本の新卒一括採用の歴史的経緯をみてみよう[3]。

労働者の採用・募集については、明治時代から第一次世界大戦頃までは工場にとって必要な労働力をその都度縁故を通じて雇い入れることが通常であり、見習い工の場合も募集年齢や募集時期はまちまちであった。第一次世界大戦以後、大企業は、企業を渡り歩く渡り職工の活用から、企業内で養成した子飼いの養成工を中心にした労務管理へ転換するようになる。その結果、高等小学校を卒業した年の4月に14歳程度で採用される仕組みが生まれた。

戦後は、中卒者に対しては職安と学校が密接に連携し、1人1社主義で卒業前に内定を取り付け、卒業と同時に4月に就職するというメカニズムが生まれた。1960年代以降は高卒者に対して、中学のように職安はかかわらないものの、高校と地元企業が継続的な信頼関係を結び、やはり、学校推薦の1人1社制が守られる中で、学校経由の間断のない就職システムが確立していった。

一方、90年代以降は、大卒者の増加、新規高卒者への求人の激減から、こうした安定的な新規高卒採用システムも維持できなくなった。経済の低迷が長く続く中で新規学卒者の市場も縮小し、就職氷河期とも呼ばれるようになり、採用も学校の関わりが薄れ、自由市場に近い形になっていった。

大学の新卒一括採用の歴史をさかのぼってみると、明治時代、1879年に三菱が大卒者の定期採用を始めたのが起源といわれている[4]。1920年頃には職工と同様に新卒一括採用が定着し始めた。また、28年には三井、三菱、第一などが中心となって「入社試験は卒業後に行う」ことを決め、就職協定の起源とされている。

戦後は朝鮮戦争の特需で定期採用が復活していく。それでも、大学からの推薦などが60年代までは多かったが、70年代以降は、就職情報産業の勃興などもあり、学生の会社訪問などによる自由市場が拡大していくこととなった。

新卒一括採用と無限定正社員システムの制度的補完性

こうした新卒一括採用システムは、これまで論じてきた無限定正社員システムと密接な補完関係(制度的補完性)を持つ。特に、大企業の場合は、入社時に特定のスキルが要求されるわけではなく、入社後、さまざまな仕事や部署を経験することでスキル・アップする。

このため、採用に当たっては、新卒で一括採用することが望ましくなる。就職ではなく就社して、その企業のメンバーシップにどっぷりつかることになると、色がついていないうちに自分の企業のカラーに合った、潜在的能力の高い、つまり、地頭の良く、適応能力の高い人材をいかに採用するかがポイントになってくる。

こうした潜在能力の高さを重視すれば、特に、大卒文系の場合、大学で何を学んだのかはあまり問われなくなってしまう。先にみた日欧比較調査でも、職業で必要とされる能力では、日本の1位が「仕事への適応能力」、欧州の1位が「独力で仕事ができる能力」となっている。

日本では無限定正社員としてなんでもこなせる力が求められている一方、ジョブ型が定着している欧州では最初から一人前に個々の職務を遂行できるかが問われているといえる。

また、同調査で大学で獲得した知識・技能の活用度をみると(男性のみ対象)、「頻繁に使っている」「かなり使っている」を合わせて、日本は2～3割、欧州諸国では4～5割と日本の方が低い。職業の満足度をみると、「とても満足している」「やや満足している」を合わせると日本は4～5割と欧州諸国の同6～7割に比較しても小さくなっている。

大学で取得した知識等の活用が低いことと職業の満足度が低いことは、なんらかの関係があるかもしれない。

新卒一括採用制度の評価

新卒一括採用はどう評価できるであろうか。まず、メリットから考えてみたい。

第一は、無限定正社員の採用ということで、特定のジョブ・スキルを仮定しないことだ。このため、新卒者は職を見つける、得るための壁が低くなっている。

第二は、就職活動が同時期に集中的に行われる、つまり、同期化のために学生、企業双方にとって効率性が高まると考えられる。具体的には、企業・学生のサーチ・コストの低下であり、同期化が双方のマッチングの効率性を高めているといえる。同期化は双方の情報の活用という点でも優れている。こうした特徴は、日本が欧米に比して若年の失業率が低いことに大きく貢献していると評価できよう。

採用選考活動の開始時期を定めた経団連の憲章・指針は、対象企業の範囲が限られ、また、拘束力が必ずしも強いものではないが、就職・採用活動の同期化のために必要ななんらかの「号令」「目安」といった役割を果たしてきたといえる。

一方、こうした採用活動の開始時期を揃えることは、表向きには学業に影響の出るような「青田買い」を避けることが、その目的としてしばしば強調される。しかし、この種の取決めは、ある種、秩序を重んじ、競争を回避するための大企業同士のカルテルという面は否めない。また、大企業と中堅中小企業との序列を前提とした上で成り立っていることは、明らかだ。

新卒一括採用システムの見直しの視点

それでは、新卒一括採用をどのように見直すべきか。新卒一括採用システムは無限定正社員システム、日本の教育システムと密接な制度補完性を持つだけに一気に変えることは難しい。また、これまで果たしてきた若年雇用への好影響も忘れてはいけない。したがって、多様な働き方改革の一部として見直しを図っていくことが必要だ。

第一は、採用ルートの多様化である。これまで採用ルートの多様化は、春季一括採用を逃した学生への救済措置という趣旨が強かったが、働き方の多様化という視点から、通年採用、秋季採用の積極的導入を図るべきであろう。また、ジョブ型正社員が更に普及していく中で、中途採用やジョブ型採用の割合も上昇していくことが期待される。

経団連の新卒採用選考活動開始時期については、従来の4月から2015年には8月、16年から6月と目まぐるしく変化し、混乱を招いたのは事実だ。大学生の学業に影響を与えないということであれば、3年生から4年生に進級する際の春休みが集中的に活用されるべきだ。

その意味では、開始時期は従来の4月に戻すべきであり、また、更に1カ月早い3月も、前年に内定がとれなかった学生も卒業前に参加できるという意味で検討の余地がある。(5)

また、段階を追って新卒採用選考活動開始時期を定めた経団連の採用方針は廃止すべきと考えられる。

採用活動の開始時期の取決めを継続する理由として、採用活動の過熱化、学生を早期に確保する「青田買い」の蔓延、及びそれらの学業への影響の懸念がしばしば指摘される。しかしながら、特に、採用活動時期と大学の学期が重なれば、いずれにせよ学業に影響を与えるのは必至であり、「青田買い」というタイミングが大学にとって問題となるわけではない。就職先が決まれば大学生が勉強しないのであれば、それは大学側の教育のあり方に問題があるといえる。

企業、学生双方にとってインターンシップの魅力を高めるために

インターンシップは、大学・大学生にとってキャリア教育や職業意識育成の観点から重要なものであり、企業側からも自社への理解や魅力発信にとっても有意義と考えられるが、学生と企業のマッチング向上においても重要であることは言うまでもない。

しかし、現状、インターンシップが実質的な採用活動にならないよう、政府の「インターンシップの推進に当たっての基本的考え方」で、経団連の新卒採用選考活動開始時期より前にはインターンシップで得られた学生情報を採用選考活動に使用できないとされている。こうした制約は、採用活動開始時期に制約のない中堅中小企業も対象としており、制度的な矛盾が生じている。

まずは、こうした制約を中堅中小企業に対しては取り外すべきである。さらに、大企業に対しても、規制改革会議の答申（2016年5月）にも示されているように、インターンシップへの不参加が今

後の採用選考上の不利益にならないことを明示することを前提に、学生が希望する場合には、企業がインターンシップで得られた情報を使用できるようにするべきだ。

また、選考活動に先だつ広報活動よりも前のインターンシップについては、ワンデー・インターンのような選考活動と紛らわしい活動とは区別するために、5日以上の期間をもって実施することを経団連の指針では求められている。しかし、夏季休暇以外の学期中に実施される場合、期間が長いだけに学業への影響は深刻である。こうしたインターンシップは夏季休暇に限定するか、期間の制約を弱めることを検討すべきであろう。

2 定年制——キャリアの「出口」をどう見直すか

次に、キャリアの「出口」である定年制を考えてみよう。

日本の定年制を巡る現状と歴史的な制度変化

日本の定年制は明治時代の後期には一部の大企業で成立し、大正初期から昭和初期にかけて広がっていった。[6] 1933年の内務省調査では調査した336の工場の41・6%で定年制が実施されており、うち、年齢が50歳が57・3%、55歳が34・0%を占めていた。[7] 制度的に定年制が確立したといわれるのは、1936年に制定された退職積立金及退職手当法からである。退職金の支払いが義務化されるとともに、定年退職が自己都合退職ではないとされた。過剰雇用を解雇という形をとらずに解消するために定年制が使用者側にとって必要とされた、終戦直後の経緯も忘れてはならない。

1944年に設立された厚生年金は54年に改正され、支給開始年齢が55歳から60歳に段階的に引き上げられることになった。74年に支給開始年齢が60歳になる中で、民間大企業を中心に55歳定年制から60歳定年制に移行していった。

こうした中で定年制を法制度として立法化したのが、86年の高年齢者雇用安定法である。ここで、60歳以上の定年の努力義務が規定され、94年改正で60歳未満定年禁止が定められ、98年4月から全面施行となり、60歳定年制が完全に法制化されることになった。

一方、年金は1994年改正で被用者の基礎年金の支給開始年齢を、男子は2001年から13年まで（女子は2006～18年）段階的に65歳まで引き上げるとともに、2000年改正では厚生年金の報酬比例部分を男子は2013～25年（女子は2018～30年）まで段階的に65歳まで引き上げることが決まった。

そのため、65歳まで働けることを制度化する必要がでてきた。しかし、ここで一貫してとられた政策は、定年制を65歳まで延長するのではなく、定年制の存在を前提としつつ、それを超えて高齢者の継続雇用を促していく方策、つまり65歳までの継続雇用制度の導入であった。

継続雇用とは、通常、定年を機会に新たに期間の定めのある継続雇用契約を結び、これまでとは異なる職務・配置となり、処遇も大きく引き下げられるケースも多い（定年前の4割程度）。

高年齢者雇用安定法の1994年改正では、65歳までの継続雇用制度の努力義務と行政措置が設けられ、2000年改正では（65歳への）定年年齢引き上げ、定年制廃止を含む65歳までの雇用確保措置の努力義務化、04年改正、12年改正ではこうした雇用確保措置の義務化が図られた。つまり、定年年齢の引き上げ、継続雇用制度の導入、定年制廃止のいずれかを選択せねばならなくなったのである。

特に、2012年の改正では、継続雇用制度の対象者を労使協定で定める基準で限定できる制度を廃止し、継続雇用を希望する労働者全員を継続雇用することを義務付けるとともに、企業グループ内(50%以上議決権を持つ子会社、20%以上の議決権を持つ関連会社等)で広く継続雇用を制度化することを可能にした(2013年4月施行)。

日本の定年制の特徴

このようにみると、日本の定年制の仕組みは、①法制度により明確に定められていること、②年金制度の変化、つまり、支給開始年齢の引き上げに密接に対応しながら制度が変化してきたこと、③年金の支給開始年齢引き上げに対しては定年制の延長・廃止ではなく、継続雇用という手法がとられていること、が挙げられる。

なぜ、このような特徴が見いだされるのか。それは定年制がやはりこれまでみてきた無限定正社員システム、後払い式賃金システムとの制度補完性を持っていることが大きい。

後払い傾向の強い賃金システムの場合、どこかで雇用関係に区切りをつけないと企業は採算がとれなくなるため、企業側から定年制度が要請されることになる。定年制は定年を越えて同一企業に嘱託などとして勤め続けることがあったとしても、これまでの無限定正社員システム、メンバーシップ制からは排除されることを意味する。

また、定年で雇用が終了することが事前に合意されていることは、裏を返せば、定年まではよほどのことのない限り解雇はしないという暗黙の了解を生み、長期雇用を支えていたといえる。このように、従来の日本的な雇用システムを維持していくためのいわば必須の仕組みであったといえよう。

一方、後払い賃金システムと定年制が密接に関係している場合、定年年齢を引き上げることは非常に難しくなる。これは若年期からの賃金システムを抜本的に変える必要があるためだ。

高齢化に対応するためには、年金の支給開始年齢を引き上げる必要がでてくる。しかし、定年年齢の引き上げは簡単ではないし、それを企業任せにすれば、年金との接続で空白期が生じてしまう。これを避けるためには、定年制度を含め高齢者の雇用確保措置については法的な義務化が必ず必要となってくる。

そこで出てきた苦肉の策が、60歳定年制は維持したまま、一度それまでの無期雇用契約をご破算にして、新たな契約（単年度契約）を結び直し、賃金水準も大幅に低下させるという継続雇用制度だったのである。

継続雇用制度の問題点

しかし、ここで問題になるのは、定年前の職務内容が変わらないのに、継続雇用制度の名の下に有期雇用契約を結び、基本給に大きな差異を設けることは、「不合理な労働条件の相違」として違法・無効になる可能性があることだ。実際、最近ではそうした裁判例も出てきている(8)。

したがって、労働条件の相違を明確にするならば、これまでとは全く異なる職務内容で高齢者を配置することが求められる。しかし、そうなれば、これまでの職務やキャリアで養ってきた能力や経験を活かすことが逆に難しくなってしまう。

高齢者が定年まで勤めてきた職場から離れる場合はともかく、同じ会社で働き続ける場合は、心情的な面を考慮しても、無理やり職務を変えて賃下げすることで高齢者が生き生き働けるとは到底思えない。それでは、継続雇用が文字通り年金支給までの食いつなぎの場にしかなっていないといっても過言ではない。また、企業にとっても人材ミスマッチ、働き手のモティベーション低下による損失は大きいであろう。

また、65歳までの継続雇用の努力義務を規定した1994年改正と同時に、雇用保険法に高年齢雇用継続給付が設けられ、60歳以降の継続雇用による賃金引下げの相当の部分を補塡するという政策が導入された。しかし、2012年に義務化され、当初の導入促進という目的を達したにもかかわらず、制度として存続している(9)。このように、65歳までの継続雇用は、ある意味で従来型雇用システムの矛盾の縮図ともなっているのである。

定年制の国際比較

それでは、諸外国の定年制はどうなっているのだろうか。まず、特筆すべきは、英語圏諸国、アメリカ、イギリス、オーストラリア、ニュージーランドでは、定年制は年齢を理由とする差別行為の観点から禁止されていることだ。

例えば、アメリカでは１９６７年に成立した「雇用における年齢差別禁止法」で40歳以上における雇用に関わる年齢を理由にする事業主の差別行為を禁止し、当初その年齢の上限は65歳であったが、78年改正で70歳となり、実質的には定年制が困難となったが、86年改正でその上限も撤廃され、いかなる年齢でも定年制が禁止されることとなった。

ＥＵでは、２０００年に一般均等指令が採択され、年齢を含め直接、間接の差別は禁止され、加盟国は06年までに指令を国内法に取り入れ、すべての加盟国で年齢差別が禁止されている。ただし、退職年齢を規定する国内規定を妨げないとなっており、定年制が強制的に禁止されているわけではない一方、定年制が法律で明確に規定されているわけでもない。例えば、ドイツなどでは年齢を理由とする解雇は違法とされている。

また、もともと、欧州諸国の場合、高齢者の就業意欲は低いという違いがあるし、若年者の高失業への対応のため過去、早期引退が政策的に促進されたという事情もある。

高齢者男子の労働力率を国際比較すると（２０１３年）、日本は60～64歳76・０％、65歳以上29・４％とアメリカの同60・５％、23・５％、ドイツ同61・７％、７・７％、フランスの同26・４％、３・１％を大きく上回っている[10]。また、内閣府の国際的なアンケート調査（２０１０年）でも男性にとって引退すべき年齢として70歳くらいが33・０％を占め、その割合は他の諸国（アメリカ16・５％、ドイツ３・２％など）に比べて圧倒的に高い[11]。

つまり、現在の定年制や年金制度で規定されている年齢を越えて働きたいという意欲をみても、日本は際立って高いことがわかる。

また、賃金システムをみても、正社員では40代以上は日本のように賃金が上がらないので、企業側からある時点で強制的に退職させる必要はない。本人が健康で働く意欲さえあれば、むしろ若者よりもスキル・経験のある高齢者の雇用を継続することは企業にとっても理にかなっている。したがって、欧州諸国の場合、年金支給開始年齢が制度的には引退年齢を規定しているといえる。

定年制を廃止したイギリスの事情

イギリスも2011年10月から定年制が完全に廃止された[12]。ただ、事情はやや複雑である。2000年のEU指令に対する国内法の対応として06年に雇用における年齢差別を禁止する際に、使用者への配慮から使用者が65歳到達を理由として解雇してもそれは差別解雇や不公正解雇には当たらないとした。つまり、法定定年である65歳における解雇を許容するという意味での定年制を導入したのだ。

したがってイギリスの場合、定年で自動的に雇用関係が終了するのではなく、例外的に雇用関係を終了できることがポイントだ。しかし、これまでも年金支給開始年齢＝引退時期と認識されてきて、今回も年金支給開始年齢引き上げと定年制導入がセットであったこともあり、定年制導入は実体的にはあまり影響はなく、むしろ、引退時期は労使双方の対話にまかすべきという考え方が、定年制廃止の背景にあったようだ。

年金の支給開始年齢引き上げは、高齢化への対応が必要な先進国にとって年金財政を持続可能なものにするために不可避である。一方、早く退職をしたいという高齢者が反対するなど、当然、政治的抵抗も強い。しかし、定年制も変えなければならない日本と欧州とは事情が少し違うことに留意すべきだ。日本では、逆に、定年制が法律で定められているからこそ、年金の支給開始年齢引き上げが妨げられているともいえる。

定年制改革の方向性

それでは今後、定年制をどのように改革していくべきであろうか。まず、現在の65歳までの継続雇用制度は、将来に向けて維持可能な制度ではない。

第一に、定年の前後で本人の働く意欲やスキルなどはまったく変わっていないのに職務、待遇などが大きく変わることは、働き手側からすれば適応は容易ではないし、モティベーションを大きく落とすことになり、そうなれば労使双方にとってデメリットになりかねない。

第二は、年金の支給開始年齢を将来的に、例えば、67～70歳に引き上げるような場合、有期雇用通算5年の場合の無期雇用転換制度も改正が必要になってくる。引退までの7～10年を有期雇用契約で対応するのも無理があると考えられる。つまり、年金の支給開始年齢の引き上げが、継続雇用制度という弥縫策によって阻止されてしまう可能性があるのだ。

したがって、必要なのは、後払い方式の賃金システムの見直しである。中高年層の賃金カーブをなだらかにすることにより、60歳定年よりも以前に賃金と生産性が概ね釣り合うような調整を終えている必要がある。

具体的には、第2章で論じたようにジョブ型正社員がデフォルトになることで、正社員の大半はキャリアの途中でジョブ型に転換することでこうした賃金システムが構築されるであろう。それが可能になれば、高齢者の意欲さえあれば、同じ職場で働き続けることは企業の立場からも採算がとれ、許容できることになる。

こうなれば、強制的な雇用終了である定年制を法的な義務として維持しなければならない理由もなくなってくる。一つの方向性として、定年制廃止が課題として浮かんでくるだろう。

一方、賃金システム改革、ジョブ型正社員推進のための「劇薬」として、定年制廃止を先に推進するという奇策もあるかもしれない。ただし、その場合は、定年制廃止の名目を慎重に考える必要があろう。

一つの案はアメリカ、EUと同様に年齢差別禁止という「錦の御旗」を立てることだ。日本の場合は、雇用における差別の問題についてこれまであまりにも無頓着過ぎたと考えられる。年齢差別禁止に向けた定年制廃止は、雇用システムを大きく変える推進力を秘めているといえる。

働く意欲の強い高齢者がより生き生きと働くことができて初めて、年金支給開始年齢を引き上げることができる。その前提として、第4章で論じ、また、第8章で社会保障制度の観点から検討する健康確保が重要である。

3 働き手と企業の情報・認識ギャップの縮小を目指して
——雇用の「入口」の整備、労働条件明示と働き方の情報開示

多様な働き方を実現するという観点からは、雇用の「入口」において働き手が自分の望む働き方が選択できるか十分な情報を得られることが重要となってきた。第3節では、特に労働契約における労

働条件明示と企業側からの働き方に関わる情報開示について検討したい。

まず、こうした対応がなぜ特に重要となっているかについて考えてみたい。従来型の無限定正社員システム、メンバーシップ制の下では、雇用契約における労働条件明示、企業側からの情報開示はそもそもあまり留意されることはなかったといえる。

なぜなら、無限定正社員の場合、将来の職務、勤務地等は変わる可能性があるため、事前に細かに労働条件明示をすることはそもそも難しいという背景があったためである。厳密に明示しにくいという意味で、不完備契約の色彩が強かったといえる。

しかし、事前の労働条件明示があいまいであれば、当然、労使双方がそれを機会主義的に利用するような可能性も考えられる。しかし、そういう可能性が実際に排除されてきた理由としては、長期雇用を前提とした労使双方の信頼関係の下で処遇が決まってきたことが大きい。「真面目に頑張れば悪いようにはしない」という信念が共有され、長期的にみた貸し借り関係がうまく働いていたといえる。また、それは、使用者側の強い裁量権と企業別労働組合の力の拮抗によっても補強されていた。

一方、欧米諸国では、職務によって処遇が決まるジョブ型が基本であり、個々の契約における労働条件明示をより重視している。しかし企業の働き方についての情報開示が進んでいるわけではない。個々のポストで雇用契約を結ぶので、働き方の情報はそこで十分明示されており、企業全体として働き方の情報を開示する必要はないという立場であろう。

なぜ労働条件明示の強化、企業からの働き方の情報開示が求められるようになったか

一方、日本において、これまでよりも労働条件明示の強化、企業からの働き方の情報開示が求められるようになった背景として、以下のような環境変化が挙げられる。

まず、第一は、解雇を含む労働紛争の未然防止の必要性が増大しているためだ。かつての安定的高成長時代には、「悪いようにはしない」という約束は守りやすかったであろう。しかし、技術革新などの環境変化のスピードが速くなると、労働紛争も起きやすくなる。その際、雇用契約時に労働条件がどこまで明確にされて双方が正しく理解、納得できていたかどうかが重要となる。

第二は、ジョブ型正社員の普及のためである。第2章でみたように、従来の無限定正社員と必ずしも異なった取り扱いをしていないことが、逆にジョブ型の普及を妨げている面がある。その意味で、当初の契約で働き方、職務、勤務地、労働時間などについて限定があるかどうかを明示することが重要である。

第三は、多様な働き方への需要が高まり、多様な働き方改革の一環からの要請である。多様な働き方を選択する際には、やはり契約でそれが具体的にどのような働き方か、また、処遇はどうなるのか無限定正社員の場合よりもきめ細かく確認する必要がある。

その意味で、労働条件の明示は重要であるのだが、無限定正社員中心のシステムから多様な働き方ができる社会を目指すためには、それだけでは不十分である。

例えば、現在の職場では自分の望む働き方ができない場合、転職して、希望する働き方ができる企業を探す必要がある。新卒で初職の場合も同様だ。

そうなると、求職活動の段階で、個別企業の働き方の情報を得ることがどうしても必要となってくる。その意味で、ジョブ型がデフォルトとなるような正社員システムへ移行する過渡期だからこそ必要ともいえる。

第四は、使用者の強い裁量権が維持される中での労働組合の衰退と信頼関係の弱まりが挙げられる。1990年代以降、日本的雇用システムが変容する中で、企業と従業員の関係も変化してきた。その端的な例が、信頼関係であろう。

企業については、様々な利害関係者、つまり、株主、債権者、取引先、顧客、従業員などの取引関係（それは契約という形で表される）がまとまったもの、つまり、「契約の束」であるという考え方がある。

しかし、契約といっても書面での厳密なものではなく、口約束を含め暗黙的なものもあるであろう。つきつめていけば、契約の根っこにあるのは信頼関係であるはずだ。したがって、企業を、多数の信頼関係がより合わさった「信頼の束」と考えることもできる。

一橋大学の守島基博氏は、こうした考え方に基づき過去20年間程度の日本の企業（特に大企業）の大きな変化として企業と従業員の信頼関係の弱まりを指摘している[13]。具体的には後払い式（いわゆる年功型の）賃金の弱まり、成果主義の導入、非正規雇用（有期雇用）の活用、コンプライアンスの強化などである。

一見、関係なさそうなこうした現象も「信頼関係の低下」「約束の反古」「性善説から性悪説へ」（まずは疑ってかかる）という目でみると、それぞれが見事に連関し、つながることがわかる。

別の言葉でいえば、日本的雇用システムの中で長期雇用自体が弱まっているわけではないが、労使双方の長期的なコミットメントは確実に弱まってきているということである。こう考えると、企業の最も根幹的なところで揺らぎは生じているといっても過言ではない。

こうした中で使用者の強い裁量権の部分だけを「いいとこどり」したものが、いわゆるブラック企業ということができる。したがって、ブラック企業問題への対応という意味でも、労働条件明示、企業の情報開示は重要と言える。

雇用契約を結ぶ労働者個人に対する情報開示と企業全体の働き方の情報開示は、分けて考えるべきである。前者は労働条件明示である。労働条件明示については何が課題であろうか。第一は、ジョブ型正社員の普及の一環の視点である。これは既に第2章で論じた。第二は、紛争の未然防止の観点である。これは次の第4節で検討したい。

企業全体で働き方の情報を開示しなければならない理由とは

一方、企業全体で働き方の情報を開示しなければならない理由はなんであろうか。先にも述べたように、欧米諸国のようにジョブ型が正社員の基本であれば、必ずしも必要はないかもしれない。日本のように雇用システムの移行期にあって、無限定正社員システム、メンバーシップ制も残る中でブラック企業が増加してきていることを考えると、働き方の開示が必要となってくるといえよう。

多様な働き方への需要が高まる中で、事前に自分が希望する働き方が選択できるかどうか働き方について十分な情報が提供されることが、より良いマッチングを高めるために、重要になってくる。

企業の働き方情報開示の現状

それでは働き方に関する情報開示の仕組みは、現状、どうなっているのであろうか。大きく分けて、インセンティブ付与と強制によるアプローチがある。

まず、インセンティブ付与は、次世代育成支援対策推進法による情報開示である。この法により、常時雇用する労働者が101人以上の企業では、仕事と子育ての両立を図るための目標や取り組み内容を盛り込んだ事業主計画を策定・届出をしなければならない。実施、目標の達成が行われ、一定の規準をみたす場合には、厚生労働省が「くるみん」の認定（2015年度末2484社）、より高い基準をみたす場合には「プラチナくるみん」の認定（同79社）をし、公表されている。

特に、後者においては、男性労働者の育児休業取得の状況や就学前の子供のための短時間勤務制度の措置内容などを年に一度、公表しなければならないことになっている。しかし、これは取り組みが進んでいる企業を評価し、情報を開示するもので当然、より強制的な情報開示が必要だ。

その意味では、現在、若者、女性の活躍の観点から情報開示の制度が存在している。

まず、若者雇用促進法では、①募集・採用に関する状況（過去3年間の新卒採用者数・離職者数、平均勤続年数など）、②職業能力の開発・向上に関する状況（研修の有無及び内容、自己啓発支援の有無及び内容など）、③雇用管理に関する状況（前年度の月平均所定外労働時間の実績、前年度の育児休業取得対象者数・取得者数（男女別）など）について幅広い情報提供を行うことを求めているが、努力義務に止まっている。一方、新規学卒者の応募者からの求めがあった場合は、上記①〜③の3類型から1つ以上の情報開示を義務化されている。

また、女性活躍推進法では、301人以上の企業について女性活躍のための行動計画の策定・届出・公表が義務付けられているだけでなく、女性活躍に関する情報公表も義務付けられている。具体的には、採用者に占める女性比率、勤続年数の男女差、労働時間の状況、管理職に占める女性比率など14項目の中から1つを選び、公表しなければ（概ね年1回）ならない。

企業の働き方情報開示の課題と求められる対応

上記の現状の情報開示の仕組みは、どのように評価できるであろうか。

まず、第一に、両立支援、若者雇用、女性活躍といったいくつかの限定された観点からアプローチしているため、異なる制度が林立し、わかりにくいことが挙げられる。例えば、制度ごとの努力義務、義務の区別なども複雑であるし、それぞれの情報開示の内容で重なる部分もある。

第二は、義務化されている情報開示がかなり限定的になっていることだ。例えば、若者雇用促進法では義務化されているのは応募者が求める場合のみであり、不特定多数への情報開示は努力義務に止まっている。しかも、自分が知りたい指標について情報を開示してもらえるわけではない。女性活躍推進法でも、上記でみたように1項目のみの情報開示義務はあまりにも少なすぎる。

また、こうした情報開示が必要なのは、特定の目的、働き手に限ったことではない。女性だけでなく男性が生き生きと働くためにも情報開示は不可欠であり、それは新規学卒者のみに限るべきではない。転職者にとっても有用であるはずであるからだ。

したがって、既存の制度を整理、合理化した上で、もっと働き手全体に広げた制度にするべきである。これまで義務化された情報開示が非常に狭い範囲に止まっていたのは、企業側の反発が強かったためであるが、むやみに義務化するのではなく、企業が情報開示を行うメリットを十分理解し、実感できるような制度設計が重要だ。

女性活躍推進、若者雇用促進、子育て支援といった分野で情報開示が要請された項目を包括的に整理し、特定の分野に限らず各企業の職場情報を確認できる共通のデータベースを整備し、積極的な活用、企業の自主的な情報開示を促進していくべきである(14)。

より良いマッチングを実現していくためのICT活用——オンライン・ジョブサーチは効果があるか

以上のような企業の働き方情報開示は、働き手と企業のマッチングを高めるために欠くことのできない方策であるが、並行して職探しの効率性を高めていくことも重要だ。

第3節を締めくくるに当たり、インターネットを使ったオンラインの職探し（オンライン・ジョブサーチ）がどの程度効果を上げているか、主に海外の事例を紹介してみたい。

まず、アメリカについてみると、失業者でインターネットを使って職探しをした人の割合は1998～2000年の24・2%から2008～09年には74・3%と3倍も拡大している(15)。アメリカでは、オンライン・ジョブサーチはかなり身近なものになっている。

しかし、アメリカにおいてオンライン・ジョブサーチが効果的であることが確かめられたのは、むしろ最近になってからである。米カリフォルニア大学サンタバーバラ校のピーター・クーン氏らは1

998～2000年のアメリカの失業者のデータを使い、オンライン・ジョブサーチした失業者はしなかった失業者に比べ、むしろ再雇用されにくいことを示した[16]。

また、トロント大学のコリー・クロフト氏らは、アメリカのCraigslist（クレイグスリスト）と呼ばれる不動産情報、求人情報、コンサートや野球などのチケット情報など、特定の都市・地域に限定された様々な情報を住民などが投稿して掲載する地域情報コミュニティサイトに着目し、クレイグリストが新たに進出していった都市での変化（2000年代半ば）を分析した。

すると、貸家のマッチングについては地元の貸家の空家率に低下がみられるなど効果があったが、導入されたオンラインの求人・求職掲示板は地元の新聞などの求人・求職の掲示を減少させ、主要な求人・求職掲示板に成長したものの、地元の失業率には影響を与えなかったことが明らかになった[17]。

一方、クーン氏らは2008～09年のデータを使って、再度、オンライン・ジョブサーチの効率性を検証し、オンライン・ジョブサーチをした失業者としなかった者を比べると、前者の失業期間は後者に比べて25％程度低下したことを示した[18]。

クーン氏は「これでオンライン・ジョブサーチを通じた正の因果関係を証明したと断言するのは早いかもしれないが、少なくとも過去10年間でオンライン・ジョブサーチと職探しの成功の関係は劇的に変化した」と述べている[19]。

また、その要因として、オンライン・ジョブサーチのサイトのデザインが向上したこと、求人、求職を行う人がより多くオンライン・ジョブサーチのサイトを使えば更に多くの人が使うようになるということによる正の外部性効果を挙げている。

欧州ではＩｆｏ研究所のコンスタンティン・マング氏が、２０００～07年のドイツのパネル・データを使って、オンライン・ジョブサーチのマッチングの質に対する効果を分析した[20]。オンライン・ジョブサーチで職を見つけた者は、他の手段（新聞、広告、友人など）で見つけた者よりも、スキルをより生かし、今の仕事への満足度が高く、将来の昇進可能性や雇用保障も高いと感じる、つまり、マッチングの質が高いことを見いだしている。

また、オンライン・ジョブサーチは、キャリアがなんらかの理由で中断している人にも効果が高いことを示した。通常、16歳以下の子供を持つ母親は、そうでない者よりも新たな職を見つけるにはハンディキャップがあるが、オンライン・ジョブサーチはそうした不利を取り除く効果があることを示した。同様の効果は地方在住の求職者にもみられ、遠方からのアクセスの悪さによる彼らの不利を改善するのに役立っている。

一方、失業者に対しては、オンライン・ジョブサーチの正の影響はみられなかった。マング氏は、失業者がオンライン・ジョブサーチを自分に有利にするだけのスキルを持ち合わせていないことを、その理由として指摘している。

オンライン・ジョブサーチの利点は、単に職選びの選択肢の増加や情報アクセスコストの低下だけではないであろう。マング氏は、むしろ、オンライン・ジョブサーチが「受動的な」職探し（失業ではない状況での職探し）の新たな方法を提供し、企業にとって候補者のサーチを容易にしていることが重要と説いている。つまり、スキルや経験に関する詳細な情報がわかる「受動的な」求職者の大きなプールに、企業がアクセスすることが可能になることで、採用においてより多くの情報が活用され、マッチングの質が高まると考えられる。

このようにみると、オンライン・ジョブサーチは、日本においても、多様な働き方を推進する上で大きなポテンシャルを持つと期待できる。特に、スキルを持っているがキャリアが断絶した女性や高齢者が新たに職を見つけようとする時に、大きな助けとなる可能性があるといえよう。多様な働き方改革を強力に進めるための強力なツールの一つとして、今後とも着目していくべきであろう。

4 労使双方が納得する雇用終了のあり方——雇用の「出口」の整備

雇用終了は、雇用制度改革の中でも最もセンシティブな問題である。雇用終了の問題を扱うと必ず耳にする批判は、「解雇規制の緩和」「解雇をしやすくする」「金さえ払えば首切り自由」などである。本節でも述べるように、こうしたことを狙う政策は必ずしも適切とはいえない。

一方、円滑な労働移動を促進することは、労働市場におけるミスマッチを低下させ、適材適所により、働き手の満足度が向上すると同時に資源配分の効率化により、ひいてはマクロの経済成長も期待できる。

上記のような批判を受けず、円滑な労働移動をサポートでき、労使双方が納得できるような雇用終了のあり方を考えてみたい。

解雇規制緩和論への疑問

安倍政権の成長戦略が不十分であるという議論をする場合に必ずと言ってもよく聞かれるのが、労働市場・雇用制度改革が十分でないという批判だ。安倍政権の「失業なき円滑な労働移動」というキャッチフレーズの下、成長戦略の視点から規制改革が議論されたこともあり、特に、経済学者からは、労働市場の流動性を高めるために解雇ルールの見直しを行うべきという議論がしばしば提起される。

しかし、解雇規制緩和が雇用制度改革の決定打になるような考え方については、筆者自身かなり違和感を持っている。なぜなら、正社員の雇用保護法制の強さを国際的に比較しても、日本はOECD諸国の平均からやや弱い部類に入り[21]、また、中小企業では大企業に比べてかなり解雇が行われやすいという事実があるからだ（労働政策研究・研修機構編（2012）『日本の雇用終了――労働局あっせん事例から』参照）。

解雇権濫用法理は、解雇が有効であるために客観的な合理性と社会的な相当性を求めるわけだが（労働契約法第16条）、それ自体に問題があるわけではない。より具体的な解雇ルールの明確化を求める意見もあるが、ヨーロッパでも法律で原則が示され、個々のケースは裁判で争われることは変わりない。

経済的な理由による解雇の判断基準となってきた整理解雇法理［整理解雇の四要件（要素）[22]］も、近年では、4つのいずれの要素についても、真摯な検討を行い、努力や説明を尽くしているかという手続き的な側面が重視されるようになっているなど、時代の変化に対応してある程度柔軟に変化してきている。

それでも、大企業の経営者の中には解雇ルールが厳しいと感じる向きもあるようだ。もし、そのような認識があるとすれば、それは、解雇権濫用法理が日本特有の無限定正社員に対する解雇ルールとして発展してきたことと関係があると考えるべきである。

解雇回避努力義務を巡って

こうした日本の正社員の特徴を念頭に置くと、解雇ルールに対しても別の側面から光を当てることができる。

例えば、「整理解雇の四要件（要素）」の一つに解雇回避努力義務がある。つまり、企業は解雇の前に配転、出向、希望退職募集などできる限りのことをやる必要があり、それが裁判で問われることになる。配転によって勤務地や職務を変更してでも雇用を守るべきという趣旨である。これはとりも直さず、無限定正社員として雇っていることを前提とした考え方だ。

また、日本では試用期間終了時にも解雇権濫用法理が適用され、解雇しにくい場合があるといわれる。これも、無限定正社員で雇ったのだから特定の仕事ができないからといって解雇はできないと解釈すれば、理解可能だ。

一般に、労働者の能力や適格性を理由とする解雇についても、無限定正社員の場合は、裁判例では会社の中で従事可能な職務がそれ以外にないかまで問われることが多い。

逆に、労働者が無限定正社員の「掟」を破れば、解雇権濫用法理は労働者を守ってくれないという厳しい例もある。例えば、転勤や残業の拒否による懲戒解雇が裁判でも有効と判断された事例である。[23]

これらの事例は、その判断の妥当性について議論されることもあるようだが、解雇権濫用法理はあくまで無限定正社員の雇用を守る仕組みと考えれば納得が行く。

ジョブ型正社員の雇用終了ルールのあり方

したがって、上記のような問題解決のためにも、無限定正社員を中心とした日本の雇用システムを見直していくこと、ジョブ型正社員を普及させ、デフォルトにしていくことが重要である。

しかし、こうした課題を列挙しても、「ジョブ型正社員は勤務地や職務が無くなれば、すぐ解雇されてしまうのではないか」「ジョブ型正社員を増やすことは単に解雇しやすい正社員を増やすだけではないか」という懸念の声も多い。

解雇が紛争となった場合、これまでの裁判例と同様、ジョブ型正社員に対しても従来の無限定正社員と同じように解雇権濫用法理が適用され、解雇の客観的合理性・社会的相当性が丁寧に問われるべきであることには変わりない。過去の裁判例をみると、勤務地や職務が限定されていることが考慮され、無限定正社員とは異なる判断が行われる事例が多い。

例えば、経済的な理由によるジョブ型正社員の解雇に対し、裁判で解雇回避努力義務が問われる場合も、勤務地や職務が限定されている場合は配転の余地も限られているため、解雇回避努力がありとみなす（またはその有無を問わない）ケースも多い。また、四要件の1つである「人選の合理性」についても、勤務地や職務の廃止で対象となる労働者全員を解雇する場合は、人選の合理性はある（または合理性を問わない）ケースも多い。

厚労省「多様な正社員の普及・拡大のための有識者懇談会報告書」（2014年7月30日公表）では、さらに詳しく判例を分析し、「勤務地限定や高度な専門性を伴わない職務限定等においては、解雇回避のための措置として配置転換が求められる傾向にある。他方、高度な専門性を伴う職務や他の職務と明確に区別される職務に限定されている場合には、配置転換に代わり、退職金の上乗せや再就職支援によって解雇回避努力を尽くしたとされる場合もみられる」と指摘している。

つまり、ジョブ型正社員であっても、高度な専門性を伴う場合とそうでない場合には違いがあるという分析である。しかし、これは、ジョブ型正社員といえども、これまで事前に書面による労働条件明示を行うことが必ずしもなされてこなかったことが大きいと考えられる。労働契約で労働条件の明示化が進めば、将来判例も変わりうると考えられる。

一方、他の要件である「人員削減の必要性」や労働組合・労働者から納得が得られるような説明は、ジョブ型正社員の場合でも必ず問われることになる。特に、後者の「実施手続きの妥当性」については、無限定か限定かにかかわらず、重視される傾向が強まっている。事前に就業規則や労働契約でジョブ型正社員という契約類型等を明示し、その特性について労働者に丁寧に説明し、彼らから十分な理解と納得を得ておく必要がある。

以上をまとめると、判例によって積み重ねられてきて、条文化された日本の雇用終了ルールは、欧州に比べても厳格と断定することは難しい。それでも、日本の雇用終了ルールが厳しいと感じる向きがあるとすれば、それは、このルールが無限定正社員に対するルールとして形成されてきたため、例えば、解雇回避努力義務が重いという側面があるであろう。

一方、職務、勤務地、雇用終了の取決めなど事前に労働条件に明示する、また、雇用終了の際には労働者からの納得感を得られるような丁寧な説明等手続きの妥当性が重要である。したがって、問題とすべきは雇用終了ルールそのものではないことに留意が必要だ。

労働紛争解決システムの整備

雇用終了の問題で雇用終了ルールへの対応とともに重要なのが、紛争解決システムの整備である。解雇は労働紛争案件において大きな位置を占める。マッチングを向上させるための必要かつ円滑な雇用終了を行うためには、まず、未然に紛争を防止するとともに、万が一、紛争が起こった場合でも、労使双方の利益になるような迅速かつ有益な解決が図られることが重要である。

ここが担保されなければ、マッチングを向上させるような望ましい雇用終了が行われないという問題が出てくる。これは、労使双方の利益やマクロ経済の成長等にとっても問題といえよう。

政府が2015年にまとめた成長戦略（日本再興戦略改訂2015）では、主要先進国では判決による金銭救済ができる仕組みが整備されていることを踏まえ、透明で客観的な労働紛争解決システムの構築に向け、2015年中に幅広く検討を進めることを決めた。

このため、透明かつ公正・客観的でグローバルにも通用する紛争解決システム等の構築に向けた議論を行うことを目的として、厚労省において「透明かつ公正な労働紛争解決システム等のあり方に関する検討会」（以下、同検討会）が設置され、同年10月末から議論が開始された。

同検討会は、既に制度化されている雇用終了をめぐる紛争等の多様な個別労働紛争の解決手段がより有効に活用されるための方策とともに、解雇無効時における金銭救済制度のあり方について検討を行うことを目的としている。こうした課題について筆者は、規制改革会議及び同検討会のメンバーとして議論を積み重ねてきており、今後の方向性を探ってみたい。

多様化した労働紛争解決制度と金銭的解決における問題点

2000年代に入ってから、都道府県労働局や労働委員会におけるあっせん、裁判所における労働審判手続き（調停）などの制度が整備され、裁判所における訴訟とともに目的や事情に応じた解決手段を選択できるようになっている。

既存の労働紛争解決手段は既に多様な制度が整備されており、目的に応じ十分機能しているのではという意見も根強い。また、それぞれの解決手段において金銭的な解決が既に図られている。

しかしながら、現実には、解決までに要する時間的・金銭的なコストをどこまで負担できるかで選択できる手段が限られてしまうことが多い。例えば、労働局のあっせんは無料であるが、裁判所での労働審判手続きや訴訟では、弁護士費用をまかなう必要がある。

また、あっせんや労働審判では、解決金を得るという金銭的な解決が多数を占めている。裁判所の訴訟においても、現実には原職復帰は多くなく、最終的には金銭補償による和解で解決することが多い。

しかし、労働局のあっせんは利用しやすいが解決率が低いため、不当な解雇でも解決金すら得られず、「泣き寝入り」も珍しくないことが指摘されている。[24] 一方、訴訟での長期にわたる係争が可能な場合には、有利な和解金を期待して、あえて解雇無効（労働契約の継続）を求めて争うこともあるといわれている。

訴訟の長期化や有利な和解金の取得を目的とする紛争の可能性の存在は、使用者側にとって大きなリスク要因である。

解決手段によって大きく変わる解決金の水準

さらに、解決手段によって解決までの期間、解決金額の水準に差が大きいことが指摘されている。例えば、労働政策研究・研修機構（2015）『労働局あっせん、労働審判及び裁判上の和解における雇用紛争事案の比較分析』に基づいて解決金の現状をみてみよう。[25]

解決に要した期間（事案発生日から解決までの期間、中央値）は、あっせん2・1月、労働審判5・1月、和解14・1月となっている。つまり、あっせんが2〜3カ月、労働審判が半年程度、和解が1年以上という結果だ。

解決金額（中央値）をみると、あっせん15万6400円、労働審判110万円、和解230万1357円、月収表示の解決金額（解決金額を賃金月額で除した数値、中央値）では、あっせん1・1カ月分、労働審判4・4カ月分、和解6・8カ月分とやはり、かなりばらつきが大きいことがわかる。

このように、選択する解決手段、ひいては、紛争解決にかけることのできる時間的・金銭的コストの違いで、解決金額の水準の差も大きくなるのが現状だ。

紛争解決をビジネスとしている立場からは、「コストをかければリターンは大きい」ことは当然と認識し、むしろ政府がそのコストを負担すべきという主張も耳にする。しかし、同じような事案でも解決金水準に大きな差が出るとすれば、果たして当事者の救済という視点から公正性は担保されるのかという疑問も生じる。

解決手段の違いのみならず、同じ解決手段においても、解決までの期間や解決金がまちまちとなっていることは、紛争解決の予測可能性や公平性を低下させているのではなかろうか。また、これが更に労使双方の雇用終了への対応に歪みをもたらしているという懸念もあろう。

多様な解決手段が提供されているものの、解決手段で解決金の水準が大きく異なる現状は、是正されるべきであろう。あっせん、労働審判、訴訟に限らず、事案の性格に応じて、解決金の水準の目安ができるべきである。

また、訴訟は、解雇無効の判決を勝ち取る、また、原職復帰をどうしても希望する場合になるべく限定されるべきで、金銭的な解決を最初から望むのであれば、解決がより迅速な労働審判制度が利用されるように、解決手段を選択する入口の段階で適切な誘導が必要であろう。

紛争解決システム向上に向けた三位一体の取り組み

雇用終了にまつわる紛争に対しては、既に指摘したように、そもそも、第一に、紛争そのものをなるべく起こさないようにするといった「紛争の未然防止」が重要である。

第二に、もし、紛争が起こったとしても現在ある多様な解決手段がより有効に活用され、利用者の視点からより使いやすく、かつ労使双方が納得するような「紛争の早期解決」が効率的かつ円滑に実現するようにすることが必要である。

そして、第三に、紛争について決着が図られた際にもその解決の仕方を労使双方の利益に適う方向で「紛争解決の多様化」が重要である。具体的には、訴訟における救済選択肢の多様化を目指し、労働契約関係の継続以外の方法で労使双方の利益に適った紛争解決を可能とする制度の検討が不可欠である。

雇用終了に関する紛争解決システムの整備においては、「紛争の未然防止」「紛争の早期解決」「紛争解決の多様化」を三位一体で進めることが労使双方にとって必ずメリットがあることは、忘れてはならない。

労働紛争解決システムの課題については、マスコミの報道が解雇に関わる金銭救済制度にのみ集中するきらいがあったが、バランスがとれた議論を行うためには、多様な紛争解決手段は有機的につながっていることを理解することが必須である。これらをばらばらに議論することは、必ずしも有益ではない。

雇用終了時における紛争を未然に防止するためには、雇用開始時に終了事由を含めた就業規則や労働条件が明示され、労使双方が納得した上で労働契約が締結されることが何より重要である。また、雇用終了の場面においても労働者がある程度の納得感を得るためには、企業における転職支援制度の充実や政府による支援もこうした目的に資するであろう。

また、多くの場合、当事者の合意の下に雇用契約が終了に至っているが、紛争が生じた場合には、早期に納得のいく解決が得られることが、働く者にとってきわめて重要である。特に、日本の場合、訴訟の審理期間の長いことが指摘されている。

一方、労働審判の申し立て件数は年々増加しており、裁判所の負荷も高まっている。司法の資源には一定の限界があることへの配慮も必要である。

以上の問題意識を踏まえ、労働審判を含む司法の解決機能を補完し、より身近で迅速な解決を可能とするために、訴訟外での円滑な解決を可能とする行政機関の活用、訴訟による解決へのサポートとして、①都道府県労働局が行うあっせんへの参加促進、②労働委員会の機能活用・強化と司法的解決との連携について、まず、検討しよう。次に、③紛争解決の選択肢の多様化として、裁判の訴訟における解決金制度の導入について議論を行う。[26]

都道府県労働局が行うあっせんへの参加促進

第一は、国民にとってより身近で利用しやすい都道府県労働局が行うあっせんへの参加を促す方策である。労働局のあっせんは、当事者が参加した場合の解決率は高いが、現在は使用者側の参加率が低いことから全体の解決率も低い。このため、使用者の自発的参加を促す方策について検討すべきである。

労働委員会の機能活用・強化と司法的解決との連携

第二は、労働委員会の機能活用・強化である。

労働委員会においては、既に、個別労働紛争におけるあっせんは可能となっている。比較的経験豊富な労使双方の委員が紛争当事者への説得に参加することで、労働局のあっせんに比べてより納得感の高い解決が得られているという指摘もある。したがって、労働委員会の機能（あっせん等）を活用しやすくし、さらに強化すべきである。

都道府県の労働委員会の中には特色のある取り組みを行い、成果を挙げている委員会もあるようだ。こうしたベストプラクティスが他の労働委員会とも共有され、浸透していくことを可能にする仕組みを考える必要がある。

また、訴訟において当事者同士の話し合いや和解による解決を目指す場合も、行政機関の機能を効果的に活用できるよう、その方策を検討すべきである。欧州諸国をみてみると、フランスは労働審判所の調停前置、ドイツは和解前置、イタリア、スペインは行政調停前置、イギリスではＡＣＡＳ（助言・斡旋・仲裁局）のあっせんが行われ、裁判での訴訟解決プロセスを効率化させる制度が整備されている。

なかでも、英では雇用審判所に申し立てられた事件については、まず申立書の写しがＡＣＡＳに送付され、ＡＣＡＳによるあっせんが試みられている。こうした行政機関を活用する仕組みは注目される。日本の場合、労使双方の委員が説得へ参加する労働委員会の活用が検討されるべきだ。

紛争解決選択肢の多様化——裁判の訴訟における解決金制度の導入

こうした紛争解決の早期化、円滑化の取り組みとともに、雇用終了を巡る紛争を最終的に解決し、労働者を救済するための選択肢を多様化することが喫緊の課題である。具体的には、裁判所の訴訟における解決金制度の検討である。

労働契約法16条では、「客観的に合理的な理由を欠き、社会通念上相当であると認められない場合は、その権利を濫用したものとして、無効とする」と定められており、現行制度では解雇無効判決によって労働契約関係の継続が確認されることになる（地位確認）。

ここで注意しなければならないのは、解雇無効判決で労働者が自動的に元の職場に復帰（原職復帰）できるとは限らないことだ。なぜならば、その判断は企業に任されており、労働者側に就労請求権がないためである。一方、企業との信頼関係が崩壊しているなどさまざまな事情で労働者が元いた会社に復帰が困難な場合への対応が、制度的に用意されているわけでもない。このように中途半端な制度になっていることは否めない。

実際には、原職復帰のケースは多くなく、最終的には金銭補償による和解で解決することが多い。しかし、はじめから復職が困難である、あるいは労働者が復職を希望しないという場合であっても、解雇の訴訟では、労働者が解雇無効を争う場合があるのも事実である。解雇無効、労働契約の継続が認められれば、解雇期間中の賃金の支払い（バックペイ）を求めることができるためだ。このため、受取額を大きくするため訴えた側は裁判を長引かせるインセンティブがある、などの弊害も指摘されている。

こうした状況を考慮すると、訴訟の長期化や有利な和解金の取得を目的とする紛争を回避し、当事者の予測可能性を高め、紛争の早期解決を図ることが必要である。そのためには、解雇無効時において、現在の雇用関係継続以外の権利行使方法として、労使双方の利益に適った紛争解決を可能とする制度を検討すべきといえる。

具体的には、金銭解決の選択肢を労働者に明示的に付与し（解決金制度の導入）、選択肢の多様化を図るべきである。

解決金制度とは

解決金制度とは、不当解雇の場合、法律で定められた一定額の解決金を使用者から労働者に払い、雇用関係を解消する仕組みである。これは、あくまでも、不当解雇の判決が出た後の対応に関する制度であり、金銭で解雇を正当化する制度ではないことに留意が必要である。

欧州諸国では、こうした解決金制度が普遍的である。解決金の額については、法律などで勤続年数に応じて不当解雇の際に支払われるべき目安額が明示されている。

例えば、スペインでは、解決金は33日分給与×勤続年数（上限24カ月分）［以前は、45日分給与×勤続年数（上限42カ月分）］と定められている。また、ドイツでは裁判官の裁量で決定されるが、法定で上限が設定されており、月額賃金の12カ月分以内（50歳以上かつ勤続15年以上の労働者については15カ月以内、55歳以上かつ勤続20年以上の労働者については18カ月以内）となっている。

解決金制度は、日本の場合、そもそも欧州諸国と比べ解雇が訴訟になる件数が少なく、解雇無効の際に適用される制度を整備したとしても有用性は低いのではないかという批判がある。

しかし、解雇無効の場合での解決金水準の目安ができれば、裁判の和解、労働審判、労働局のあっせんにおける適切な目安形成に波及するという効果も期待できる。そうなれば、それぞれ異なる紛争解決手段においても、迅速な審理や解決金の予測可能性向上に資するであろう。

解決金制度導入における問題点

しかし、解決金制度の導入を図るためには、いくつかの問題点・困難を克服する必要がある。まず、第一は、複雑な利害対立である。通常の雇用制度改革は労使の対立が問題になるが、解決金制度は、企業の規模にも着目し、利害関係を考えることが重要である。

解決金制度の導入自体、解雇のしやすさに直接影響をあたえるものではないが、大企業の場合、解雇無効の際の原職復帰の原則がなるべく裁判沙汰を避けるという傾向を生み、解雇により慎重になっていた面はあろう。

したがって、大企業では使用者は導入でメリットを受けるが、メンバーシップ維持の観点から原職復帰を重視したい労働組合の立場からは導入に反対意見が強い。

一方、大企業に比べ、中小企業は解雇がより頻繁に行われ、不当な解雇でも泣き寝入りするケースも多いといわれている。この場合、解決金制度ができることで様々な解決手段において解決金の目安ができることは、使用者にとって負担上昇になる一方、労働者にとっては福音であろう。

このように、大企業使用者と中小企業労働者は導入賛成、中小企業使用者、大企業労働者は導入反対という複雑な利害関係の構図が出来上がることになる。

第二は、解雇無効になった場合、解決金による解決の申し立ての権利を労働者側に与えるか、もしくは、使用者側に与えるかという問題である。なるべく、金銭的な解決を図りたい使用者側は申し立ての権利を主張する一方、労働者側は一方的に原職復帰の機会が閉ざされないようにそれに対しては反対するという立場をとっている。これも労使の利害対立としては大きな争点になっている。

しかし、以上のような問題点は乗り越えられない困難であろうか。例えば、申し立ての問題についても、訴訟における救済の多様化、選択肢の拡大という趣旨を尊重すれば、まずは、労働者側からの申し立てのみ認めるところから制度設計を開始することを検討するべきだ。

筆者が雇用ワーキンググループ座長として取りまとめ、2015年3月に公表した規制改革会議意見の大きなポイントは、「この制度は、労働者側からの申し立てのみを認めることを前提とすべきである」と明言したことであり、厚労省の同検討会で金銭救済について有益な議論を展開するための重要な出発点となっている。[27]

解決金の目安ができれば、先にも指摘したように各種紛争解決制度の枠組みの中で解決金の目安ができ、紛争解決の効率化、スピードアップが図られ、労使双方にとってメリットになるはずである。

不当解雇は無効という法律体系

上記のようなハードルを乗り越えることができたとしても、理論的に乗り越えなければならないハードルが2つある。

まず、第一は、現行の不当解雇は無効、つまり、不当な解雇には効力がなく、解雇の前の状態に戻るという法律体系にある（労働契約法16条）。ここで注意しなければならないのは、無効であることに対する帰結は、地位確認（まだ会社員の従業員であることの確認）を通じて原職復帰することしかなく、そもそも金銭解決を解雇無効の自然な帰結として考えることはできないことだ。

一方、欧州諸国では基本的に不当解雇は違法（つまり、不当な解雇はしてはいけないという法律体系）とされているので、救済のバリエーションを考えることが可能であり、その中で解決金制度が位置付けられている。

このように不当解雇が「無効」か「違法」かで、そうした制度が導入できるかどうかまず大きな分かれ目になることに留意が必要である。

不当解雇が無効でも解決金制度があるドイツ

不当解雇は無効という法律体系でありながら、解決金制度を持つ国としてはドイツが挙げられる。ドイツでは、裁判所が解雇を無効と判断したことを前提条件に、使用者が労働者に対して解決金を支払うことと引き換えに、労働契約を解消する権利を労働者、使用者双方に認めている(28)。

具体的には、解消申し立てを行う者はいずれであっても解雇をきっかけにして労働契約を将来に向けて継続することができないほどに労働者及び使用者間の信頼関係が崩壊していることを裁判所に主張・立証する必要がある（期待不能性の要件）。

これが認められれば、解雇予告期間が経過した時点にまでさかのぼって労働契約を解消し、かつ、使用者に対して一定額の解決金を労働者に支払うべきことを裁判所が命じることとなる(29)。

しかし、ドイツにおける、解消判決・解決金制度の利用率は低いといわれている。なぜなら、ドイツの場合、解雇訴訟については訴えの提起から2週間以内に和解手続きを行うことが義務付けられており、解雇紛争の多くは、労働契約は解消しつつ、使用者が労働者に解決金を支払うことを内容とする和解によって終了しているためである。事実上の和解による解決金金額目安は、月給×勤続年数×

0・5となっている。

日本における解決金制度導入への取り組み

日本においても、金銭解決の仕組みについては、かつて、総合規制改革会議などの要請を受けて、厚労省の労働政策審議会の分科会で2001年秋から02年末まで検討が進められ、労働政策審議会の建議として、「解雇の効力が裁判で争われた場合において、裁判所が当該解雇を無効として、解雇された労働者の労働契約上の地位を確認した場合であっても、実際には現職復帰が円滑に行われないケースも多いことに鑑み、裁判所が当該解雇は無効であると判断したときには、労使当事者の申立てに基づき、使用者からの申立ての場合にあっては当該解雇が公序良俗に反して行われたものでないことや雇用関係を継続し難い事由があること等の一定の要件の下で、当該労働契約を終了させ、使用者に対し、労働者に一定の額の金銭の支払を命ずることができることとすることが必要である」とのとりまとめがなされた。これは明らかに上記のドイツをモデルにしたものである。

しかしながら、その建議の内容を踏まえて事務局で作成した法律案が年明けに提示されたが、最終的には労使双方の反対にあって法制化にはいたらなかったという経緯がある。

その理由として、使用者側の申し立て請求はそもそも認められないとする労働者側の反対、使用者側からは彼らの申し立て要件が法律案においてかなり厳格に決められたことが指摘されている。

しかし、より本質的と考えられるのは、解決金の使用者への請求や労働契約の終了の裁判所への請求が「判決で解雇が無効であることが確定した場合において」となったことだ。

これは、金銭解決を行うには新たな裁判をやらなければならないことが明確になったことを意味する。建議ではやや曖昧ながらも、「一回的な解決」、つまり、解雇が無効だということと合わせて金銭解決がなされ得るとも読めるような内容になっていた。

しかし、法律案で明確に示されたように新たな裁判をやることになれば、担当する裁判官も代わり、事実判定も変わる恐れがあるし、そもそも解決が遅れてしまうという懸念もでてくる。

このような結論になった背景としては、日本の民事訴訟法の考え方では、解雇無効の判決と労働契約解消や解決金給付の判決というものを一回的にやるという発想自体が前提とはされていないことが挙げられる。

「一回的な解決」について当時の厚生労働省の事務方も相当程度、最高裁の事務局等と意見交換をしたが、結実には至らなかったとされている。このため、今回白紙から議論をしたとしても、「一回的な解決」ができるかどうか、最後は裁判所との考え方のすり合わせが大きなポイントになろう。

以上のように、解雇無効という現行制度の下で、ドイツ式の解決金制度を導入することが、政治的困難というよりも理論的な観点から予想以上に難しいことがわかる。

解決金水準の国際比較

解決金制度導入のもう一つの高いハードルは、解決金の水準の決定の仕方である。OECD諸国の解決金の水準をみると、勤続年数20年の場合で大陸欧州諸国が賃金の1～2年分（フランス16カ月、ドイツ18カ月、イタリア21カ月）、雇用保護の弱い英語圏諸国（イギリス5・5カ月、ニュージーランド6・0カ月）やオランダ（7・0カ月）などでは半年前後となっており、ばらつきが多いことがわかる。

2012年の世界銀行の調査では、平均的な姿をみるために、勤続年数によって異なる金額を集計し、勤続年数1年当たりの解決金の水準を求めている。高所得国の48カ国では賃金の1・8週間分（平均値）、経済協力開発機構（OECD）諸国の35カ国は2・1週間分（同）となっている。(30)

解決金水準決定に関する理論的な整理

政府が法律などで解決金の水準を決める場合でも、それは個々の国の労働市場などの特性を反映していると考えられる。解決金の望ましい水準を検討するためには、まず、企業と労働者の交渉によって得られる最適な解決金の水準を考えるべきである。

ここで注意しなければならないのは、米スタンフォード大学のエドワード・ラジアー氏が理論的に示した、解決金の「中立性」である。(31)具体的には、労働者がリスクに中立的で、賃金が完全に柔軟的であるなどの条件が成り立てば、解決金は雇用や労働者の厚生、企業の収益には影響を及ぼさないという結果だ。

なぜなら解決金を導入しても、賃金の時間的プロファイル（勤続年数に応じた賃金体系）の変化によって期間中に支払われるべき賃金が低下し、相殺されてしまう。そのため、労働者や企業の将来純収入（総和、現在割引価値ベース）には影響を及ぼさないというのである。リスク中立的な労働者は将来純収入にのみ関心を持ち、賃金プロファイルには無関心であることが背景にある。

しかし労働者は通常、リスク回避的であり、賃金も完全に柔軟というわけではない。解決金に見合う分、賃金が低下するとは限らないし、賃金プロファイルの変化も、労働者の厚生に影響を与える。したがって、中立性は一般には成立しない。雇用保護が労働市場に与える影響を分析した研究は数多いが、解決金の最適水準の決定に関するものは、かなり限定的である。

仏国立統計情報分析学院のステファン・オーレイ教授らは、労働者がリスク回避的である標準的なマッチングモデルを使って、労使が賃金と解決金を巡って交渉する場合を分析している[32]。

このモデルによれば、最適な解決金（賃金対比）は（1マイナス失業保険の所得代替率）／（割引率＋失業者の入職確率）という単純な式で示せる。つまり、解決金の水準は、失業給付の代替率、失業者の入職確率、割引率（金利）が高まるほど低くなる。

職を維持しておれば得ていたであろう将来純収入を補償するという観点からは、失業給付が恵まれていれば、解決金はそれだけ少なくて済む。また、次の職を見つけやすければ、その時点から賃金が得られるため、やはり解決金は少なくて済む。

オーレイ氏らはこうして理論的に導出される解決金の水準と、現実の法律などで規定されている解決金の水準を比べ、ノルウェー、フランス、ドイツなどは理論値に近いことを示した。一方、イタリア、スペインなどは理論値を大きく上回り、その水準は労働組合の影響を新たに明示的に組み入れたモデルから得られる水準と整合的となった。これは、労働組合の強い影響を示すものである。

後払い賃金制度の下での解決金決定

一方、伊ボッコーニ大学のティート・ボエリ氏らは、ラジアー氏の中立性条件が成り立つ場合でも、年功型の後払い賃金制度のもとでは、解決金は意味を持つことを強調した[33]。

若い頃の低賃金を後になって取り返す仕組みのなかで、中高年の賃金水準は生産性を上回る。この両者の乖離《かいり》は、企業に解雇の誘因を生じさせる。その場合、解決金の水準をこの乖離以上になるように設定すれば、非効率な解雇を抑制できる。

生産性を上回る賃金は、若年期における労働者の企業に対する貢献（たとえば、その企業だけで通用する特殊な技能の取得＝企業特殊投資）を反映しているとすると、最適な解決金がこうした投資のコストに依存することは明白だ。このモデルを考えると、解決金が勤続年数に依存することも理解しやすい。

日本の解決金に関する分析

それでは、現実の解決金の水準はそのような要因に影響を受けているのであろうか。厚労省の「透明かつ公正な労働紛争解決システム等の在り方に関する検討会」の委員である大阪大学の大竹文雄氏と筆者で、労働政策研究・研修機構（2015）『労働局あっせん、労働審判及び裁判上の和解における雇用紛争事案の比較分析』で使われた個別事例のデータの利用について特別の許可を受け、解決金の決定要因に関する分析を行った[34]。

使用できるデータは、解決金の水準、賃金水準、性別、勤続年数、雇用形態などに限られ、解雇有効・無効の心証などの重要な変数が得られないので精度の高い分析にはなっていないが、労働審判制度の解決金については、正社員では勤続年数当り0・3程度という大きさで月収倍率が増加するという結果が得られた。

上記の分析でさらに解決金月収倍率の大きいグループ（分位点90％の回帰分析）と小さいグループ（分位点10％の回帰分析）で分けてみると、勤続年数の影響が大きく異なった。解決金月収倍率の小さいグループでは、解決金月収倍率は2・3カ月程度で勤続年数とは無関係であったが、大きいグループでは、解決金月収倍率は勤続年数当り0・84倍程度で増えるという結果になった。

解決金月収倍率の小さいグループは解雇有効の可能性が高い、また、解決金月収倍率の大きいグループは解雇無効の可能性が高いと仮定すると、上記の結果は解雇有効・無効の心証や確度の違う場合、勤続年数の解決金への影響は異なることを示唆していると考えられる。

こうした分析結果は、解雇有効の可能性が高い場合には2〜3カ月の解決金のみで、解雇無効の可能性が高い場合にはより大きな金額になるという大まかな相場観[35]とも整合的である。労働審判でも非正規雇用の場合は、解決金月収倍率は勤続年数の0・2倍程度とやや影響力は小さくなるが、推計式の説明力は上がり、変動の60％は説明可能となっている。

あっせん、和解についても同様の分析を行ったが、前者の場合、解決金月収倍率は勤続年数の0・08倍程度とかなり影響は小さくなっている。後者の場合は、解決金月収倍率は勤続年数が約20年でピークになる逆U字型になった。これは、勤続20年くらいまでは、解決金月収倍率と勤続年数は正の関係があるが、それ以降は負の関係になることを意味している。

一つの解釈として、後払い賃金の仕組みを想定し、解決金は若年期、賃金が生産性よりも低い状況が続く中で蓄積される企業への「預け金」を、解雇の際、解決金として返済、補償するという仕組みと考えることもできよう。

この場合、中高年になれば賃金が生産性よりも上回るので企業への「預け金」は減少していくことになるので、一定の年数後は勤続年数が長くなるにつれて解決金も減少すると考えられる。

要求金銭補償額の分析

上記は実際の解決金を使った有用な分析ではあるが、解雇有効・無効の程度や他の属性がわからないという問題があった。以下で紹介するのは、「もし不当解雇されたら」といった仮想的な質問を利用したウエッブ調査の分析である。

筆者らが関与した経済産業研究所（ＲＩＥＴＩ）の「平成24年度多様化する正規・非正規労働者の就業行動と意識に関する調査」（正規・非正規雇用５０００人超のサンプル）では、不当解雇された場合に要求する金銭補償額（実額及び対月給表示の月数）を仮想的に質問して、解決金制度に関する潜在的なニーズを把握した。不当解雇の際に希望する補償金は、平均値で正社員で賃金の16カ月分（中位値12カ月）であり、この結果は先にみた欧州大陸諸国とも近い。

金銭補償額の決定要因

筆者とリクルートワークス研究所の久米功一氏らは上記調査を更に分析し、要求金銭補償額の決定要因を実証的に明らかにした[36]。この研究では理論的背景として、金銭補償額の水準は、①労働に直接かかわる損益への補償（＝解雇された際の損失マイナス解雇後の期待収入）、②心理的な（納得感への）補償、③交渉力で決まると考えた。

次にそれぞれの要因が何に影響するかをみてみよう。

第一に、労働に直接かかわる損益への補償についてである。解雇された際の損失という視点からは、現在の賃金水準が高い、定年までの残り年数が長い、割引率が小さい、リスク回避度が大きいほど失われた期待収入（及びそれに伴う期待効用の低下）は大きくなり要求金銭補償額は大きくなると考えられる。

また、企業特殊投資の観点からは、勤続年数、投資額（＝スキルレベル）、企業特殊の度合いが高いほど、解雇によりこれまでに費やした投資が役に立たなくなることで損失が発生するため、要求金銭補償額は高くなると考えられる。

一方、解雇後の期待収入という視点からは、失業給付が手厚ければ、その分、要求する補償額は少なくても済むであろう。失業後の転職確率が低く、転職後の賃金水準も低ければ転職後の期待所得も低く、要求金銭補償額は大きくなるであろう。

第二は、心理的な補償である。解雇の事案の性質において、不当さの程度が大きい解雇ほど納得感がないため、要求金銭補償額は大きいと考えられる。また、主観的な失業率（失業可能性の自己予想）が小さいほど、また、雇用が安定していると思っているほど、解雇になった場合の納得感は少なく、要求金銭補償額は大きいであろう。

第三は、交渉力の影響である。労働組合に加入している人ほど裁判等でサポートを得られやすいので、要求金銭補償額は大きくなるであろう。

そこで、要求金銭補償額（対月給表示）の決定要因を分析すると、労働に関わる直接的な損益の補償に関わる要因においては、勤続年数が長い、スキルが高いほど補償額（同）は高くなる。次に、心理的な補償については、自分が失業する確率は低い、雇用安定を望む人ほど補償額（同）は高い。また、交渉力等影響については、労働組合に加入している人ほど補償額（同）は高いことがわかった。

これらの結果は、使用者側の要因は考慮されていないことに注意する必要があるものの、解決金制度を導入する際、欧州諸国のように勤続年数が解決金水準の重要な決定要因になることに一定の合理性を与えると考えられる。

解決金と勤続年数の関係をどう考えるか

欧州諸国では解決金の水準は国によってばらつきがあるが、上限を設けながらも勤続年数が長くなればその分解決金が増える仕組みをほぼ例外なくとっている。法学者や経済学者を含め、勤続年数で決めるという考え方に異論はほとんどないといってよい。

しかし、日本に解決金制度を導入する場合、欧州諸国と同様そのまま勤続年数に応じた水準にすればよいということにはならない。なぜであろうか。

まず、欧米では厳格な先任権制度、具体的には、不況の場合、勤続年数の短い従業員から解雇されるというルールがあることを認識する必要がある。つまり、中高年ほど解雇がしにくい一方、勤続年数の短い若年者は解雇されやすいという厳然とした状況があるのだ。

だからこそ、不況期には若年失業が深刻化するのが欧州諸国の特徴となっており、不況期の解雇といえば、中高年がターゲットになりやすい日本とは大きな違いがある。

日本では「年功」が当てはまるのは、賃金処遇であり、雇用保障は必ずしも当てはまらないことには十分留意が必要だ。

したがって、欧州で解決金に勤続年数が強く反映されているのは、勤続年数が短い者から解雇される先任権ルールが徹底されていることが大きい。一方、日本の場合、中高年の賃金はそもそも諸外国よりも勤続年数による影響をより強く受けて高くなっている。企業側の負担を考慮すれば、日本での勤続年数の反映度合いは、欧州諸国よりも弱くなるべきであろう。

また、日本の場合、終身雇用を前提とした場合、解雇の際の不利益を考える際、定年まで勤めておれば得ていたであろう賃金プレミアム（他の職場に移って得られる賃金を上回る部分）が失われることにも配慮する必要がある。この場合、解決金は、解雇の時点から定年までの年数に依存することになる。このように考えると、日本の場合、解決金と勤続年数との関係はそれほど明確なものではなくなってしまう。

解決金制度導入に向けた更なる課題

解決金制度の導入は、紛争解決手段の多様化・選択肢の拡大とともに、得られる解決金水準が事前に決まっていることから予測可能性が高まることが目的である。しかし、日本の場合、解決金の水準を決めるルール作りは必ずしも容易ではない。欧州諸国の制度を参考にしながらも、日本独自の要因なども含め、様々な要因を考慮しながら、労使双方が納得するルール作りに向けて先入観にとらわれない柔軟な検討を行っていくことが重要である。

今後の課題としては、解決金制度導入に反対する中小企業使用者側や労働者側の納得感をさらに向上させる必要がある。労働者側からの申し立てのみを認めるとともに、労使協定を活用することが課題解決のためのカギとなる。つまり、将来的な法制度化に向けた検討においては、事前の労使協定の締結（過半数組合または過半数代表者と使用者）を要件とすることを前提として進めるべきである。

具体的には、あくまで労使双方の納得の下で任意に選択する制度とするとともに、国が最低水準を示した上で、それをどの程度上回る水準とするかは企業ごとに労使協定によって定めるべきだ。

こうした労使協定の活用により、当事者の実情や多様性を反映した柔軟性の確保、さまざまなニーズへの対応が可能となるであろう。

第7章 性格スキルの向上——職業人生成功の決め手

1 職業人生成功を決める性格スキル

ライフ・サイクル全体でみた人材力育成の重要性

経済成長を確実に実現していくための成長戦略の枠組みの中で、これまでも人材の育成・強化が強調されてきた。急速な高齢化の進行、グローバル競争の強まりなど内外の厳しい環境の下で資源小国である日本が、経済活力を維持・強化し、成長力を高めていくためには、女性、若者・高齢者を問わず人的資源の活用が大きなカギを握っていることはいうまでもない。

しかしながら、人的資本・人材力をいかに強化していくべきかという具体論になると議論は必ずしも収束していないのが現状である。問題は、議論が個別・縦割り分野の中で完結し、つながりを欠いていることだ。例えば、ライフ・サイクルで考えると、就業前の人的資本を担うのが小学校から大学

（院）までの学校教育であり、就業後は企業内外の訓練・能力開発が主体であるが、両者は別々に議論されるのが常である。

また、人材力育成は対象者別、つまり、若者、ミドル、女性などに分けて縦割り的に議論されることも多い。したがって、実りある議論を行うためには人的資本・人材力に関しても統合的・包括的な視点が是非とも必要になる。

そのための一つのアプローチは、ライフサイクル全体を通じた人的資本・人材力を考えることである。人間が生まれてから死ぬまでのライフサイクルの間、人的資本・人材力は様々な行動・経験を通じて積み重なりながら連続的に変化する。

この連続性を強調すれば、就業前、就業後で人的資本・人材力を分けて議論することは不自然であるし、学校教育から就業後の人材育成にいかにつなげていくかが重要な視点となるはずである。また、就業後の人材力については、一人前になるまでの人材「育成」だけでなく、中高年からの人材「形成」、または、若者への経験や技術等の伝承を行う人材「還元」といったように、連続的に各段階の人材力強化・活用を考えていくことが重要である。

以上のように、人づくりは就業前の教育と、就業後の人材育成を一体として進めるべきである。しかし、学校教育は、小学校から大学を通じて就業後の人材力を十分意識した教育にはなっていない。また、就業後の人材育成や職業訓練も、その土台である日本的雇用システムの変容や揺らぎの中で明確な軸を失っているように見える。その意味で、今まさに人材育成のあり方が問われているといえる。

どのようなスキルに着目するか

人材育成を考える場合、重要な着目点の一つはスキル（技能）である。仕事に応じて必要なスキルは異なるし、1つの仕事でも多様なスキルを用いるのが普通である。このスキルをどう身に付け、伸ばしていくかがポイントとなる。

スキルを分類する際、働いている企業でしか通用しない「企業特殊的スキル」、どの企業でも通用する「一般的スキル」に分けることが多い。例えば、長期雇用を特徴とする日本的雇用システムにおいては、同じ企業で継続的に働くことで身につき、当該企業でのみ有効な「企業特殊的スキル」の重要性が強調されてきた。

また、最近の世界的な労働者間での格差拡大については、技術進歩を取り込めるようなスキルを身につけられるかどうかで明暗が分かれることも強調されている。

しかし、こうした枠組みだけでは、喫緊の人材育成の問題を解明するには限界がある。

非認知能力の重要性

その中で、教育と労働の問題を統一的に考えるのに有益な考え方を提供しているのが、2000年にノーベル経済学賞を受賞した米シカゴ大学のジェームズ・ヘックマン氏らを中心とした非認知能力の役割に着目した研究である。認知能力が学力テストで測れる能力だとすれば、非認知能力とはテストなどで測れない能力で、個人的形質と関係している。

ヘックマン氏らは、米国で家庭環境に問題のある就学前の幼児に対する支援プログラムに着目し、認知能力よりも非認知能力を向上させることでその後の人生に大きなプラスの影響を与えることを強調した。

具体的な一例は、1960年代にアメリカで行われたペリー就学前計画の実験である。[1] この実験では、経済的に恵まれない3歳から4歳のアフリカ系アメリカ人（123名、最初のIQスコアは、全員が75から85）の子どもたちを対象に、午前中は学校で教育を施し、午後は先生が家庭訪問をして指導、2年間ほど継続された。

そして、就学前教育の終了後、この実験の被験者となった子どもたちと、就学前教育を受けなかった同じような経済的境遇にある子どもたちとの間では、その後の経済状況や生活の質にどのような違いが起きるのかについて、約40年間にわたって追跡調査が行われた。

実験結果をみると、両者のグループには有意な差がみられた。40歳になった時点で比較すると、介入実験を受けた子どもたちはそうでない子どもたちに比べ、高校卒業率や持ち家率、平均所得が高く、また婚外子を持つ比率や生活保護受給率、逮捕者率が低いという結果が得られた。

また、この実験では、就学前教育が認知能力と非認知能力といった異なる能力に対して異なる影響を与えたことが明らかになった。就学前教育の効果は、知能指数で測れる認知能力に対しては小さかったが、非認知能力を高めることに貢献していることが明らかにされた。

さらに、ヘックマン氏らはアメリカのGED（General Educational Development）とよばれる高校中退者の高校卒業資格制度の効果を分析して、GED取得者の賃金は高校を中退しGEDを取得していない者の賃金より低いことを明らかにしている。[2]

その理由として、高校を中退したGED取得者は、学校の授業に無断欠席するなどの問題行動が見られる傾向があり、GEDにより高校卒業と同等の学力があるとみなされても、規律や我慢強さ、動機といった点が欠けており、賃金にも影響が出てくるとした。

性格スキルとは

さらにヘックマン氏は、シカゴ大学のティム・カウツ氏との共著のサーベイ（文献研究）論文で、非認知能力を巡るこれまでの研究を包括的に整理するとともに、幼年期のみならず青年期における支援プログラムも紹介し、職業訓練まで視野に入れて評価している(3)。

その議論で特徴的なのは、認知能力と非認知能力を、それぞれ認知スキル（cognitive skill）、性格スキル（character skill）と呼び換えていることである。

非認知能力を単に個人的形質と捉えてしまえば、それは遺伝的、先天的に決まってしまうものであり、その人の人生の中ではほとんど変わらないことになる。しかし、それをスキルの一種と捉えれば、むしろ人生の中で学び、伸ばしていく、また、変化しうるものと捉えることができる。

考え方の違いと言えばそれまでであるが、現実へのインプリケーションは大きく異なる。本章では、非認知能力をイメージしやすいように性格スキルと呼び換えて、使うこととする。

性格スキルを構成するビッグファイブ

性格スキルはこれまで政策現場や経済学では死角になっていたが、心理学者はこうしたスキルを長年研究してきた。この中で、性格スキルを分析する上で「ビッグファイブ」（Big Five）という分類が広く受け入れられている。ビッグファイブは、性格スキルをよりきめ細かく定義するための緯度と経度のようなものと理解できる。

具体的には、ビッグファイブとは、基本的な個人的形質の次元を5つに集約させたものである。「開放性」（Openness）、「真面目さ」（Conscientiousness）、「外向性」（Extraversion）、「協調性」（Agreeableness）、「精神的安定性」（Emotional Stability）の次元からなる。

まず、「開放性」とは、新たな美的、文化的、知的な経験に開放的な傾向をみたものであり、好奇心、想像力、審美眼を示している。「真面目さ」とは、計画性、責任感、勤勉性の傾向をみており、自己規律、粘り強さ、熟慮を示している。

また、「外向性」とは自分の関心や精力が外の人や物に向けられる傾向をみており、積極性、社交性、明るさを示す。「協調性」とは、利己的ではなく協調的に行動できる傾向をみており、思いやり、やさしさを示す。「精神的安定性」は、感情的反応の予測性と整合性の傾向を捉えており、不安、いらいら、衝動が少ないという資質を示している。

学歴や労働市場へ影響を与える性格スキル

ヘックマン氏らはこれまでの多くの研究を引用し、性格スキルが学歴、労働市場での成果（賃金など）、健康、犯罪などの幅広い人生の結果に影響を与えることを明らかにしている。ビッグファイブの中では、特に「真面目さ」が様々な人生のパフォーマンスを最も広範に予測していることが注目される。

労働市場での成果に絞ってみても、仕事の成果と最も強い関係を持つのはやはり「真面目さ」である。しかし、その強さは知能指数（ＩＱ）の半分程度であった。ＩＱの重要性は仕事が複雑になればなるほど増し、特に大学教授、上級管理職にとってより重要となる。

一方、「真面目さ」の重要性は仕事の複雑さとはあまり関係なく、より広範な仕事に対して有用だと指摘している。こうした研究結果は、将来どのような職を選ぼうとも「真面目さ」を家庭や教育の現場で身に付けさせることがいかに重要かを示している。

日本の場合については、大阪大学の大竹文雄氏らが、大阪大学が実施した「くらしの好みと満足度についてのアンケート」の日本調査とアメリカ調査の２０１２年データを使用し、性格スキルとして測定されたビッグファイブが学歴、所得、および昇進に与える影響を男女あるいは日米で検証した。(4)

まず、日米で共通した結果を見てみよう。所得については、男性は「真面目さ」と、女性は「外向性」や「情緒安定性」と正の相関関係にあり、昇進については男性のみで「外向性」と正の相関関係が観察されたことが挙げられる。

一方、日米で異なる関係がみられたのは、性格スキルの学歴への影響である。日本では教育年数に対し「協調性」は正の相関関係が観察されるのに対し、アメリカでは教育年数は「協調性」と負、「真面目さ」とは正の相関関係が観察された。

「真面目さ」や「外向性」は就業してからのパフォーマンスに影響を与えることが、特定の国のみならず広範に確認されたといえよう。

しかしながら、ビッグファイブの計測は主に質問票による自己報告であり、主観的なバイアスが入りやすいという問題点もある。そのため、第三者の客観的な評価を性格スキルとして利用した分析も行われている。

スウェーデンのストックホルム経済大学のエリック・リンキスト氏らは、心理学者がスウェーデン軍の兵士に入隊時に面接して把握したデータを用いて、失業者や低賃金労働者はそれ以外の者と比べて性格スキル、認知スキルとも低いが、性格スキルの面でより劣っていることを示した[5]。一方、熟練労働者や賃金が高い者に関しては、認知スキルの方が賃金に与える影響が大きいことを示した。

性格スキルと認知スキルの関係については、ヘックマン氏らは、性格スキルが高ければ認知スキルは伸びやすいが、その逆は必ずしも明らかではないことを示した[6]。いずれにしても、性格スキルと認知スキルとは、補完的に機能しているといえる。

このように性格スキルは幅広い学歴・職業で共通して重要であり、その欠如が職業人生の失敗に強く結びついている。裏を返せば、性格スキルを高めることで、どのような道に進むといえども、職業人生が開いていく可能性があるのだ。

2 性格スキルを伸ばす家庭環境と教育

それでは、性格スキルを高めるためには何が必要であろうか。本節では幼少期や就学期における具体的な取り組みを検討してみよう。

幼少期の家庭環境の影響

性格スキルの重要な決定要因の一つが、幼少期の家庭環境である。ヘックマン氏らは、子どもの蔵書数、子どもの楽器の所有、子どもが受ける特別なレッスン、子どもが美術館やミュージカルへ行く頻度を親の投資と考えて、それが認知、性格スキルの両方に影響を与えることを明らかにしている（性格スキルへの影響がわずかながら高い）[7]。また、英ユニバーシティ・カレッジ・ロンドンのカルネイロ氏らは、父親の社会階層や両親の子どもの教育に対する関心、父親が新聞や本を読んでいることが性格スキルに有意に影響することを示した[8]。

就学期の学校での取り組み・課外活動の影響

幼少期の家庭環境と同様に、就学期における学校での取り組み・課外活動は、認知スキル・性格スキルの両方の発達を促すことが、様々な研究で明らかになっている。

例えば、スイス・チューリヒ大学のカーミット・セガル氏は、アメリカの8年生（中2）時点で問題行動（不登校、遅刻、宿題未提出など）があった人に着目し、テスト成績を基に学力の影響を除いても、26～27歳時の賃金が相対的に低い傾向を指摘した[9]。学歴の影響を統計的に取り除いても、すべての学歴レベルで同様の傾向がみられた。一方、8年生の標準テストの成績と賃金の相関は、高等教育以上の学位を持つ者に限られていた。

米イリノイ大学のクリスティ・レラス氏は、アメリカの高校1年生（10年生）に対する教師からの評価を性格スキルの指標として、10年後の賃金に与える影響をみている[10]。具体的には、宿題の遂行、勉強の取り組み、遅刻の有無から勤勉性、他の学生との良好な関係から社会性・協調性等の指標を得て、これらが賃金に影響を与えることを示した。

課外活動に関しては、レラス氏は運動系クラブや学術系クラブへの参加が学歴や賃金を有意に引き上げるが、美術系クラブへの参加は、学歴に明確な影響はなく、賃金を引き下げる効果があることを示した。

運動系活動の効果

特に、運動系活動の効果については、スイス・ザンクトガレン大学のシャルロット・カバーヌ氏らは、アメリカのパネル・データを使い、中学時代に週1回個人種目のスポーツに参加していた男性は、管理職（13年後）になる確率が1・6％高い一方（高校時代の団体種目の参加は同確率を1・4％高める）、高校時代、個人種目のスポーツに参加していた女性は管理職になる確率が1・6％高いことを示した[11]。また、米パデュー大学のジョン・バロン氏らは、アメリカのパネル・データを用いて、運動部で活動した人は他の課外活動をした人に比べ、賃金が4・2％高いことを示した[12]。

さらに、米カリフォルニア大学サンタバーバラ校のピーター・クーン氏は[13]、アメリカの白人男性のデータを分析し、高校時代にリーダーシップをとるポジションにいた人（運動部のキャプテン、クラブの部長をしていた男性）は、賃金が4～33％ほど高いことを示した。

このように、課外活動のうち運動系の活動をしたり、リーダーのポジションにあった人は、高賃金や昇進といった将来の経済的な成果を得ることが確認されている。こうした経験により性格スキルの発達が促された結果と解釈することができよう。

日本における性格スキルの分析例

日本については、まだ、実証分析の蓄積が浅いが、性格スキルを形成する場所として家庭の役割に着目した京都大学の西村和雄氏らは、子どもの頃になされた躾《しつけ》が、その個人の成人後の労働所得に与える影響を調べることにより、躾が労働市場における評価にどのような影響を与えているかを検証した[14]。

労働市場の評価に大きな影響を与える躾は、特に、4つの基本的なモラル（「うそをついてはいけない」「他人に親切にする」「ルールを守る」「勉強をする」）であることが示された。

例えば、この4つの基本的なモラルの躾をすべて受けた者と、1つでも欠けた者との間での所得（年収）比較を行うと、基本的なモラルの躾をすべて受けた者はそうでない者よりも約57万円多く所得を得ていることがわかった。

このように、家庭における躾が非認知能力を高めることを通じ、将来の労働市場での評価、パフォーマンスに影響を与え得ることが分かった。

幼少期の家庭環境は学歴、雇用形態、賃金へどのような影響を与えるか

また、幼少期や就学期に身に付けられた性格スキルの影響を分析した数少ない研究の一つが、筆者がリクルートワークス研究所の戸田淳仁氏、久米功一氏と共同で行った分析である[15]。具体的には、性

格スキルやそれを形成する幼少期の家庭環境が、学歴や就業以降の雇用形態（正社員であるか否か）、賃金といった労働市場における成果に及ぼす影響を分析した。

まず、幼少期の家庭環境として、小学校低学年（7歳時点）および中学校卒業時点（15歳時点）の①暮らし向きが良かったか否か、②両親は共働きをしていたか、③家にはたくさん蔵書があったかといった点に、また、両親の教育水準として、父親母親が大卒か否かに注目した。

認知スキルとして、分析対象者が主観的に答えた15歳時点での成績の評価を使った。さらに、性格スキルとして、①高校時に遅刻があったか否か（「真面目さ」の変数）、②子どもの頃に1人遊びをよくしていたか、室内遊びをしていたか（「外向性」の逆の変数）、③中学生時代にどの部活・クラブに入っていたか（運動部、文科系、生徒会、いわゆる帰宅部）、団体競技・個人活動か否か、部長やキャプテンを務めていたかに注目した。

分析結果をみると、認知スキル（15歳の成績）について、性格スキルや幼少期の家庭環境をコントロールしてもなお学歴、雇用形態、賃金に対して有意な影響があった。

幼少期の家庭環境については、家庭環境が学歴に対して有意に影響するが、就業以降は家庭環境の影響が弱まる。賃金に対しては、蔵書の多い家庭で育った人ほど賃金が高いという結果になった。

性格スキルに関しては、「真面目さ」を表す高校時の無遅刻は、学歴を高め、初職および現職で正社員になりやすいという効果がみられた。「外向性」とは逆の性向を示す室内遊びの傾向（15歳時点）については、学歴を高める方向に働くものの、現職において正社員にはなりにくいという結果が得られた。さらに、中学時代に運動系クラブ、生徒会に所属したことのある者の賃金が高まる効果がみられた。

これらの結果は、認知スキルだけでなく、「真面目さ」「外向性」「協調性」やリーダーシップを涵《かん》養《よう》するような活動・経験が、将来の労働市場での成功に関係することと解釈できる。

幼少期の家庭環境が認知スキルや学歴に影響を与え、さらに認知スキルや学歴がその後の人生に影響を与えることを考慮すると、ヘックマン氏らが主張しているように、幼少期の家庭環境をサポートし十分な教育機会を与えるような政策が日本においても効果が得られる可能性が高い。

また、認知スキルと並んで高校時の遅刻状況などで表わされる「真面目さ」は学歴や就業人生に大きな影響を与えることから、まずは「真面目さ」を養うことが教育政策の方向として重要であるといえる。さらに、運動系クラブや生徒会に所属する経験が賃金にプラスに働くことから、課外活動を通じて、「外向性」「協調性」やリーダーシップを高めていく取り組みも必要である。

性格スキルの形成時期

認知スキル、性格スキルの形成時期について検討してみよう。前述のヘックマン氏らの研究は、親の投資による認知スキルの変化は6～7歳から8～9歳の変化が他の年齢間の変化（8～9歳から10～11歳、10～11歳から12～13歳）に比べて大きいが、性格スキルの獲得は8～9歳から10～11歳が最も大きいことを示した(16)。認知スキルは10歳までにかなり開発されるが、性格スキルは10代以降でも鍛えられるとしている。

これらの結果は、認知スキルに比べて、性格スキルはより遅いタイミングで獲得可能であることを示唆している。

ヘックマン氏らは、すべてのスキルを形成する上で幼年期が重要だという確固たるエビデンス（科学的証拠）はあるものの、性格スキルは認知スキルに比べ後年でも伸びしろがあるので、青年時の矯正は性格スキルに集中すべきだと最近の研究では強調している[17]。

ヘックマン氏の議論は、かつては性格スキルも含め幼年期の重要性に大きな軸足を置いてきた。このため、幼年期の教育の重要性が指摘され、貧困が幼児教育に悪影響を与えるため、政府の支援の必要性も議論されてきた。

しかし、幼児期を逃すともう手遅れという視点が強調されれば、小学校から大学・大学院へ続く教育の意義も弱くなってしまう。むしろ、青年期こそまだ伸びしろのある性格スキルを高めて行くべきとの議論は、筆者のように大学で教育に携わる人間や企業社会で若者を指導する立場の方々にとっても大変勇気づけられる議論である。

3　性格スキルを鍛える就業支援

このように考えれば、性格スキルを鍛えることは就業支援にも役立つことが期待できそうだ。例えば、かつての徒弟制度の意義もこの性格スキルに基づいて説明することができる。徒弟制度の下では、若者が大人と信頼関係を結びながら指導や助言を受けることになる。

しかし、重要なのは、その中で技術のほかにも、仕事をサボらない、他人とうまくやる、根気よく仕事に取り組む、といった貴重な性格スキルを教えられていたことだ。

つまり、徒弟制度がうまく機能していたとすれば、それが単に技術を学ぶ場だけでなく性格スキルを伸ばす場であったためといえる。

したがって、職場をベースにしたプログラムの中で性格スキルを教えれば、ハンディのある若者に対し彼らが家庭や高校では得られなかった規律や指導を与えることができる。実際、海外における青年期の介入プログラムをみると、認知的・学問的な学びを中心としたものよりも、性格スキルの向上を狙ったものの方が効果は大きいことが明らかになっている(18)。

日本的雇用システムと性格スキルの関係

日本のコンテキストで考える際には、日本的な雇用システムと性格スキルの関係も重要な論点となる。例えば、大企業を中心に新卒一括採用が行われているが、これはどのような職務ができるかということよりも、性格スキルにより焦点を合わせた採用といえるかもしれない。

これまで就職活動においては人間力、社会人力といったどちらかといえば曖昧に語られてきた能力についても、ビッグファイブを中心とした性格スキルととらえ直すと、企業がどのような能力を求めているかもより具体的に明らかになるといえる。

また、日本企業ではＯＪＴ（オン・ザ・ジョブ・トレーニング）が重視されているが、これも単に仕事を覚えるだけではなく、若手を鍛えながら、性格スキルを伸ばすプロセスも多分に含まれていたと思われる。

しかしなら、1990年代後半以降、成果主義が広まり、評価者としての上司の役割が強調されるほど、教育者としての上司の役割が弱くなっていったといっても過言ではない。その中で、性格スキルを高めるという視点も弱くなった印象を受ける。ブラック企業とかパワハラという言葉が、そうした傾向に拍車をかけているのかもしれない。しかし、本人の健康や心の管理に十分気配りしながらも本人の性格スキルを伸ばしていくことが重要なことを、今一度認識すべきである。

性格スキルと職業教育・訓練政策との関係

また、性格スキルは政府の職業教育・訓練政策に対しても大きなインプリケーションを持つ。例えば、世界的にみても若年者や未熟練労働者、失業者への教育訓練が必ずしも成果を上げていない理由も、性格スキルという視点を持てば明白といえる。

英財政問題研究会のバーバラ・シアニージ氏は、スウェーデンを対象に、失業者が新たな職を見つけるために最も効果的な方法は、民間に補助金を与えて常用として雇い入れるようなプログラムであり、企業外でのフルタイムの授業による訓練を受けても、何もプログラムを受けない失業者よりも就職確率はむしろ低下することを示した。[19] これは、実際に企業で責任を持って働くことが性格スキルの向上をもたらしたと解釈できる。

欧州では若年失業の問題が深刻だが、ドイツ、スイス、オーストリアなど徒弟制度に起源を持つ職業実習が盛んな国の若年失業率が低く、2008年からの大不況でも、それほど若年失業率が上昇しなかった。これも、職業実習制度の持つ職場での性格スキル形成と関係がありそうだ。

職業教育・訓練政策の問題点

一方、日本の職業教育・訓練政策に目を転じると、1990年代以降、自己啓発・個人主導の職業能力開発（例：98年に創設された教育訓練給付制度）が強調され、2000年代に入ってからキャリア支援形成が中心となっている。

しかし、上記の教育訓練給付は当初教育訓練費用の8割を支給するというかなり手厚い支援であり、逆に語学学校費用やパソコン購入などに集中して必ずしも効率的に使われなかったのではないかという批判も生んだ。

また、2011年に創設された失業者に対する「求職者支援制度」においては、座学中心の訓練講座の問題点（質の低さ、出欠重視など）も指摘されている。

このように、職業教育・訓練政策は必ずしも期待される効果を上げていないというのが、欧米も含めコンセンサスとなっている[20]。職業教育・訓練政策に過度な期待をかけるのは危険であり、システマティックに政府の介入を大きくすることが最適な政策とは言えない。こうした結果も、職業教育・訓練政策があまり性格スキルに着目してこなかったためであると一括りに評価できるかもしれない。

やはり、実際に、企業内で責任ある仕事を任されることで、性格スキルを含めた多様なスキルの向上を図ることが重要である。今後、日本においても、教育、職業訓練など幅広い分野において性格スキルの重要性を認識し、その向上を人材育成の柱のひとつに据えるべきであろう。

第8章 働き方の革新を生み出す公的インフラの整備

これまでみてきた働き方改革は、もちろん民間主導で行うべきものであり、そうした流れを後押しするために、労働法見直しを含む制度、基盤の整備が重要であることを強調してきた。

しかし、雇用や労働に関わる具体的な法律改正やガイドライン作りのみが政府の役割ではない。第8章では、より幅広い視点に立って、様々な働き方改革を行う上で重要な公的インフラの整備を取り上げてみたい。

第一は、働き方改革と補完的な社会保障制度改革である。年金を例に挙げるまでもなく働き方と社会保障制度は密接な関係を持つ。第二は、働き方改革を実現していくための政策決定プロセスである。

1 高齢者雇用促進・現役世代サポートと両立する社会保障制度改革

まず、現在の社会保障制度の問題点を考えてみよう(1)。

第一は、給付と負担のアンバランスで財政が持続可能でないことだ。少子高齢化が今後さらに進むことによって、社会保障給付が増加することが見込まれている。厚生労働省の推計によれば、２０１２年度から25年度にかけて社会保障給付の財源である税・保険料の基盤となるＧＤＰは約27％の伸びにとどまる一方、社会保障給付費は約36％も増加するとされている。

現行制度を放置すれば、社会保障分野における受益と負担の不均衡は悪化する一方である。こうした状況に歯止めをかけ、社会保障制度の持続性を確保することが喫緊の課題である。

第二は、現役世代に比べ高齢者への給付・ベネフィットの偏りがみられることだ。

わが国の社会保障制度は、高度成長期に形作られたため、勤労世代に負担を負わせて高齢世代に給付するという賦課方式的な形で運営されている。このため、世代間で受益と負担についての格差が大きくなっている。

世代別の社会保障等の受益額を見ると、60歳代、70歳代以上に集中している一方、負担額では、40歳代、50歳代の現役負担が相対的に大きくなっている。

また、日本は欧米に比べ高齢者施策に偏り、家族施策、現役施策の割合が低くなっている。人口減少・少子高齢化社会においては、高齢世代の純受益（受益マイナス負担）に比べると、若い世代の負担超過がますます増え、社会保障をめぐる世代間の受益と負担の格差がさらに拡大する可能性が高い。

また、現行制度は年齢・世代を基準にして負担と給付の仕組みを設定しているため、例えば、高齢者ということで「困っていない人」も支援する一方、現役世代でも真に「困っている人」への支援が不十分になっている面もある。

働き方改革と整合的な社会保障制度改革の必要性

上記の問題点を解決するためには、高齢層・現役層といった年齢・世代の違いだけに注目するのではなく、その人が所得・資産などの面で困っているか、困っていないかを見極め、「困っている人」を集中的に支援するという姿勢が重要となる。

具体的に求められるのは、「困っていない高齢者を増やし、困っている現役世代をサポート」する社会保障制度改革である。その際、これまで論じてきた働き方改革と整合的な社会制度改革を目指すことが重要だ。

例えば、困っていない高齢者を増やすためには、高齢者の就業促進をするような社会保障制度改革が必要となる。その一方で、現役世代へのサポートを厚くする社会保障制度改革も重要となってくる。なぜなら、ジョブ型正社員がデフォルトになるためには、後払い賃金システム見直しが必須であり、そうした賃金改革の負の影響を緩和する必要があるためだ。

高齢者の就業を促進する社会保障制度改革とはなんであろうか。まず、定年制の廃止を見据えながら、年金支給開始年齢の引き上げが視野に入ってくるであろう。しかし、より高齢になっても働けるためには、高齢者の健康確保が前提となる。日本の場合、平均余命も諸外国に比べても高いが、高齢者の中でみれば健康度のばらつきもかなり大きいことが知られている。

したがって、高齢者になっても生き生きと長く働けるためには、健康確保・病気予防に軸足を置いた医療制度改革を実現させる必要があろう。高齢者の健康が確保されることによって、就労促進と財政負担縮小が一石二鳥で実現される意義は大きい。

「病気を治す」医療から「病気を予防する」医療へ

筆者が共同代表者を務めたＮＩＲＡ総研のプロジェクトの報告書「社会保障改革しか道はない」で一橋大学の井伊雅子氏は、医療改革を進める上で、「病気を治す」医療から「健康生活を維持する」「病気になることを予防する」医療へと転換すべきと説いている。

なぜならば、国民健康保険の外来医療費の上位を占める高血圧や脂質異常症、糖尿病といった生活習慣病が、入院医療費で上位を占める、脳梗塞、心不全、腎不全、心筋梗塞といった疾患を引き起こしている可能性が高いためである。

したがって、生活習慣病からの「悪い連鎖」を断つことが重要であり、そのためには予防対策が効果的であるのだ。

また、井伊氏は、脳卒中をはじめとする脳血管疾患は更に認知症発症や介護保険の要介護4、5への連鎖を生み出す要因になると警告している。認知症にかかる医療費は、後期高齢者の医療費の大きな部分を占めているだけに、この連鎖を断ち切ることも重要だ。また、長引く入院は、高齢者の認知症の悪化、筋力低下、そして転倒等の危険を招き、骨折により介護を必要とする状況になりやすい。

このように医療費を必要以上に増大させている「悪い連鎖」を断ち切っていくためにも、生活習慣病の予防が重要といえる。

予防という視点から重要な制度変更は、2008年に新しい健診制度として「特定健康診査・特定保健指導」が導入されたことだ。これにより、健康保険組合などの保険者に対し「予防」への取り組みの実施が具体的に義務付けられることになった。つまり保険者は、健診を通じて生活習慣病に罹患するリスクのある被保険者を早めに発見し、保健指導を行うなど予防に努めなければならなくなったのだ。

その際、注目すべき動きとしては、レセプトオンライン化の急速な進展を活用して、予防医療をより効果的に実施するために、レセプトや健診結果など加入者のデータのきめ細かな分析・検証に取り組む健保組合も増えていることだ。また、特定健診のデータの保管が制度上義務付けられたことで、保険者の保有する医療、健康に関する分析可能なデータ量が飛躍的に拡大したことも大きい。

市町村の例になるが、人口15万人以上の市町村で高齢化率が最も高い広島県呉市は、医療費抑制の観点から医療のＩＴ化を推進し、健診データとレセプトの情報を結び付けた分析を行っている。これにより糖尿病で人工透析を始める一歩手前の患者を抽出することが可能となり、看護師による食事から運動法まで含めた細かい指導が、人工透析を新しく始める患者数を4分の1程度減少させ、医療費約３０００万円／年の削減につながった(2)。同様の取り組みは２０１５年から埼玉県でも始まっている(3)。

ＩＣＴを通じたデータの利活用は働き方改革だけでなく、こうした医療の分野にも革新を起こしつつある。今後とも、そのような取り組みを拡大させていくべきであろう。

オランダ型の社会保険料負担軽減税額控除の導入に向けて

一方、高齢者から現役世代へのベネフィットのシフトはどのように行うべきか。現役世代の低所得者、子育て世代へ対応を強化すべきであろう。そのためには、マイナンバーを活用し、勤労意欲に悪影響を与えないような制度として給付付き税額控除の導入を真剣に考えるべきであろう。
給付付き税額控除の枠組みには様々なタイプがあるが、年収150～250万の低所得世帯の社会保険料の負担が特に重いことを考えると（年間15～30万円程度）、それを相殺するのに十分な額（30万円程度）を税額控除または給付（軽減額の税・社会保険料超過分）する仕組み（オランダ型の社会保険料負担軽減税額控除）が考えられる。[4]
財源については、労働市場二極化問題に国民全体で取り組むという趣旨から、負担が広く・薄く、また、「割り勘」的性格を持つ消費税で賄うべきである。

「103万円の壁」「130万円の壁」への対応

多様な働き方と税社会保障制度との関係については、最後に、「103万円の壁」「130万円の壁」について考えてみたい。

前者は例えば、妻の給与所得が103万円以下であれば、基礎控除38万円、給与所得控除（最低保証65万円）を除いて課税所得がゼロになり課税されないのみならず、夫は配偶者控除（38万円）が受けられるため税負担が軽減されるが、103万円を超えると妻の所得は課税され、配偶者控除もなくなる状況を指す。

また、後者は、妻の給与所得（将来に向かっての見込み）が130万円未満ならば、夫の被扶養者（国民年金の第3号被保険者や健康保険の被扶養者）になり、社会保険料を払う必要がないが、13

0万円以上になると自ら社会保険料を支払わなければならないことを意味している。

こうした「壁」が所得制限へのインセンティブを生み、女性の働き方をゆがめていることは明らかだ。第2次安倍政権でも、経済財政諮問会議や政府税制調査会でも見直しに向けて議論が行われている。

ライフスタイルや働き方に中立的でない制度は改めるべきであることは言うまでもないが、そういう声が大きいにもかかわらず、なかなか改革が進まないことにこそ目を向ける必要がありそうだ。

中央大学の森信茂樹氏は、最大の理由として「内助の功」への評価を指摘し、専業主婦優遇は少子化対策にもつながるといった論点も加わっているとしている(5)。働き方に対する考え方のみならず、家族観も一種の「岩盤」になっているので、そこを変えていくことがむしろ重要と考えられる。

2 多様な働き手の声が反映される政策決定プロセスの構築

労働政策決定プロセスにおける三者構成の意義と環境変化

働き方改革を支える公的インフラ整備として社会保障制度改革と並んで重要なのが、労働政策決定プロセスの見直しである。労働法制の制定・改正においては、まず、厚生労働省（旧労働省）において学識経験者による研究会で議論のたたき台が作られた後、三者構成（労使と中立な公益委員）による労働政策審議会で検討が行われるというのが、そのプロセスの中心を占めてきた。

しかし、1990年代以降、様々な分野で規制改革が進められる中で、規制改革や成長戦略などを担当する行政組織・会議など三者構成が担保されてない旧労働省、厚生労働省以外の政府部局から改革の提案が行われ、検討されることも多くなってきている。

例えば、規制改革会議、経済財政諮問会議、産業競争力会議などは、メンバーの構成においてＩＬＯ（国際労働機関）が要請する三者構成を満たしていないので、そういう会議体や政府部局で労働・雇用を議論したり、政策決定をすべきではないという意見は、これまでも労働組合代表側から提起されることが多かった。

このように多様な会議体で労働・雇用政策に関する議論が行われるようになったことは、一見、三者構成の政策決定プロセスの地盤沈下のようにみえる。しかし、別の会議体が提言を行ったとしても、必ず、三者構成が確保された労働政策審議会で審議が行われ、法案を作成していくプロセスは全く変わっていない。

むしろ、厚生労働省は公労使三者構成原則を前面に打ち出しながら、労使のバランスをとって政策を決定していくというスタイルを維持し続けており、他の会議体が暴走して手が付けられないというイメージはまったく間違っている。

実際、東京大学名誉教授で労働政策審議会会長、中央労働委員会会長を歴任した菅野和夫氏は、労働関係の会議体の関係について、以下のように述べている(6)。少々長いが引用してみよう。

「踏まえる必要があるのは、現在の法制の下では審議会を通さないと法改正や新立法ができないようになっていることである。機能する労働政策、労働立法は労使の意見を聞かざるを得ない。様々な工夫が必要と思うが、雇用労働政策のあり方が国の経済政策全体の中で大きな重要性をもって語られる時代になっていることからすると、経済財政諮問会議などで経済政策全体が議論される中で雇用労働政策の方向性が語られ、そして、専門調査会などで経済政策全体との関係で労働政策が検討され、さらに、厚労省の各分科会で具体的にその労働政策の中身を考える。また、それらの中間、労働政策審議会の本審で国全体の経済政策との関連性や分科会全体を考えるような議論をし、労働政策を考えていくことが必要ではないか」

これは、三者構成が確保された労働政策審議会で具体的な制度設計の議論が行われるのであれば三者構成が確保されていない別の会議体で大きな方向性が示されることは構わないのではないか、むしろ経済政策全体の整合性を考えると望ましいのではないかとの見方を提示していると解釈できよう。

多様な会議体の「連携」と「不協和音」――労働時間規制見直しの例

むしろ、問題なのは近年、様々な会議体が乱立しているため、各テーマにおけるそれぞれの会議体の役割分担が必ずしも明確でないことだ。雇用分野も例外ではない。

第4章では、労働時間規制の例外的措置の見直しの一つとして高度プロフェッショナル制度（いわゆる脱労働時間制度）について論じたが、前述の通り、かつて挫折したホワイトカラー・エグゼンプションの議論が再度本格的に行われるようになったきっかけは、2013年12月5日に公表した規制改革会議の意見（「労働時間規制の見直しに関する意見」）であった。

この意見は、当初、産業競争力会議側にも好意的に受け入れられ、2013年末に公表された産業競争力会議雇用人材分科会「中間整理」、16年1月に公表された産業競争力会議「成長戦略進化のための今後の検討方針」では、三位一体で労働時間改革を進めることが明記されている。

しかしながら、再度、労働時間改革を議論した4月22日の産業競争力会議雇用人材分科会に提出された「長谷川主査ペーパー」は、労働時間と報酬のリンクを切り離す新たな労働時間制度の対象者としてAタイプ（労働時間上限型）、Bタイプ（高収入・パフォーマー型）（概ね1000万円以上の年収要件）を掲げた。

後者については、規制改革会議意見においても、経営層に近い上級管理職等については、労働時間の量的上限規制に代えて健康管理のための適切な措置の義務付けを行うことも提案しているので、それ自体、規制改革会議の意見と矛盾していたわけではない。

また、前者は労働時間上限設定の仕方が規制改革会議の考え方と異なる部分があるものの、規制改革会議意見にある程度配慮した提案といえる。しかしながら、文中から労働時間規制の適用除外制度、労働時間量的上限規制、休日・休暇取得促進に向けた強制的取り組みをセットにした「三位一体」の文字は消えており、この時点で後から振り返れば産業競争力会議のスタンスの転換点であったように思われる。

5月中旬頃から規制改革会議、産業競争力会議などがそれぞれ提案してきた政策について閣議決定を目指して関係省庁と折衝を本格化していったが、規制改革会議が提案した「三位一体の労働時間改革」は早い段階で政府全体の方針から落ちてしまったようだ。

推測の域を出ないが、①成長戦略の目玉作りのために労働時間改革がピックアップされた、②目玉になるためにはできるだけわかりやすい仕組みが必要、③6月までに大枠を決着させることが必要、ということが重視され、新たな適用除外の対象者が基本的には労使に委ねられ、また、その大枠が決定するには検討の時間がかかる「三位一体の労働時間改革」が避けられたのは想像に難くない。

6月に公表された「規制改革会議答申」には「三位一体の改革」は盛り込まれたものの、閣議決定される政府の「規制改革実施計画」には一文も盛り込まれず、労働時間規制見直しについては産業競争力会議と規制改革会議の意見が真っ二つに分かれるという異例の展開となった。

この後、会議体同士の連携の必要性が叫ばれたが、筆者が実際に委員として関わった経験からすれば非常に難しいというのが実感だ。特に、雇用問題については、労働政策審議会以外の会議体が扱うのであれば、乱立状態を整理し、役割分担を明確化させる必要があろう。

労働政策決定プロセスの真の問題点——長期化・遅延

上記のような会議体の整理とともに、労働・雇用における政策決定プロセスの大きな問題は、今の仕組みを前提とすると立法・法改正という形で実際に政策が実行されるまでにかなり時間がかかってしまうということである。

例えば、各種の会議体で雇用制度改革についてかなり具体的な提言をしても、労使の代表が参加していないことを理由に、厚生労働省ではいちから学識有識者を中心とする研究会を立ち上げる。その後、労働政策審議会で審議が進められ、結論が出るまでに1年半程度かかることが多い。

もちろん、各種会議体でかなり具体的な提言がなされた場合には、研究会のプロセスを省略し、労働政策審議会で議論を始める場合もないわけではないが、三者構成が確保されていないことを理由に審議会の委員は他の会議体の提言の正当性に疑義を唱え、ひっくり返すところから始めることが多い。これも時間的コストや議論の非効率性を高める要因になっている。

また、労使双方の代表委員もお互いに自分のバックを意識し、労働政策審議会を自らの立場を通すために最大限努力していることをアピールする「場」として捉えている。このため、外部から見れば、労使双方の対立が必要以上に強調されているようにも感じられる。

一方、ある程度の期間、対立を装いながらも、ある時期が来れば、厚生労働省が労使双方と水面下で交渉し、お互いに取引を行い、落としどころを見つけることで合意することが多い。つまり、対立の解消のため、お互いが相手の要望を認め合うという取引で決着が図られやすいのである（「痛み分け」）。

このため、労働政策審議会は一般傍聴が可能などオープンであったとしてもお互いの言い分を述べることに止まりがちでなかなか議論が深まらない一方、落としどころに向かう肝心な議論のプロセスは外からみえないことが多い。国民的な立場からは、「場外乱闘」も辞さないが、筋書きの決まっている「プロレス」「茶番劇」を見せられているといっても過言ではない。

また、こうした水面下の取引で制度自体にゆがみをもたらす場合も多い。なぜなら、実際、政策決定に当たっては労使間の隔たりを埋めるため、相手の言い分を双方が取り入れることが多く、妥協の産物になりがちであるが、制度としては複雑になり、制度本来のあるべき一貫性や整合性が犠牲になってしまうためだ。

三者構成のメンバーの代表制と役割

また、三者構成自体の必要性は認めつつも、構成メンバーが時代に合った役割を果たすことができているか検討することも重要だ。

例えば、公益委員はこうした労使の対立を調整する役回りでしかなく、必ずしも高い見識で望ましい方向へ労使の議論を誘導しているというわけではない。また、労使は連合、経団連という無限定正社員システム信奉者がいまだにメインプレーヤーであり、多様な働き方をする人々の声が十分反映されていないという問題点も深刻である。

非正規雇用の割合が増加して、組合の加入率が低下している中で、連合等の労働組合の全国的組織(ナショナル・センター)が労働者全体の声を代弁する組織として岐路に立っていることは確かである。また、使用者側については、かつては、労働問題については旧日経連が担当していたが、経団連との統合により、全体として専門性の低下など取り組み方に変化もみられる。

上智大学名誉教授で中央労働委員会会長も歴任した花見忠氏は、ILOの基本原理である三者構成原理(特に、労働者代表)が加盟国の相当数で組織率の低下を背景にかなり形骸化しているという国際的な流れを指摘した上で、「我が国でも連合を中心とした支配的組合が大企業の正規労働者の利害のみを代表する既得権擁護の組織と化しているが、特にこれらの組合が形骸化した三者構成の原理に依拠して国の労働政策に強力な発言権をもち、労働行政における支配的地位を維持し労使関係制度のキーアクターとして役割を演じていることが最大の問題だ。この結果、フリーターやニートを含む短期雇用、非正規雇用を否定的に評価し、日本的雇用差別構造と労使一体の企業優先の価値観を基本とする正規雇用を中心においた発想に基づいた労働政策の形成と施行が三者構成原理に基づく政策決定メカニズムによって実現されてきた」と指摘している。[7]

また、公益代表についても、花見氏は、「三者構成では公益はあくまで労使の調整役だから、専門家といっても専門性を生かしながらイニシアチブを発揮するのが難しい仕組みになっている。（中略）既得権益や利害調整を越えて改革するためには既存の審議会とは別に当事者以外の利害関係のない識者がリーダーシップを発揮できる仕組みが望ましい」とその問題点も指摘している。[8]

伝統的な使用者や労働組合を超えて多種多様な利害関係者のソーシャル・ネットワークが重みを増す中で、利害関係を超えた有識者が広い視野を持って方向性を決めていくことが重要といえよう。

労働政策決定プロセス改革の方向性

上記のように、労働政策審議会が十分機能していないことは明らかである。だからといってそれは、三者構成が確保されていない他の会議体の正当性を示すことにはならない。また、労働政策審議会の問題点は、それ自体を改革すれば解決するわけでもないであろう。

労働政策審議会の問題点は、上記のプロセスの問題、委員の代表性などもあるが、労働政策審議会自体は厚生労働大臣からアジェンダを提示されてはじめて議論を開始できるため、それ自身にアジェンダ設定機能があるわけでないことも大きい。

したがって、厚生労働省が機動的にアジェンダ設定をできないと、全体の政策決定プロセスは機能しないといえる。しかしながら、厚生労働省の組織自体が大きくなりすぎて、時代の流れや求めに機敏に反応しながら迅速にアジェンダ設定する機能も弱くなっていると言わざるを得ない。

これまでのような議論や検討のプロセスの重複を考えると、働き方改革を少しでもスピーディーに実行に移していくために議論の大枠を決める別の仕組みを考える必要がある。その際においてもやはり三者構成が確保され、さらに、労使双方のトップが参加、関与していることが前提となるのではないか。そうした仕組みの下、トップダウンで労働・雇用分野の制度改革の大枠が決まれば、労働政策審議会も機能すると考えられる。トップの合意に基づく大枠があれば、労働政策審議会でむやみに対立を演出する必要がなくなるからである。労働政策審議会のメンバーは、テクノクラートとしてより良い制度設計を行うべく生産的な議論が展開できると考えられる。

トップダウンで大枠を決める仕組みとしては、現在、雇用を議論している様々な会議体の役割を一旦、整理したうえで、労使トップ、総理、関係閣僚、多様な働き手の代表者、有識者からなる政府の国民会議（かつての社会保障国民会議をイメージ）や民間団体（例、生産性本部）などの活用が考えられる。労使の代表が参加し、三者構成を確保し、これまで政策の現場に声が届きにくかった非正規雇用を含め多様な働き手の声が届くような議論の場を新たにつくるべきだ。

そうした場においては、機動的・柔軟的にアジェンダ設定が行われるとともに、大所高所からの議論のプロセスは透明性が高く、国民に分かりやすく、理解の得られやすいものである必要がある。その上で、働き方改革の大きな方向性と包括的な政策体系の枠組みが提示・決定されるべきだ。その際、社会保障・税など他の政策との連携・整合性は十分担保される必要がある。一方、労働政策審議会でより具体的かつ細部にわたる制度設計を検討するなど、両者の役割分担の徹底が求められる。

終章　２０５０年働き方未来図
――新たな機械化・人工知能の衝撃を超えて

1　新たな雇用システムの「かたち」

２０５０年のある家庭の風景

「毎朝、外資系企業に勤める妻の出社を見送り子どもを近所の保育園に預けた後、会社に出勤する。勤務先は日本のメーカーだが、上司は中国人の女性である。会社に着くと、隣席のベテラン社員と商品企画について打ち合わせ。60歳過ぎの彼は数々のヒット商品を生んだ実績を持つ専門職で、今は週3回出社し働いている。

定時に退社して子どもを迎え、夕食を準備して妻を待つ。妻の出産を契機に、短時間正社員に雇用形態を変えた。妻のほうが収入も出世の可能性も高いので、主に家事と育児を担当するのが私の役割。夫婦合わせて安定した収入を得て、子どもとの時間も確保できて幸せな生活を送っている。２０５０

年になったとき、もしかするとこんな職場や家族の未来が生まれているかもしれない」

これはある雑誌に私が連載していた記事からの引用である[1]。これを読んで読者の皆様はどのような感想をお持ちになっただろうか。これまで述べてきた多様な働き方改革が進めば、こうした風景は決して「絵空事」ではないであろう。

2050年の雇用の「絵姿」

筆者も執筆に携わった経団連21世紀政策研究所の報告書「グローバルJAPAN――2050年シミュレーションと総合戦略」では、2050年の人口は1億人を割り、65歳以上が全体の4割を占めるようになると予想している。労働力人口も現在の6500万人から4400万人程度へ大幅減少すると考えられる。このような社会で職場はどう変化していくのであろうか。

まず、年金との関係においても働き続けたいという人が増えるであろう。企業の人員構成の高齢化もあって、従来よりも会社で働く高齢者の割合は高くなるはずだ。また、現在、多くの会社では女性管理職不足という問題に直面しているが、今後、これも時間をかけながら改善されるであろう。外国人の高度人材受け入れに関してはさまざまな問題がある。しかし、若年労働力減少のなかで、外国人に担ってもらう仕事は当然増えていくと考えざるを得ない。

その結果、50年には職場における人材の多様化が当たり前になるであろう。まわりをみれば新卒一括採用された人たちばかりで彼らが定年まで働き続ける、均質的な人員構成とは大きく異なっているであろう。

中長期的な展望の中でこれまでの雇用システムはどう変わるか

以下では、これまでの提言が実現された場合の雇用システムの将来像を描いてみたい。まずは、これまで日本の雇用システムを特徴付けてきた、後払い賃金、遅い昇進、長期雇用がどのように変化するかを考えてみたい。

後払い賃金、遅い昇進、長期雇用の変化

キャリア途中からのジョブ型正社員がデフォルトになることにより、正社員の賃金システムは大きく変化し、40代から賃金の上がり方がより緩やかになると予想される。その意味で、賃金プロファイルも欧米化が進むと考えられる。

一方、無限定正社員も一定の割合は必要であり存続するが、キャリア途中のジョブ型正社員への転換により企業における選別は早まると予想される。人事の仕組みも、無限定正社員とジョブ型正社員で二分化されるであろう。大企業で無限定正社員を前提に全員が「社長」を目指す競争からは、転換が図られるであろう。

長期雇用であるが、ジョブ型正社員がデフォルトになったとしても雇用の安定は変わらないので、正社員の世界では長期雇用は基本的に維持されると考えられる。ただし、正社員の賃金改革や雇用の入口、出口の環境整備で転職のコストが下がり、企業と求職者のマッチングが高まることが期待され、自発的な転職が増加するのではないか。この結果、必要な労働移動が促進され、成長への促進効果が期待される。

労働市場の二極化の変化

高齢者の割合増加で有期雇用比率の低下は、全体としては難しいが、ジョブ型正社員への転換が図られることで、現役世代の有期雇用の割合が下がることが期待される。その結果、雇用はより安定化するであろう。

また、雇用形態間の相互転換が促進されることで、処遇格差も縮小傾向に向かうと思われる。二極化という高い「壁」が低くなり、段差はより連続的、なめらかな処遇のスペクトルをイメージできるようになるのではないであろうか。

長時間労働や画一的な働き方の変化

ジョブ型正社員の普及やさまざまな政策要請で国民の意識も大きく変化すると思われる。また、ICTの活用を通じて時間・場所を選ばない働き方がかなり普遍的になっている状況も予想できる。こうした変化と女性、高齢者の就業割合増加とは、補完的な関係にあるであろう。逆に、長時間労働が是正され、多様な働き方が普及しない限りは、女性や高齢者の労働参加を高めることは難しいであろう。

このような将来の雇用システムの「絵図」はあまりにも楽観的ではないかという批判もありうる。上記の議論は、無限定正社員システムというこれまでの雇用システムの根幹が見直されていくことを前提とした議論であることを忘れてはならない。

労使がこのシステムをなかなか変えたくないという慣性の力が、予想以上に働く可能性もある。その場合、現状からほとんど改革が行われず、労働・雇用の課題が解決されないままに時間が過ぎ去るという最悪のシナリオも完全には排除できない。ひとえに、我々自身の雇用システムへの考え方という「岩盤」を打ち砕くことができるかにかかっているのだ。

また、無限定正社員システムの変革が進まない場合、人手不足がどこまで深刻化するか、それに対し外国人労働者の受け入れについて抜本的な改革をどこまで行うか。つまり、外国人労働者の受け入れ方いかんで雇用システムの「絵姿」が大きく変わる可能性があることにも留意が必要であろう。

将来的な雇用システムを考える上で、少子高齢化の中での外国人労働者の扱いと並んで大きなリスク要因は、予想以上のスピードで進化している人工知能などの新たな機械化の雇用への影響である。次節ではこの問題について検討する

2　新たな機械化・人工知能の衝撃にどう立ち向かうか

日本の雇用の未来を考える際、少子高齢化とともに重要な視点は、技術革新の影響である。特に、オートメーション、ロボット、コンピューター、人工知能（以下、まとめて「新たな機械化」と呼ぶ）が将来の雇用にどのような影響を与えるかは、経済界、学界でも大きな注目を集めている。

新たな技術は職を奪うのか――歴史的視点

新たな技術が職を奪うという懸念は、歴史上幾度となく繰り返されてきた。産業革命初期に職を脅かされた英国の繊維工業の労働者らが機械、工場を破壊して回ったラッダイト運動はその典型例であ

る。

その後、1930年代にジョン・メイナード・ケインズ氏は、技術革新が物質的な繁栄を導くと同時に、省力化のペースが速ければ技術的失業が広がることを警告した[2]。80年代にノーベル賞経済学者のワシリー・レオンチェフ氏も、生産の最重要要素としての人間の役割はかつての馬と同じように縮小すると論じた[3]。

しかし、過去200年間を振り返ってみれば、特定の職は技術革新で消滅しても、労働生産性の向上が所得水準の向上につながり、新たな需要を顕在化させる企業・産業が登場し、新規雇用も創出されることで雇用全体は増加してきた。新たな機械化がもたらす技術的失業が蔓延《まんえん》する懸念は杞憂《きゆう》に終わるのか、それとも今回は違うのか。

米マサチューセッツ工科大学（MIT）のデイビッド・オーター氏は、哲学者マイケル・ポランニーの「人間は言葉で表せる以上のことを知っている」という言葉を「ポランニーのパラドックス」と名付け、人間と機械の違いとして暗黙知に焦点を合わせた[4]。

技術進歩で代替される仕事、代替されない仕事

オーター氏を嚆矢《こうし》としたこれまでの関連研究をまとめてみよう[5]。職務（ジョブ）を「ルール・手順を明示化できる定型的職務（現金出納、単純製造等）」と「明示化しにくく、やり方を暗黙的に理解している非定型的職務」に分けると、前者は中スキル・中賃金職務を形成してきたが、新たな機械化の影響を受けやすいこともあって米国、欧州、日本を含めその割合がこれまでも低下している。

さらに、非定型的職務を知識労働と肉体労働に分けると、非定型的知識労働（プロフェッショナルなど）は高スキル・高賃金職務を形成する一方、非定型的肉体労働（清掃など）は低スキル・低賃金職務を形成し、両者の割合がおおむね増加するという職務の二極化が先進国で起きている。

こうした分析によれば、新たな機械化の悪影響を受けるのはもっぱら定型的職務に限られることになる。

しかし、ＭＩＴのエリック・ブリニョルフソン氏らは、新たな機械化が今後10年で人間にとってかわる可能性は低いものの、長期的には技術進歩によって人間の労働者は全体的に不要になる可能性があると警告している[6]。その技術革新のスピードはかなり速く、人間しかできないとされてきた領域まで機械が侵食してきているからである。

例えば、自動車の運転手は非定型的肉体労働の典型とされ、自動運転は数年前までは実用には程遠かったが、米グーグルが開発中の自動運転の精度は驚くほど高くなっている。

また、暗黙知が活用されるパターン認識（例えば、写真をみてそれが椅子であると判断する力）も新たな機械化が難しい領域とされてきたが、豊富なデータを機械に学ばせる訓練を通じて暗黙のルールを推測し、ベストな予測をさせるという機械学習も格段に進歩してきている。長期的には何が起きるか予想がつかなくなってきているのだ。

新たな機械化と労働の補完性

一方、オーター氏は、マスコミや一部の学者は新たな機械化の労働代替効果を過大評価する一方、

新たな機械化と労働との間の強い補完性が生産性、所得、労働需要を高める効果を無視していると批判している。(7)

例えば、米国で銀行ATMが普及していく過程で、大きく減るとみられた銀行の窓口係の数は30年間でむしろ増加したという研究を紹介している。現金を扱うような定型業務は縮小したが、ITの発展で個々の顧客と密接な関係を作ることが可能となり、追加的なサービス（クレジットカード、ローン、投資）を提供する新たな業務が生まれたためだ。

人間が機械と補完的役割を果たし得るよい例が、チェスである。生身の人間はスーパーコンピューターに勝てなくなって久しいが、その最強のスパコンに勝利するのが人間とコンピューターのチームだ。

また、米アマゾン・ドット・コムの倉庫ではキバという物流ロボットが活躍しているが、すべて自動化されているわけではない。キバは可動棚を持ち上げて人間のところまで移動し、人間が商品をとりだすと棚を元の位置に戻す。つまり、ロボットは棚を動かすというルーティン（決まった手順の）作業を担当する一方、労働者は商品を扱い、全体の活動はソフトウエアで制御するという役割分担になっている。

異なるスキルが組み合わされた職務

オーター氏のもう1つの論点は、職務の二極化が永遠に続くことはないことだ。中スキルの職務も細かくみるといくつかの異なるスキルが要求される業務（タスク）から成り立ち、互いに補完性があることが多い。

例えば、一定の技術が求められるが定型的な業務と、対面的やりとり・柔軟性・適応性・問題解決といったスキルが要求される非定型的業務の組み合わせである。これらの業務は、ばらして前者のみ機械化すると効率性が大きく損なわれるため、新たな機械化で代替されにくい。

そのような中スキルの職務例として、医療技術者、配管工、大工、電気工事士、自動車整備士、調整や意思決定が必要な流通部門の事務職などを挙げている。

米ジョージタウン大学のハリー・ホルツァー氏は、近年、中スキル職務全体の割合が低下する中で、新たな中スキル職務の割合はむしろ高まっていることを示している。(8)

例えば、建設、生産、事務といった伝統的な中賃金雇用の雇用全体に占める割合は、2000〜13年に24・3%から21・0%と3・3%低下した一方、医療技術者、取り付け・保守・修理技術者、経営（ローエンド）、サービス（ハイエンド）を含む新たな中賃金雇用は同時期14・8%から15・6%へ0・8%ほど増加したことを明らかにしている。

技術的失業が蔓延しないために何が必要か

それでは将来、技術的失業が蔓延しないために我々が準備すべきことは何か。

オーター氏は、技術変化で代替されるのではなく補完的になるようなスキルを生み出すような人的資本投資が必要と主張する。

機械にはできないが新たな機械化を伴うと価値が高まるスキルをどのように養成するか。ブリニョルフソン氏らは、人とつながりたいという欲望が人間的な要素・スキル、つまり、人間の持つ芸術性（演劇、音楽）、身体能力（スポーツ）、思いやり（セラピー）、もてなし（レストラン）などへお金を払いたいという需要を生むとしている。(9)

もう1つは、ブリニョルフソン氏らが強調しているように、変幻自在、融通無碍《むげ》な発想によりこれまでにない新しいアイディアやコンセプトを思いつくスキルを養うことである。機械は答えを出すことはできても、問いを発する能力はいまだ備わっていない。

「好奇心の赴くままに学ぶ」「どうして世界はこうなっているかを問う」など、イタリアの医師が20世紀初めに考案した、自由な環境での自発的学習を重視するモンテッソーリ教育法が米国で著名な起業家を生んでいると彼らは指摘する。日本の教育のあり方にも大きな示唆を与える。

以上、まとめると今後、機械学習などの活用で予想以上のことが「新たな機械化」で実行可能となるだろう。しかし、どこまでも人間にしかできないことが必ず残るはずであるし、人間しかできないことをより評価するのも人間であることを忘れてはならない。その一方で、人と人工知能との協働が重要になってくるし、それこそが人工知能を上回り、人工知能に支配されない唯一の道であると考える。

第7章でも議論した認知スキルと性格スキルとの関係から言えば、ペーパーテストで測れる認知スキルはかなり人工知能に分があるように思われる。これは、逆に、こうした「新たな機械化」が性格スキルの相対的な重要性を更に高める可能性を示唆しているといえる。

こうした大きな環境、技術の変化に対応して人材、経済を覚醒する雇用制度改革、人材育成を大胆に進めいくことこそが、新たな機械化・人工知能の衝撃を乗り越えていくためにも必要なのである。

1990年代から変革期に入った日本の雇用システムに根本的な変化が表れるまでに一世代の時間がかかることを覚悟すべきだ。ただ経営者が30〜40代の企業では、第2章でもみたようにICTなども活用した新しい働き方が確実に生まれてきている。粘り強い取り組みを続ける中で、1つひとつの働き方改革を着実かつ迅速に実行していくことが求められる。

あとがき

本書は、(独)経済産業研究所(RIETI)において2007年年初から足掛け10年にわたり、筆者がリーダーを務める労働市場制度改革プロジェクトにおいて筆者が関わった研究成果、2013年年初~16年年央までの3年半、筆者が委員及び雇用ワーキンググループ座長を務めた内閣府規制改革会議における議論・提言及び2012年5月から日本経済新聞・経済教室面に連載している「エコノミクス・トレンド」(1月、5月、9月の年3回)を主な題材としながら、日本の労働市場制度、雇用システムのあり方について1冊の本としてまとめあげたものである。

まず、本書の内容の前提となる研究基盤を提供していただいたRIETI関係者の皆様に心からか ら感謝申し上げたい。特に、及川耕造前理事長、中島厚志理事長、藤田昌久前所長、矢野誠所長、森川正之理事・副所長、プロジェクト担当の井川典子氏から格別のサポートをいただいた。

また、本書を書き上げるに当たって、これまで上記、労働市場制度改革プロジェクトに参画いただいたすべての方々から大いなる知的恩恵を受けてきたことに対しお礼を申し上げたい。特に、既出の論文の共著者、書籍の共編者として、以下の方々に大変お世話になった。大竹文雄、奥平寛子、川口大司、久米功一、滝澤美帆、戸田淳仁、樋口美雄、細野薫、水町勇一郎の諸氏である。

プロジェクト・メンバーの黒田祥子、山本勲の両氏からは特に労働時間分野の分析について、また本書の中心的なテーマである、無限定正社員・ジョブ型正社員については、濱口桂一郎、同メンバーの海老原嗣生、佐藤博樹の諸氏から多くのことを学んだ。

また、規制改革会議においては、上記、RIETIで行ってきた研究成果をいかに政策に反映させるかという実践の場として大変貴重な経験を得ることができた。サポートいただいた関係者の方々にお礼を申し上げたい。

政策提言を行っていく上で、岡素之議長、大田弘子議長代理、雇用ワーキンググループ委員の浦野光人、大崎貞和、佐久間総一郎、佐々木かをりの諸氏からご尽力をいただいた。

特に、雇用ワーキンググループの専門委員であった島田陽一氏、水町勇一郎氏は、上記、労働市場制度改革プロジェクトの立ち上げ当初からのメンバーでもあり、労働法を基礎からお教えいただくとともに、規制改革会議においても政策提言の骨格となるアイディアを出していただき、感謝は尽きない。加えて、三浦覚氏をはじめとして会議の運営を支えていただいた雇用ワーキンググループの事務局の方々にも大変お世話になった。

本書の草稿については、久米功一氏、清水真人氏、ゼミ生を代表して神戸春乃さんに通読の労をとっていただき貴重なコメントを得た。もちろん、ありうる誤りなどは筆者に記すべきであることは言うまでもない。

振り返ってみれば、旧経済企画庁（現内閣府）で職業人生の第一歩を踏み出してから32年が過ぎた。「特定の利害や立場にとらわれず、一段高いところから経済を見渡し、政策などそのありうるべき姿を考えたい」。これが当時、経済企画庁を強く志望した理由であった。その後、国際機関、公的研究機関、大学と本務は移り変わったが、その想いはこれまでも一寸たりともぶれていないという自負がある。筆者がこの間、本務の場所を変えてきたのはむしろその想いに忠実でありたいという気持ちの表れと思っている。

また、前述の通り、過去10年間の筆者の主な研究分野は労働・雇用であった。しかし、その分野の専門家として研究しているというよりも、いま、日本経済にとって最も重要な分野だから労働・雇用の問題に取り組んでいるというのが偽らざる心境である。実際、2000年代前半は、銀行行動や企業合併が主要な研究テーマであった。筆者の原点が官庁や国際機関でのエコノミストにあり、常に今、最も重要で旬なテーマに切り込んでいけるオールラウンダーでなければならないと意識してきたことの反映かもしれない。

その意味で、様々な制度の補完性を考えながらそれを包含する経済システム全体に目配りする故青木昌彦氏の比較制度分析との出会いは、筆者の研究スタイルに決定的な影響を与えたように思われる。晩年、青木氏の関心事項の1つが日本の終身雇用のゆくえであった。その想いを少しでも受け止めることを含め、今後もしばらくはこのテーマを追っていくことになりそうだ。

本書の編集に当たっては、2006年に出版した単著『日本の経済システム改革――「失われた15年」を超えて』（日本経済新聞社刊）に引き続き、日本経済新聞出版社の堀口祐介氏にお世話になった。特に、本書のタイトルや各章の打ち出し方について貴重なアドバイスをいただいた。前著を世に問うてから、堀口氏、そして、やはり前著でお世話になった田口恒雄氏から出版企画の相談を受け、ある程度、構想がまとまるような段階もあったが、最終的にここに至るまで長い期間を費やしてしまった。あきらめず、粘り強く筆者の背中を押し続けていただいたお二人に心から感謝申し上げたい。

2016年8月　三田にて

鶴　光太郎

【注】

【序章】

（１）鶴光太郎「人材・働き方改革こそ本筋」２０１５年11月10日付日本経済新聞「経済教室」
（２）青木・鶴（2004）、清水（2007, 2009）、ＮＩＲＡ総研（2015）参照
（３）鶴光太郎「独の労働市場改革に学べ」２０１３年５月22日付日本経済新聞「経済教室」
（４）内閣府（2014）「選択する未来」委員会報告参考資料集

【第１章】

（１）鶴（2013a）、濱口（2013）参照
（２）第１節の記述については、鶴（2006）参照
（３）三菱ＵＦＪリサーチ&コンサルティング（2014）総論編参照
（４）メンバーシップ制については濱口（2009 a）参照
（５）青木（2001, 2011, 2014）、鶴（2006）参照
（６）鶴（2013a）参照

【第２章】

（１）鶴・久米・戸田（2016）
（２）ＲＩＥＴＩ「平成24年度多様化する正規・非正規労働者の就業行動と意識に関する調査」
（３）久米・鶴・戸田（2015）
（４）仕事満足度に対しては時給の21・２%、生活満足度に対しては同28・８%。
（５）女性正社員の場合、配置転換や転勤があることが生活満足度を引き下げる効果は大きく、平均時給のやはり６割程度（62・２%）となっている。
（６）厚生労働省（2014）「『多様な正社員』の普及・拡大のための有識者懇談会」報告書参考資料参照
（７）具体的には、①労働契約法第４条による書面による労働条件の確認の対象として、職務や勤務地の限定も含まれること、②労働契約法第３条第３項の「仕事と生活の調和への配慮」に転換制度も含まれること、③労働契約法第３条第２項の「就業

の実態に応じた均衡の配慮」には、多様な正社員といわゆる正社員との間の均衡処遇も含まれることについて、都道府県労働局長あて通知を発出し、労働契約法の解釈を周知した（平成26年7月30日基発0730第1号『多様な正社員に係る「雇用管理上の留意事項」等について』）。

（8）次世代育成支援対策推進法（事業主が従業員の仕事と家庭の両立等に関する行動計画を策定）に基づく一般事業主行動計画策定指針において、各企業の作成する一般事業主行動計画に勤務地、担当業務、労働時間等の限定の内容を明示すること等が望ましいことを明記した（平成26年11月28日告示、平成27年4月1日適用）。また、多様な正社員の導入に対する新たな支援（助成措置等）として、キャリアアップ助成金において、勤務地等を限定した正社員制度を導入する企業等への支援として「多様な正社員コース」を創設。さらに、業種別に実態調査・就業規則の規定例を収集した上で、モデル就業規則を作成し、周知や「多様な正社員」および「無期転換」の導入等を検討している企業（100社）に対して、コンサルティングを実施した（2015年度）。

（9）例えば、厚生労働省「平成25年度 労働経済の分析」第3－(2)－11図参照

（10）海老原（2014）参照

（11）OECD「図表でみる教育2015」

（12）鶴（2014）

（13）自分と同じ程度まで仕事ができるようになるまでの期間を質問し、スキルの代理変数とした。

（14）久米・鶴・戸田（2015）

（15）久米・鶴・戸田（2015）

（16）厚生労働省「働き方の未来2035：一人ひとりが輝くために」懇談会（2016年3月10日）、サイボウズ（株）代表取締役社長青野慶久氏提出資料

（17）規制改革会議（2014年12月15日）（株）テレワークマネジメント田澤由利代表取締役提出資料参照

（18）厚生労働省「働き方の未来2035：一人ひとりが輝くために」懇談会（2016年3月10日）、厚生労働省提出資料

（19）2016年6月9日付日本経済新聞

（20）2016年6月23日付日本経済新聞

（21）Bloom, Liang, Roberts and Ying (2014)

（22）Bailey and Kurland (2002)、Noonan and Glass (2012)

(23) これは勤務時間が裁量に任される部分があるだけでなく、ＩＣＴの発達により職場、上司と常に「つながる」ことが可能になる影響もある。
(24) Heijstra and Rathsdóttir (2010)
(25) Giovanis (2015)
(26) Østergaarda, Timmermansa, and Kristinssonb (2011)
(27) Parrotta, Pozzoli, and Pytlikova (2014)
(28) Ferreira (2010)
(29) Anderson, Reeb, Upadhyay, and Zhao (2011)
(30) Corporate Responsibility to Society, Integrity and Fairness, Global Understanding through Business
(31) 「グーグルが掲げる10の事実」は以下の通り。①ユーザーに焦点を絞れば、他のものはみな後からついてくる。②1つのことをとことん極めてうまくやるのが一番。③遅いより速いほうがいい。④ウェブでも民主主義は機能する。⑤情報を探したくなるのはパソコンの前にいるときだけではない。⑥悪事を働かなくてもお金は稼げる。⑦世の中にはまだまだ情報があふれている。⑧情報のニーズはすべての国境を越える。⑨スーツがなくても真剣に仕事はできる。⑩「すばらしい」では足りない。

【第３章】

(１) スタインバーグ・中根（2012）
(２) Thévenon (2013)
(３) Thévenon and Solaz (2013)
(４) 山本（2014）
(５) 吉田（2014）第2章参照
(６) 総務省「労働力調査」年平均
(７) 東洋経済新報社「役員四季報」２０１５年7月末現在
(８) 森川（2014）
(９) Adams and Kirchmaier (2013)
(10) ２０１３年2月15日付日本経済新聞「豪、女性幹部5割に挑む」

(11) Niederle and Vesterlund (2007)
(12) Adams and Funk (2012)
(13) Ahern and Dittmar (2012)
(14) 働く女性に影響を及ぼす諸問題について研究するアメリカの非営利の企業メンバーシップ組織。
(15) Siegel・児玉（2011）
(16) Matsa and Miller (2013)
(17) Matsa and Miller (2014)
(18) Adams and Ferreira (2009)
(19) Parrotta and Smith (2016)
(20) Smith, Smith and Verner (2013)
(21) Bertrand, Goldin and Katz (2010)
(22) Goldin (2014)
(23) Kato, Kawaguchi and Owan (2013)
(24) 中野（2014）
(25) 鶴・久米（2016）

【第4章】

(1) ２０１３年について、日本は１７３５時間である（厚生労働省「毎月勤労統計調査」）。一方、ＯＥＣＤによれば、イタリア１７５２時間、アメリカ１７８８時間、イギリス１６６９時間、フランス１４８９時間、ドイツ１３８８時間となっている。
(2) ILO「ILOSTAT Database」によれば、週49時間以上の労働者の割合は日本が21・7％に対して、アメリカ16・４％、イギリス12・３％、フランス10・８％、ドイツ10・５％となっている（２０１３年）。
(3) 黒田（2010）、山本・黒田（2014）
(4) Lee et. al. (2007)
(5) 鶴（2010）
(6) Lee et. al. (2007)
(7) Drago, Black and Wooden (2005) は、オーストラリアのサーベイ・データを使い、週50時間の労働者について、長時間労働の要因として金銭インセンティブに基づく「消費主義」も他の要因と比較しても最も強く支持されることを示した。

（8） Bell and R. Freeman (2001)

（9） Bratti and Staffolani (2007)

（10） デンマークにおける1日最低連続11時間の休息期間の規制がEU指令の原型となっている［濱口（2008)］。

（11） 個別的オプト・アウトについては、イギリスでも雇用契約時に使用者がオプト・アウトに同意するよう要求し、労働者もこれを受け入れざるを得ないような状況が蔓延した［濱口（2009 b)］。

（12） ミッション（2009)

（13） 梶川（2008)

（14） ２０１６年６月に閣議決定された「ニッポン一億総活躍プラン」においては、長時間労働の是正のために、三六協定において、健康確保に望ましくない長い労働時間（月80時間超）を設定した事業者などに対して指導を強化するなど、長時間労働是正に向けた更なる取り組みを行うとともに、三六協定における時間外労働規制の在り方について労働基準法を再検討することを盛り込んだ。確かに現在の三六協定は長時間労働の抑制として機能していないが、それはやはり、後で述べるような労働時間・休息時間の量的規制を導入することを主眼に考えるべきであろう。

（15） ドイツ労働市場・職業研究所（ＩＡＢ）の調べでは、従業員２５０人以上の事業所の導入割合（２０１２年）は80％に達している。

（16） 濱口（2008)

（17） この経緯は第８章第２節で取り上げている。

【第5章】

（1） 役員を除く雇用者に占める割合。総務省「労働力調査」。以下の実数も同じ出所。

（2） １９８８年２月、２００１年２月、16年１～３月期を比較している。

（3） 鶴（2009)

（4） 久米・大竹・奥平・鶴（2011)

（5） 山本（2011)

（6） 浅野・伊藤・川口（2011)

（7） 一方、雇用調整量の調整が難しい正規雇用は、慢性的な長時間労働で景気低迷時の労働時間削減のための「バッファー」を確保しているといえる。つまり、正規雇用の長時間労働と有期雇用増大は、企業の不確実性対応への戦略として双対的な関係にある。

（8） Hosono, Takizawa and Tsuru（2015）

（9） スペインは、1987年15・6％→95年35・0％→08年29・3％、イタリア85年4・8％→09年12・5％、ポルトガル86年14・4％→09年22・0％（OECD）。

（10） 例えば、スペイン：Sanchez and Toharia（2000）、Dolado and Stucchi（2008）、イタリア：Boeri and Garibaldi（2007）

（11） 小杉（2008）

（12） OECD（2002）

（13） イギリスはArulampalam and Booth（1998）、Booth et al.（2002）、スペインはAlbert et al.（2004）、ドイツはSauermann（2006）を参照。

（14） Booth et al.（2002）

（15） Albert et al.（2004）

（16） Michie and Sheehan（2003）

（17） Dolado and Stucchi（2008）

（18） 奥平・滝澤・鶴（2009）

（19） 濱口（2004）

（20） OECD（2002）

（21） OECD（2002）

（22） Blanchard and Landier（2002）

（23） De la Rica（2004）

（24） Ermisch and Wright（1991）

（25） Montgomery（1988）、Oi（1962）

（26） Barzel（1973）

（27） 「同一労働同一賃金の実現に向けた検討会」（2016年3月23日）厚生労働省提出資料

（28） O'Dorchai, Plasman, and Rycx（2007）

(29) Rodgers (2004)
(30) Booth and Wood (2008)
(31) Manning and Petrongolo (2008)
(32) Connolly and Gregory (2009)
(33) 浅尾 (2010)
(34) 分析結果はRIETIからDPとして公表の予定。
(35) 前述の筆者らの暫定的な分析では、女性の正社員・契約社員等の間の賃金格差17%程度のうち、説明できる部分が13%程度で、そのうちの7～8%程度は職務の違いで説明できるなど、それなりに大きい寄与となっている。
(36) 合理的理由のない不利益取り扱い禁止原則は、ドイツ、フランスなどのEUでは法運用の実態として定着しているといえるが、日本への適用などについては水町 (2011a、2011b、2015) 参照。
(37) 例えば、オランダを分析したRusso and Hassink (2008) などがある。
(38) 権丈、他 (2003)
(39) 大竹・川口・鶴 (2013)
(40) 鶴 (2013b)
(41) Neumark and Wascher (2008)、Neumark, Salas, and Wascher (2013)
(42) Thompson (2009)
(43) Dube, Lester, and Reich (2010)
(44) Manning (2012)
(45) Draca, Machin, and Van Reenen (2011)
(46) Wadsworth (2009)
(47) Kawaguchi and Mori (2009)
(48) 川口・森 (2013)
(49) 奥平・滝澤・大竹・鶴 (2013)
(50) 森川 (2013)
(51) Aghion, Algan and Cahuc (2011)

（52）Kawaguchi and Mori (2009)

（53）大竹（2013）、給付付き税額控除については第8章第1節参照。

（54）玉田・森（2013）

【第6章】

（1）リクルートワークス研究所（2013）

（2）日本労働研究機構（2001）

（3）濱口（2011, 2013）、リクルートワークス研究所（2010）

（4）リクルートワークス研究所（2010）

（5）海老原嗣生氏のご教示による。

（6）濱口（2011, 2014）

（7）リクルートエージェント（2011）

（8）定年退職後に運送会社に再雇用された嘱託社員のトラック運転手3人が、正社員との賃金格差の是正を求めた訴訟で、東京地裁は２０１６年5月13日、「業務内容が同じなのに賃金が異なるのは不合理」として、請求通り正社員との賃金の差額計約４００万円を支払うよう運送会社に命じた（２０１６年5月14日付日本経済新聞）。

（9）濱口（2016）

（10）労働政策研究・研修機構『データブック国際労働比較』（各年版）

（11）内閣府（2011）

（12）以下のイギリスの定年制廃止を巡る議論は丸谷（2012）を参照した。

（13）守島（2010）

（14）規制改革会議「規制改革に関する第4次答申」（２０１６年5月16日）における入社前の情報共有の在り方（情報開示）参照。

（15）Kuhn and Mansour (2014)

（16）Kuhn and Skuterud (2004)

（17）Kroft and Pope (2014)

（18）Kuhn and Mansour (2014)

（19）Kuhn (2014)

（20）Mang (2012)

（21）ＯＥＣＤによる２０１３年時点の調査。ＯＥＣＤでは加盟国の雇用保護指数を過去何回かにわたって改訂してきたが、日本の場合、法制上の変化はないにもかかわらず、ＯＥＣＤ側の評価・見方が変わることで正社員の雇用保護指数は弱い方に改訂されてきたという歴史がある。

（22）具体的には、①人員削減の必要性（赤字の複数年継続等）、②人員削減の手段としての整理解雇選択の必要性（配転、出向、一時帰休、希望退職募集など他の手段による解雇回避努力義務）、③被解雇者選定の妥当性（合理的な基準の公正的適用）、④実施手続きの妥当性（整理解雇の必要性、実施時期、規模、方法の説明・協議義務）を指す。

（23）「東亜ペイント事件」（最２小　昭61・７・14）、「日立製作所武蔵野工場事件」（最１小　平３・11・28）

（24）労働政策研究・研修機構編（2012）

（25）調査対象事案は、２０１２年度に４労働局で受理した個別労働関係紛争事案８５３件、13年に４地方裁判所で調停または審判で終結した労働審判事案４５２件、13年に４地方裁判所で和解で終結した労働関係民事訴訟事案１９３件である。

（26）以下の記述については、規制改革会議「「労使双方が納得する雇用終了の在り方」に関する意見」（２０１５年３月25日）に基づく。

（27）注26を参照

（28）解消申し立て、解雇制限法９条１項

（29）解雇制限法９条２項

（30）Holzmann and Vodopivec (2012)

（31）Lazear (1990)

（32）Auray, Danthine, and Poschke (2014)

（33）Boeri, Garibaldi, and Moen (2013)

（34）厚生労働省「透明かつ公正な労働紛争解決システム等の在り方に関する検討会」（２０１６年６月６日）「金銭解決に関する統計分析」（大竹委員・鶴委員提出資料）

（35）厚生労働省「透明かつ公正な労働紛争解決システム等の在り方に関する検討会」（２０１６年４月25日）における難波孝一弁護士提出資料

（36） 鶴・久米・戸田（2015）

【第7章】

（1） Heckman（2006）

（2） Heckman and Rubinstein（2001）

（3） Heckman and Kautz（2013）

（4） Lee and Ohtake（2014）

（5） Lindqvist and Vestman（2011）

（6） Cunha and Heckman（2008）

（7） Cunha and Heckman（2008）

（8） Carneiro et al.（2007）

（9） Segal（2013）

（10） Lleras（2008）

（11） Cabane and Clark（2015）

（12） ＮＬＳ－72（the National Longitudinal Study of High School Class of 1972）を使った場合。ＮＬＳＹ（the National Longitudinal Study of Youth）を使った場合は、14・8％となった。Barron, Ewing and Waddell（2000）参照。

（13） Kuhn and Weiberger（2005）

（14） 西村・平田・八木・浦坂（2014）

（15） 戸田・鶴・久米（2014）

（16） Cunha and Heckman（2008）

（17） Heckman and Kautz（2013）

（18） Heckman and Kautz（2013）

（19） Sianesi（2008）

（20） Martin and Grubb（2001），Cahuc and Zylberberg（2006）

【第8章】

（1） 以下の記述は、プロジェクトの共同代表を務めたＮＩＲＡ総研（2015）に多くを依っている。

（2）２０１３年６月25日付日本経済新聞
（3）２０１５年11月６日付日本経済新聞
（4）給付付き税額控除の４類型については、例えば、森信（2008）を参照。
（5）森信（2015）
（6）２００７年労働政策研究会議報告「雇用システムの変化と労働法の再編」におけるパネルディスカッション・討議概要（『日本労働研究雑誌』２００８年特別号（No.571））参照。
（7）花見（2006）
（8）花見（2003）

【終章】

（1）２０１３年８月20日付『週刊プレジデント』「65歳以上が４割、２０５０年の日本人の働き方　しごとの未来図」
（2）Keynes（1930）
（3）Leontief（1983）
（4）Autor（2015a）
（5）Autor, Levy, and Murnane（2003）、Autor and Price（2013）、Goos, Manning, and Salomons（2014）
（6）Brynjolfsson and McAfee（2015）
（7）Autor（2015b）
（8）Holzer（2015）
（9）Brynjolfsson and McAfee（2014）

Perspective", De Economist 156(2), pp. 145-174.
Sanchez, R., and L. Toharia (2000) "Temporary Workers and Productivity: The Case of Spain," *Applied Economics* 32, pp. 583-591.
Sauermann, J.(2006)"Who Invests in Training If Contracts Are Temporary? : Empirical Evidence for Germany Using Selection Correction," IWH-Discussion Paper 14/06.
Segal, C. (2013) "Misbehavior, Education, and Labor Market Outcomes," *Journal of European Economic Association* 11(4), pp. 743-79.
Sianesi, B. (2008) "Differential Effects of Active Labour Market Programs for the Unemployed" *Labour Economics* 15, pp. 370-399.
Smith, N., V. Smith and M. Verner (2013) "Why Are So Few Females Promoted into CEO and Vice President Positions? Danish Empirical Evidence, 1997-2007" *ILR Review* 66(2), pp. 380-408.
Thompson, J. (2009) "Using Local Labor Market Data to Re-Examine the Employment Effects of the Minimum Wage." *Industrial and Labor Relations Review* 62(3), pp.343-66.
Thévenon, O. (2013) "Drivers of Female Labour Force Participation in the OECD" *OECD Social, Employment and Migration Working Papers* No. 145.
Thévenon, O. and A. Solaz (2013) "Labour Market Effects of Parental Leave Policies in OECD Countries" *OECD Social, Employment and Migration Working Papers* No. 141.
Wadsworth, J. (2009) "Did the National Minimum Wage Affect UK Prices?" *IZA Discussion Paper* No. 4433.

67(2), pp. 422-452.
Michie, J. and M. Sheehan(2003)"Labour Market Deregulation, Flexibility' and Innovation" *Cambridge Journal of Economic* 27, pp. 123-143.
Montgomery, M. (1988), "On the Determinants of Employer Demand for Part-time Workers" *Review of Economics and Statistics* 70(1), pp. 112-116.
Neumark, D., I. Salas, and W. Wascher (2013) "Revisiting the Minimum Wage-Employment Debate: Throwing Out the Baby with the Bathwater?", *NBER Working Paper* No. 18681.
Neumark, David, and William L. Wascher (2008) *Minimum Wages* Cambridge, Mass.: MIT Press.
Niederle, M. and L. Vesterlund (2007) "Do Women Shy Away From Competition? Do Men Compete Too Much? *Quarterly Journal of Economics* 122(3), pp. 1067-1101.
Noonan, M. and J. Glass (2012) "The Hard Truth about Telecommuting" *Monthly Labor Review* June 2012.
O'Dorchai, S., R. Plasman, and F. Rycx, (2007) "The Part-Time Wage Penalty in European Countries: How large Is It for Men?" *International Journal of Manpower* 28 (7), pp. 571 - 603.
OECD (2002), *Employment Outlook,* OECD, Paris.
Oi, W. (1962), "Labour as a Quasi-fixed Cost", *Journal of Political Economy* 70 (6), pp. 538-55.
Østergaarda, C., B. Timmermansa, and K. Kristinssonb (2011) "Does a Different View Create Something New? The Effect of Employee Diversity on Innovation" *Research Policy* 40(3), pp. 500-509.
Parrotta, P., D. Pozzoli, and M. Pytlikova (2014) "The Nexus between Labor Diversity and Firm's Innovation" *Journal of Population Economics* 27(2), pp. 303-364.
Parrotta, P. and N. Smith (2016) "Why so Few Women on Boards of Directors? Empirical Evidence from Danish Companies in 1998–2010" *Journal of Business Ethics* Forthcoming.
Rodgers, J. (2004), "Hourly Wages of Full-time and Part-time Employees in Australia", *Australian Journal of Labour Economics,* 7(2), pp. 231-54.
Russo, G. and W. Hassink (2008), "The Part-time Wage Penalty: A Career

Kuhn, P. and C. Weinberger (2005) "Leadership Skills and Wages" *Journal of Labor Economics* 23, pp. 395-436.

Kuhn, P. and M. Skuterud, (2004). "Internet Job Search and Unemployment Durations", *American Economic Review* 94(1), pp. 218-32.

Lazear, E. (1990) " Job Security Provisions and Employment" *Quarterly Journal of Economics* 105(3), pp. 699-726.

Lee, S. and F. Ohtake (2014) "The Effects of Personality Traits and Behavioral Characteristics on Schooling, Earnings, and Career Promotion" *RIETI Discussion Paper Series* 14-E-023.

Lee, S., D. McCann and J. Messenger (2007) *Working Time Around the World,* Routledge.

Leontief, W. (1983) "National Perspective: The Definition of Problems and Opportunities", *The Long-Term Impact of Technology on Employment and Unemployment* (National Academy of Engineering, 1983), pp. 3-7.

Lindqvist, E. and R. Vestman. (2011) "The Labor Market Returns to Cognitive and Noncognitive Ability: Evidence from the Swedish Enlistment" *American Economic Journal: Applied Economics* 3(1), pp. 101-128.

Lleras, C. (2008) "Do Skills and Behaviors in High School Matter? The Contribution of Noncognitive Factors in Explaining Differences in Educational Attainment and Earnings" *Social Science Research,* 37, pp. 888-902.

Mang, C. (2012) "Online Job Search and Matching Quality" *Ifo Working Paper* No. 147.

Manning, A. (2012) "Minimum Wage: Maximum Impact", Resolution Foundation.

Manning, A. and B. Petrongolo (2008) "The Part-Time Pay Penalty for Women in Britain" *Economic Journal* 118, pp. F28-51.

Martin, J. and D. Grubb (2001)" What Works and for Whom: A Review of OECD Countries' Experiences with Active Labour Market Policies" Swedish Economic Policy Review 8(2), pp. 9-56.

Matsa, D. and A. Miller (2013) "A Female Style in Corporate Leadership? Evidence from Quotas" *American Economic Journal: Applied Economics* 5(3), pp. 136-169.

Matsa, D. and A. Miller (2014) "Workforce Reductions at Women-Owned Businesses in the United States" *Industrial and Labor Relations Review*

Economic Review 104(8), pp. 2509-2526.

Heckman, J. (2006) "Skill Formation and the Economics of Investing in Disadvantaged Children," *Science*, 312 (5782), pp1900-1902.

Heckman, J. and T. Kautz (2013), "Fostering and Measuring Skills: Interventions that Improve Character and Cognition" *NBER Working Paper* No. 19656.

Heckman, J. and Y. Rubinstein (2001) "The Importance of Noncognitive skills: Lessons from the GED Testing Program" *American Economic Review* 91(2), pp. 145-9.

Heijstra, T.and G. Rafnsdóttir (2010) "The Internet and Academic's Workload and Work-Family Balance." *Internet and Higher Education* 13(3), pp. 158-163.

Holzer, H. (2015) " Job Market Polarization and U.S. Worker Skills: A Tale of Two Middles", *Economic Studies* at Brookkings.

Holzmann, R. and M. Vodopivec (2012) *Reforming Severance Pay: An International Perspective,* World Bank.

Hosono, K., M. Takizawa and K. Tsuru (2015) "The Impact of Demand Shock on the Employment of Temporary Agency Workers: Evidence from Japan during the Global Financial Crisis", *Seoul Journal of Economics* 28(3), pp. 265-283.

Kato, T., D. Kawaguchi and H. Owan (2013) "Dynamics of the Gender Gap in the Workplace: An Econometric Case Study of a Large Japanese Firm" *RIETI Discussion Paper Series* 13-E-038.

Kawaguchi, D. and Y. Mori (2009) "Is Minimum Wage an Effective Anti-Poverty Policy in Japan?" *Pacific Economic Review* 14(4), pp. 532-554.

Keynes, J. (1930), "Economic Possibilities for our Grandchildren," Keynes, J. (1933) in *Essays in Persuasion*, pp. 358-373, London: Macmillian.

Kroft, K and D. Pope (2014) "Does Online Search Crowd Out Traditional Search and Improve Matching Efficiency? Evidence from Craigslist" *Journal of Labor Economics* 32(2), pp259-303.

Kuhn, P. (2014) "The Internet as a Labor Market Matchmaker." *IZA World of Labor* 2014:18.

Kuhn, P. and H. Mansour (2014) "Is Internet Job Search Still Ineffective?" *Economic Journal* 124, pp. 1213-1233.

Carneiro, P., C. Crawford and A. Goodman (2007) "The Impact of Early Cognitive and Non-cognitive Skills on Later Outcome" *CEE Discussion Paper* No.92.

Connolly, S. and M. Gregory (2009) "The Part-Time Pay Penalty: Earnings Trajectories of British Women" *Oxford Economic Papers* 61, pp. i76-i97.

Cunha, F. and J. Heckman (2008) "Formulating, Identifying and Estimating the Technology of Cognitive and Noncognitive Skill Formation" *Journal of Human Resources* 43(4), pp. 738-782.

De la Rica, S. (2004), "Wage Gaps between Workers with Indefinite and Fixed-term Contracts The Impact of Firm and Occupational Segregation", mimeo.

Dolado, Juan J. and Rodolfo Stucchi(2008) "Do Temporary Contracts Affect TFP? Evidence from Spanish Manufacturing Firms" *IZA Discussion Paper* No. 3832.

Draca, M., S. Machin and J. Van Reenen (2011) "Minimum Wages and Firm Profitability," *American Economic Journal: Applied Economics* 3(1), pp. 129-151.

Drago, R., D. Black and M. Wooden (2005), "The Existence and Persistence of Long Work Hours", *IZA Discussion Paper* No. 1720.

Dube, A., T. W. Lester and M. Reich (2010) "Minimum Wage Effects Across State Borders: Estimates Using Contiguous Counties" *Review of Economics and Statistics* 92(4), pp.945-964.

Ermisch, J. and R. Wright (1991), "Wage Offers and Full-time and Part-time Employment by British Women", *Journal of Human Resources* 25(1), pp. 111-33.

Ferreira, D. (2010) "Board Diversity," Chapter 12 in *Corporate Governance: A Synthesis of Theory, Research, and Practice*, Anderson, R. and H.K. Baker (eds.), John Wiley & Sons, 2010, pp. 225-242.

Giovanis, E. (2015) "Does Teleworking Affect Housework Division and Improve the Well-Being of Couples ?" *MPRA Paper* No. 68668.

Goldin, C. (2014) "A Grand Gender Convergence: Its Last Chapter" *American Economic Review* 104(4), pp. 1091-1119.

Goos, M., A. Manning, and A. Salomons (2014) "Explaining Job Polarization: Routine-Biased Technological Change and Offshoring" *American*

Bell, L. and R. Freeman (2001), "The Incentive for Working Hard: Explaining Hours Worked Differences in the U.S. and Germany" *Labour Economics* 8(2), pp. 181-202.

Bertrand, M., C. Goldin and L. Katz (2010) "Dynamics of the Gender Gap for Young Professionals in the Financial and Corporate Sectors" *American Economic Journal: Applied Economics* 2(3), pp. 228-255.

Blanchard, O. and A. Landier (2002), "The Perverse Effects of Partial Labor Market Reform: Fixed Duration Contracts in France", *Economic Journal* 112, pp.F214-F244.

Bloom, N., J. Liang, J. Roberts and Z. J. Ying (2014) "Does Working from Home Work? Evidence from a Chinese Experiment", *Quarterly Journal of Economics* 130(1), pp. 165-218.

Boeri, T., P. Garibaldi, and E. Moen (2013), "The Economics of Severance Pay," *IZA Discussion Paper* No. 7455

Boeri, T., and P. Garibaldi (2007) "Two Tier Reforms of Employment Protection: A Honeymoon Effect?," *Economic Journal* 117, pp. F357–F385.

Booth, A. and M. Wood (2008) "Back-to-Front Down Under? Part-Time/Full-Time Wage Differentials in Australia" Industrial Relations 47(1), pp. 114-135.

Booth, A., M. Francesconi and J. Frank(2002)," Temporary Jobs：Stepping Stones or Dead End?"*Economic Journal* 112, pp.F189-F213.

Bratti, M. and S. Staffolani (2007), "Effort-Based Opportunities and Working Time" *International Journal of Manpower* 28 (6), pp. 489-512.

Brynjolfsson, E. and A. McAfee (2014) *The Second Machine Age: Work, Progress, and Prosperity in a Time of Brilliant Technologies* W.W. Norton & Company (邦訳『ザ・セカンド・マシン・エイジ』日経BP社、2015年)

Brynjolfsson, E. and A. McAfee (2015) "Will Humans Go the Way of Horses? Labor in the Second Machine Age" *Foreign Affairs* July-August 2015

Cabane , C. and A. Clark (2015) "Childhood Sporting Activities and Adult Labour-Market Outcomes" *Annals of Economics and Statistics* 119-120, pp. 123-148.

Cahuc, P. and A. Zylberberg (2006) *The Natural Survival of Work: Job Creation and Job Destruction in a Growing Economy* MIT Press.

Interplay Between Cooperation and Minimum Wage Regulation" *Journal of the European Economic Association*, 9(1), pp.3-42.

Ahern, K. and A. Dittmar (2012) "The Changing of the Boards: The Impact on Firm Valuation of Mandated Female Board Representation" *Quarterly Journal of Economics* 127(1), pp. 137-197.

Albert, C. C. García-Serrano and V. Hernanz(2004)"Firm-Provided Training and Temporary Contracts,"*Spanish Economic Review* 7(1), pp. 67-88.

Anderson, R, D. Reeb, A. Upadhyay, and W. Zhao (2011) "The Economics of Director Heterogeneity" *Financial Management* Spring 2011, pp. 5 - 38.

Arulampalam, W. and A. Booth(1998)"Training and Labour Market Flexibility：Is There a Trade-Off?", *British Journal of Industrial Relations* 36(4), pp.521-536.

Auray, S., S. Danthine, and M. Poschke (2014), ""Mandated versus Negotiated Severance Pay", *IZA Discussion Paper* No. 8422.

Autor, D. (2015a) "Polanyi's Paradox and the Shape of Employment Growth." In *Re-Evaluating Labor Market Dynamics*, pp. 129-79. Federal Reserve Bank of Kansas City.

Autor, D. (2015b) "Why Are There Still So Many Jobs? The History and Future of Workplace Automation" *Journal of Economic Perspectives* 29(3), pp. 3-30.

Autor, D., F. Levy, and R. Murnane. (2003) "The Skill Content of Recent Technological Change: An Empirical Exploration" *Quarterly Journal of Economics* 118(4), pp. 1279-1333.

Autor, D. and B. Price (2013) "The Changing Task Composition of the US Labor Market: An Update of Autor, Levy, and Murnane (2003)" mimeo

Bailey, D. and N. Kurland (2002) "A Review of Telework Research: Findings, New Directions and Lessons for the Study of Modern Work" *Journal of Organizational Behavior* 23, pp. 383-400.

Barron J., T. Bradley, and G. Waddell, (2000) "The Effects of High School Athletic Participation on Education and Labor Market Outcomes" *Review of Economics and Statistics* 82(3). pp. 409-421.

Barzel, Y. (1973), "The Determination of Daily Hours and Wages", *Quarterly Journal of Economics*, 87(2), pp. 220-238.

サーベイデータによる分析」*RIETI Discussion Paper* 14-J-025.
守島基博（2010）『人材の複雑方程式』日経プレミアシリーズ、日本経済新聞出版社
森信茂樹編著（2008）『給付つき税額控除——日本型児童税額控除の提言』中央経済社
森信茂樹（2015）『税で日本はよみがえる——成長力を高める改革』日本経済新聞出版社
山本勲（2011）「非正規労働者の希望と現実」鶴光太郎・樋口美雄・水町勇一郎編『非正規雇用改革——日本の働き方をいかに変えるか』日本評論社、第4章
山本勲（2014）「企業における職場環境と女性活用の可能性——企業パネルデータを用いた検証」*RIETI Discussion Paper Series* 14-J-017
山本勲・黒田祥子（2014）『労働時間の経済分析——超高齢社会の働き方を展望する』日本経済新聞出版社
吉田典史（2014）『悶える職場——あなたの職場に潜む「狂気」を抉る』光文社
リクルートエージェント（2011）「定年制を考える　その2」
リクルートワークス研究所（2010）『新卒採用の潮流と課題——今後の大卒新卒採用のあり方を考える』
リクルートワークス研究所（2013）「アジアの「働く」を解析する」
労働政策研究・研修機構編（各年版）『データブック国際労働比較』
労働政策研究・研修機構編（2012）『日本の雇用終了——労働局あっせん事例から』

【欧文】

Adams, R., and D. Ferreira(2009) “Women in the Boardroom and Their Impact on Governance and Performance,” *Journal of Financial Economics* 94(2), pp. 291-309.
Adams, R and P. Funk (2012) “Beyond the Glass Ceiling: Does Gender Matter?”, *Management Science* 58(2), pp. 219-235.
Adams, R. and t. Kirchmaier (2013) “Making It to the Top: From Female Labor Force Participation to Boardroom Gender Diversity” *ECGI Finance Working Paper* No. 347.
Aghion, P.,Y. Algan and P. Cahuc (2011) “Civil Society and the State: The

濱口桂一郎（2004）『労働法政策』ミネルヴァ書房
濱口桂一郎（2008）「EU 諸国の時間外労働」『電機連合 NAVI』2008 年 1 月号
濱口桂一郎（2009 a）『新しい労働社会――雇用システムの再構築へ』岩波新書、岩波書店
濱口桂一郎（2009 b）「EU 労働時間指令とは」『ひろばユニオン』2009 年 9 月号
濱口桂一郎（2011）『日本の雇用と労働法』日経文庫、日本経済新聞出版社
濱口桂一郎（2013）『若者と労働「入社」の仕組みから解きほぐす』中公新書ラクレ、中央公論新社
濱口桂一郎（2014）『日本の雇用と中高年』ちくま新書、筑摩書房
濱口桂一郎（2016）「年功賃金制度と非定年延長型継続雇用政策の選択」『エルダー』2016 年 6 月号
丸谷浩介（2012）「イギリスにおける年金支給開始年齢の引き上げと「定年制」の廃止」『海外社会保障研究』No. 181 Winter 2012 年
ミッション、フランソワ（2009）「フランスの労働時間」『ビジネス・レーバー・トレンド』2009 年 3 月号
三菱 UFJ リサーチ＆コンサルティング（2014）『諸外国の働き方に関する調査報告書』（平成 26 年度厚生労働省委託「多元的で安心できる働き方」の導入促進事業）
水町勇一郎（2011a）「「同一労働同一賃金」は幻想か？」鶴光太郎・樋口美雄・水町勇一郎編『非正規雇用改革――日本の働き方をいかに変えるか』日本評論社、第 11 章
水町勇一郎（2011b）「「格差」と合理性――非正規労働者の不利益取り扱いを正当化する「合理的理由」に関する研究」『社会科学研究』第 62 巻、第 3-4 号
水町勇一郎（2015）「不合理な労働条件の禁止と均等・均衡処遇（労働契約法 20 条）」野川忍他編（2015）『変貌する雇用・就労モデルと労働法の課題』商事法務
森川正之（2013）「最低賃金と地域間格差――実質賃金と企業収益の分析」大竹文雄・川口大司・鶴光太郎編『最低賃金改革――日本の働き方をいかに変えるか』日本評論社、第 4 章
森川正之（2014）「女性・外国人取締役はどのような企業にいるのか？

鶴光太郎（2010）「労働時間改革――鳥瞰図としての視点」鶴光太郎・水町勇一郎・樋口美雄編『労働時間改革――日本の働き方をいかに変えるか』日本評論社、第 1 章
鶴光太郎（2013a）「ジョブ型正社員の雇用ルールの整備について」規制改革会議雇用ワーキング・グループ（2013 年 4 月 19 日）提出資料
鶴光太郎（2013b）「最低賃金の労働市場・経済への影響――諸外国の研究から得られる鳥瞰図」大竹文雄・川口大司・鶴光太郎編『最低賃金改革――日本の働き方をいかに変えるか』日本評論社、第 1 章
鶴光太郎（2014）「人的資本・人材改革――鳥瞰図的視点」*RIETI Policy Discussion Paper Series* 14-P-005.
鶴光太郎・久米功一（2016）「夫の家事・育児参加と妻の就業決定――夫の働き方と役割分担意識を考慮した実証分析」*RIETI Discussion Paper Series* 16-J-010.
鶴光太郎・久米功一・戸田淳仁（2015）「要求金銭補償額の決定要因の実証分析」*RIETI Discussion Paper Series* 15-J-019.
鶴光太郎・久米功一・戸田淳仁（2016）「多様な正社員の働き方の実態－－ RIETI「平成 26 年度正社員・非正社員の多様な働き方と意識に関する Web 調査」の分析結果より」*RIETI Policy Discussion Paper Series* 16-P-001.
戸田淳仁・鶴光太郎・久米功一（2014）「幼少期の家庭環境、非認知能力が学歴、雇用形態、賃金に与える影響」*RIETI Discussion Paper Series* 14-J-019.
内閣府（2011）「第 7 回高齢者の生活と意識に関する国際比較調査結果」
中野円佳（2014）『「育休世代」のジレンマ――女性活用はなぜ失敗するのか ?』光文社新書、光文社
西村和雄・平田純一・八木匡・浦坂純子（2014）「基本的モラルと社会的成功」*RIETI Discussion Paper Series* 14-J-011.
日本労働研究機構（2001）『日欧の大学と職業――高等教育と職業に関する 12 カ国比較調査結果』調査研究報告書 No.143
NIRA 総研（2015）『社会保障改革しか道はない―― 2025 年度に向けた 7 つの目標』NIRA 研究報告書
花見忠（2003）「労組法に公正代表義務を」『週刊労働ニュース』2003.7.28
花見忠（2006）、「労働法 50 年――通説・判例　何処が変？」『日本労働法学会誌』108 号

2008年6月号
川口大司・森悠子（2013）「最低賃金と若年雇用：2007年最低賃金法改正の影響」、大竹文雄・川口大司・鶴光太郎編『最低賃金改革――日本の働き方をいかに変えるか』日本評論社、第2章
久米功一・大竹文雄・奥平寛子・鶴光太郎（2011）「非正規労働者の幸福度」*RIETI Discussion Paper Series* 11-J-061.
久米功一・鶴光太郎・戸田淳仁（2015）「多様な正社員のスキルと生活満足度に関する実証分析」*RIETI Discussion Paper Series* 15-J-020.
黒田祥子（2010）「日本人の労働時間は短くなったのか」鶴光太郎・水町勇一郎・樋口美雄編『労働時間改革――日本の働き方をいかに変えるか』日本評論社
権丈英子、他（2003）「オランダ、スウェーデン、イギリス、ドイツにおける典型労働と非典型労働――職業選択と賃金格差」大沢真知子、スーザン・ハウスマン編『働き方の未来――非典型労働の日米欧比較』日本労働研究機構、226-261頁
小杉礼子（2008）「非正社員の能力開発と正社員への登用」労働政策研究・研修機構『非正社員の雇用管理と人材育成に関する予備的研究』JILPT資料シリーズNo.36.
Siegel, J., 児玉直美（2011）「日本の労働市場における男女格差と企業業績」*RIETI Discussion Paper Series* 11-J-073.
清水真人（2007）『経済財政戦記――官邸主導小泉から安倍へ』日本経済新聞出版社
清水真人（2009）『首相の蹉跌――ポスト小泉 権力の黄昏』日本経済新聞出版社
スタインバーグ、チャド・中根誠人（2012）「女性は日本を救えるか？」*IMF Working Paper* WP/12/248
玉田桂子・森知晴（2013）「最低賃金の決定過程と生活保護基準の検証」大竹文雄・川口大司・鶴光太郎編『最低賃金改革――日本の働き方をいかに変えるか』日本評論社、第6章
鶴光太郎（2006）『日本の経済システム改革――「失われた15年」を超えて』日本経済新聞社
鶴光太郎（2009）「日本の労働市場制度改革――問題意識と処方箋のパースペクティブ」鶴光太郎・樋口美雄・水町勇一郎編『労働市場制度改革――日本の働き方をいかに変えるか』日本評論社、第1章

参考文献

【邦文】
青木昌彦（2001）『比較制度分析に向けて』NTT出版（原著、Aoki, M. (2001), *Towards a Comparative Institutional Analysis* , MIT Press）
青木昌彦（2011）『コーポレーションの進化多様性――集合認知・ガバナンス・制度』NTT出版（原著、Aoki, M. (2010), *Corporations in Evolving Diversity: Cognition, Governance and Institutions*, Oxford University Press）
青木昌彦（2014）『青木昌彦の経済学入門――制度論の地平を拡げる』ちくま新書、筑摩書房
青木昌彦・鶴光太郎（2004）編著『日本の財政改革――「国のかたち」をどう変えるか』東洋経済新報社
浅尾裕（2010）「正規・非正規の賃金格差から賃金を考える」『ビジネスレーバートレンド』2010年7月号, pp. 38-44.
浅野博勝・伊藤高弘・川口大司（2011）「なぜ非正規労働者は増えたのか」鶴光太郎・樋口美雄・水町勇一郎編『非正規雇用改革―日本の働き方をいかに変えるか』日本評論社第3章
海老原嗣生（2014）『いっしょうけんめい「働かない」社会をつくる』PHP新書、PHP研究所
大竹文雄（2013）「最低賃金と貧困対策」大竹文雄・川口大司・鶴光太郎編『最低賃金改革――日本の働き方をいかに変えるか』日本評論社、第7章
大竹文雄・川口大司・鶴光太郎（2013）編『最低賃金改革――日本の働き方をいかに変えるか』日本評論社
奥平寛子・滝澤美帆・大竹文雄・鶴光太郎（2013）「最低賃金が企業の資源配分の効率性に与える影響」大竹文雄・川口大司・鶴光太郎編『最低賃金改革――日本の働き方をいかに変えるか』日本評論社、第3章
奥平寛子・滝澤美帆・鶴光太郎（2009）「雇用保護は生産性を下げるのか――『企業活動基本調査』個票データを用いた分析」鶴光太郎・水町勇一郎・樋口美雄編『労働市場制度改革――日本の働き方をいかに変えるか』日本評論社、第6章
梶川敦子（2008）「日本の労働時間規制の課題」『日本労働研究雑誌』

著者紹介
鶴 光太郎（つる・こうたろう）
慶應義塾大学大学院商学研究科教授
1960年東京生まれ。84年東京大学理学部数学科卒業。オックスフォード大学 D.Phil.(経済学博士）。
経済企画庁調査局内国調査第一課課長補佐、OECD経済局エコノミスト、日本銀行金融研究所研究員、経済産業研究所上席研究員を経て、2012年より現職。経済産業研究所プログラム・ディレクターを兼務。
内閣府規制改革会議委員（雇用ワーキンググループ座長）（2013～16年）
などを歴任。
主な著書に
『日本的市場経済システム――強みと弱みの検証』（講談社現代新書、1994）『日本の財政改革――「国のかたち」をどう変えるか』（青木昌彦氏との共編著、東洋経済新報社、2004）『日本の経済システム改革――「失われた15年」を超えて』（日本経済新聞社、2006）『非正規雇用改革――日本の働き方をいかに変えるか』（樋口美雄氏、水町勇一郎氏との共編著、日本評論社、2011）などがある。

人材覚醒経済

2016年9月23日　1版1刷

著　者　鶴 光太郎

発行者　斎藤修一

発行所　日本経済新聞出版社
http://www.nikkeibook.com/
〒100-8066　東京都千代田区大手町1-3-7
電話　03-3270-0251（代）

印刷・製本　中央精版印刷

ISBN978-4-532-35702-3